政策志向の社会学

福祉国家と市民社会

武川正吾

有斐閣

はしがき

この本は、これまで私が社会学と公共政策との関連について書いてきた論文を集め、一書としたものである。それぞれの章の初出は、二〇〇四年三月から〇九年一二月までとなっていて、二〇〇〇年代の半ばから後半に属している（後掲初出一覧参照）。二一世紀の最初の一〇年《デケイド》は、日本の場合、前半の五年と後半の五年で、時代の雰囲気がまったく異なっていた。前半はネオリベラリズムの絶頂期であったのに対して、後半は、リーマンショック（二〇〇八年）や政権交代（〇九年）があって、それまで飛ぶ鳥を落とす勢いにあったネオリベラリズムが、その勢いを失い始めた時期である（ただし日本は、ネオリベラリズムに関して後発国であり、その盛衰の時期は、先発国であるアングロサクソン諸国とはずれていると私は認識している。この辺の事情については、拙著『社会政策の社会学』〔ミネルヴァ書房、二〇〇九年〕の九章に書いたので、関心のある方はそちらを参照いただければ幸いである）。要するに、日本でネオリベラリズムが頂点を極めた時期から、後退を始めた時期に発表した論文を集めたのが本書ということになる。

この時期は、高度成長期以降の平等主義社会・日本という神話が崩れ、人びとの眼が日本社会に存在する貧困や不平等へと向かい始めた時期でもあった。このため「格差社会」という符牒が日本社会を覆うようになったことは、よく知られているとおりである。働いても貧困から抜け出すことのできないワーキングプアの現象が注目を集めるようになったのもこのころのことである。その結果、多くの人びとが漠然とした不安を抱きながら日々の生活を営んでいるというのが日本社会の現状であろう。労働市場にうまく参入することのできない若者の絶望は言うまでもないが、現在、普通に生活できている（かに見える）中高年の人びとも、いつ自分が社会的排除のスパイラルのなかに巻き込まれるかわからない（それまで何不自由なく暮らしていた人も、突然の解雇や離婚によって、ホームレスの状態に陥る可能性がある）。日常生活を完全に破壊してしまうようなリスクが、社会に遍在しているためである。

これは、単に、バブル破綻以降の日本経済が、破綻以前の状態に現状復帰できていないから生じている、ということではない。かつて日本を「成功」に導いたシステムが、二〇世紀の第四・四半期、とりわけ一九九〇年代以降に生じた国内外の環境の変化にうまく適応できていないことによって、もたらされたものである。そして、成功体験に溢れる古き良き時代にあっても、悲観主義に溢れる閉塞的な現在にあっても、それぞれの時代状況を形成するにあたって果たした公共政策の役割は大きい。その意味で、システムが環境へ適応するうえでの公共政策の「最初の一撃」は重要である。一方で、生産の領域における（国際的には）グローバル化と（国内的には）脱工業化に対応した公共政策の変化が求められ、他方で、再生産の領域における個人化に対応した公共政策の変化が求められている。これが、本書を構成する論文が書かれた時代に対する一社会学徒としての私の診断である。二〇一〇年代に入ってから、ネオリベラリズムへの揺り戻しの可能性や、東日本大震災を契機として「土建国家」再興の可能性も、垣間見えるようになったが、以上の基本認識は現在も変わっていない。このプロジェクト（公共政策の変化）は多数の人びとの分業によって遂行されるものであるが、そのなかで社会学に何ができるかを探究したのが本書だということになる。

私は、一九九二年に、イギリスの高齢者福祉における民間非営利セクターの役割に関する、それまでに書いた文章を集めて『福祉国家と市民社会』という書物を刊行して以来、テーマを変えながら、同様のことを繰り返してきた。一九九九年に『福祉社会の社会政策』を出し、二〇〇六年には『地域福祉の主流化』を出し、それぞれの副題を「続・福祉国家と市民社会」「福祉国家と市民社会 Ⅲ」とした。本書は、そうした一連の仕事の四冊めということになる。そこで本書も「福祉国家と市民社会」という副題を付すことにした。「福祉国家と市民社会」という表現を使い続けているのは、それが一九八〇年代半ば以降（九二年の本は八六年から九〇年までに発表された文章を集めている）現在にいたるまでの私の研究関心をいちばんよく表していると思われるからである。

日本の小説の分類で「中間小説」という言い方がある。純文学と大衆文学の中間に位置する小説といった意味である。私は、本書にいたる一連のシリーズで、専門書と一般書の中間の位置をねらった。社会政策は学際的な領域であるから、本書を、社会学者以外の研究者にも読んでもらいたいと思い、また、研究者以外の読者にも読んでもらいたいと思ったからである。とはいえ専門家からは素人的であるとの批判が寄せられ、一般読者からはあまりに専門的であるとの苦情が寄せられるのではないかとの危惧もある。その辺の判断は一人一人の読者に委ねるしかない。

本書をお読みいただく前に、もう一つ記しておいた方がよいと思われる点がある。テクストと日付の関係についてである。一方の極に、テクストは時間から超越しているとの考え方がある。プラトンやアリストテレスの書いたものを、翻訳を介してであるとはいえ、現在のわれわれが読んで理解することができることが、何よりもその証拠である。私も若いころ、ある書物の企画で、文末に日付を付した文章を寄稿して、編者から削除するよう注意されたことがある。理由はやはり、論文は時間を超えていなければいけないというものだった。しかし他方で、テクストはそれが書かれた（あるいは発表された）日付に従属しているとの考え方もある。いかなるテクストも単独で存在しているのではなくて、それが書かれた時点での状況に依存し、間テクスト性のなかで生まれるからである。この考え方に立てば、過去に発表されたものを再録する場合に、それが書かれた日付を付した方が好ましいことになる。ルイ・アルチュセールの論文集『マルクスのために』（*Pour Marx*）の各章の章末には日付が付されている。

本書は、どちらかというと後者の考えに近い立場に立っている。一般論としてそう思うことに加えて、冒頭にも書いたように、二一世紀の最初の一〇年間の変化があまりにも顕著だったからである。そして、その変化はいまも続いている。とはいえ初出の原稿がまったく加筆修正されずに、そのまま本書のなかに掲載されているというわけではない。明らかな誤りは正したし、議論の重複する部分は削除するか簡略化するように改めた。また、読みやすいように表現を変えたところも少なくない。

最後に、本書で用いているいくつかの基本用語について、簡単に解説しておきたい。初めて出会って面食らう人がいるといけないからである。

政策（ポリシー）は、通常、何らかの問題解決にあたって示される一般的な方針のことを指している。ここでは、そうした方針だけでなく、それに基づいて作成される問題解決のプログラム群と、それらを実施する過程まで含めて政策と呼ぶことにする。このように定義された政策のうち、政府による政策が公共政策である。政府間関係や政府体系に関する議論を踏まえて、本書では政府を広く解している。国民国家の行政府だけでなく、立法府や司法府も政府であり、地方公共団体（地方政府）や国際機関も政府である。したがって本書が念頭においている公共政策の範囲は、一般に考えられているより広いかもしれない。

公共政策は、秩序政策、経済政策、社会政策などに分類することができる。警察・消防など古くからある伝統的な、社会秩序を維持するための政策がここでいう秩序政策である。これに対して現代国家は秩序政策以外にも多くの公共政策を担っている。それらのうち、経済の安定や発展を直接の目的として策定・実施されるのが経済政策（財政・金融・産業など）であり、市民生活の安定や向上を直接の目的として策定・実施されるのが社会政策である。ここでいう社会政策には、雇用、所得保障（年金や生活保護など）、ヘルスケア（保健医療）、福祉サービス、住宅、教育、等々が含まれる。これらのうち所得保障、保健医療、福祉サービスは社会保障として一括りにされることが多い（公共支出の額が大きいところから、「年金・医療・介護」と一括りにされることもある）。

本書でとりあげているのは、公共政策のうちでもとりわけ社会政策である。社会政策は学際的な分野であるから、多様な学問からのアプローチが可能である。戦前（あるいは戦後のある時期まで）の社会政策学は経済学の一分野であると考えられていたが、それは経済学が（官房学や国家学からは区別される）総合的な社会科学と見なされていたからである。現在の社会政策学会は、経済学者はもちろんだが、社会学者、政治学者、法律学者、社会福祉学者、等々の集まる学際的な学会となっている。本書は、公共政策、とりわけ社会政策に、経済学や法律学ではなく社会学からアプローチしている。

福祉社会学と社会福祉学との違いも当事者以外にはわかりにくいであろうから、一言述べておく必要がある。前者が、福祉という対象に社会学の方法でアプローチするディシプリンであるのに対して、後者は、日本国憲法に由来する社会福祉を対象とする学であり、主として、ソーシャルワーク（援助技術・相談援助）と社会福祉に関する政策研究から成り立っている（社会学と社会福祉学の対比については、本書の第九章で述べた）。社会福祉も（政治や経済や社会と同様に）領域としての性格をもっているから、社会福祉学以外の他の社会科学からのアプローチも可能である。

本書もまた刊行にあたって、多くの人びとのお世話になった。いちいちお名前をあげることは控えたいが、各章のもとになった原稿の執筆機会を与えてくださった研究者・編集者の方々に対して、この場を借りてお礼申し上げたい。また有斐閣書籍編集第二部の松井智恵子氏には、本書の企画から刊行にいたる各段階でお世話になった。記して謝したい。

二〇一二年五月五日

武川 正吾

目次

第1章 公共政策における社会学――公共社会学のために―― 1
1 政策科学の盛衰 1
政策志向の生成と発展（1）／政策志向の衰退と復活（3）
2 社会計画とＮＰＭ 5
3 公共政策からの逃走 8
理想主義のバイアス（8）／価値中立のバイアス（9）／批判主義のバイアス（12）
4 公共政策の循環と社会学――公共政策への接近（1） 14
5 公共政策の革新と社会学――公共政策への接近（2） 17
公的介護保険の事例（18）／政策革新のモデル（22）／社会学者に固有の役割（26）
6 公共政策の社会学のために 28
第2章 二一世紀型の社会政策――二〇世紀的前提を問う―― 37
1 社会政策と価値判断 37
社会政策学の伝統（37）／資本制と家父長制（38）
2 社会政策への規範的接近 40
臨床哲学・応用倫理・公共哲学（40）／価値論なき政策論と政策論なき価値論と（42）
3 変わりつつある福祉国家の前提 43

KWSからSWSへ？(43)／構想される新しい社会政策(45)
4　社会政策における二〇世紀と二一世紀　46
問われる二〇世紀的前提(46)／二一世紀型福祉国家の前提(47)

第3章　福祉社会のガバナンス——多元主義とレジーム——53
ガバナンス論の台頭(53)
1　ガバナンス論の問題設定　55
統治の実体から機能へ(55)／組織内ガバナンスと組織間ガバナンス(56)
2　福祉多元主義とソーシャル・ガバナンス　58
二つの伝統(58)／福祉多元主義との相違(60)
3　福祉レジームとソーシャル・ガバナンス　62
「三つの世界」論(62)／規制国家の視点(63)／福祉レジーム論との相違(64)
4　ソーシャル・ガバナンスの現段階　66
5　グローバル・ソーシャル・ガバナンス　67
国際社会の無政府性(67)／グローバル化の影響(69)／グローバルな市民社会(70)
6　ローカル・ソーシャル・ガバナンス　71
結び(72)

第4章　セーフティネットかナショナルミニマムか——社会政策の理念——75
1　ナショナルミニマムからセーフティネットへ　75

ウェッブ夫妻のナショナルミニマム(75)／『ベヴァリジ報告』のナショナルミニマム(77)
2 グローバル化と社会政策　78
シュンペーター型ワークフェア国家(78)／ナショナルミニマムからセーフティネットへ(80)
3 二一世紀初頭の日本の社会政策　81
雇用(81)／年金(82)／医療(83)／介護(84)／住宅(85)
4 セーフティネットのナショナルミニマム化　86
競争についての考え方の違い(86)／国家についての考え方の違い(87)／セーフティネットの読み替え(88)

第5章 生活保障システムの危機――雇用の流動化と家族――93
1 グローバル化・個人化と雇用の流動化　93
流動化の実態(93)／社会変動と生活保障(94)
2 福祉国家の下部構造――エスピン‐アンデルセンの功罪　96
福祉国家とは(96)／資本制と家父長制のコンテクスト(97)
3 日本の福祉国家レジーム――福祉政治・給付国家・規制国家　99
日本の福祉国家の特徴(99)／日本の生産レジームと再生産レジーム(101)
4 下部構造の変容――グローバル化と個人化　102
グローバル化による生産レジームの変化(103)／個人化による再生産レジームの変化(104)／グローバル化と個人化の相乗効果(106)
5 生活保障システムの危機――「失われた一五年」と日本の社会保障の危機　107

下部構造の変化と福祉国家の機能不全（107）／社会保険の空洞化（108）
6 新しい生活保障システム――個人化と社会的包摂 111
生産レジームへの適応（111）／再生産レジームへの適応（112）

第6章 社会政策における福祉と就労――ワークフェアの内実―― 117
1 古くて新しい問題 117
福祉から就労へ――再商品化のコンテクスト（118）／就労のための福祉――脱商品化のコンテクスト（119）／就労と福祉の切断（120）
2 明らかとなった論点 121
事後的補償か選択的再規制か（122）／分離・代替モデルから付加モデルへ（123）／移行支援と福祉の連動（124）／義務の多様化とベーシック・インカム（126）
3 結 論 127

第7章 高齢者ケアの政策――介護保険と地域福祉―― 131
1 高齢者ケアをめぐる三〇年 131
2 「福祉元年」から「福祉ビジョン」まで 134
老人医療費の無料化から老人保健制度へ（134）／福祉サービスの普遍化とその限界（135）
3 「ゴールドプラン」から介護保険へ 137
4 介護保険以後 139
地域福祉の主流化（139）／ポスト・ゴールドプランの時代の高齢者ケア（142）

第8章　年金社会学の構想——社会政策における信頼——　145
1　年金社会学とは何か　146
福祉国家のコンテクスト（147）／生産と再生産（148）／システムと生活世界（150）／年金社会学の視点（151）
2　日本の福祉国家形成と公的年金　152
皆年金への道——プロト福祉国家の時代（152）／一九七三年の改革——日本の福祉国家形成（153）／一九八五年の改革——福祉国家形成と福祉国家危機（155）／一九九〇年代の改革——再商品化と脱ジェンダー化（157）
3　公的年金の下部構造の変化と危機　159
公的年金の下部構造（159）／下部構造の変化（163）／公的年金の危機（165）
4　変化への適応と二〇〇四年改革　167
人口構成の変化への適応（168）／生産と再生産の変化への適応（169）
5　結　論　172
第9章　縮小社会における地域——地域社会学と地域福祉学——　177
1　人口減少社会の到来？　178
総人口の減少（178）／人口減少の経験（179）
2　経済縮小社会の到来？　181
経済成長率の低下（181）／労働力率の引き上げ（184）
3　社会福祉学の特徴　187

政策と実践の二元論（188）／実践の重視（189）／現場の優位（190）／クライアント別の学問分類（191）
4 地域福祉の主流化 192
社会学と社会福祉学との接点（192）／主流化の諸側面（193）
5 地域社会学と地域福祉学 196
地域社会学の理論的な貢献（196）／地域社会学の実証研究への期待（197）／地域福祉学の貢献（198）

第10章 ローカル・ガバナンスと地域福祉——地方自治の学校—— 203
1 ローカル・ガバナンスとは 203
2 ローカル・ガバナンスの背景 205
ガバメントからガバナンスへ（205）／地方分権改革（207）／平成の大合併（209）
3 日本に固有な地域福祉 210
4 地域福祉の発展段階 214
社協主導の段階（215）／行政化の段階（216）／地域福祉主流化の段階（218）
5 ローカル・ガバナンスの学校としての地域福祉 219

第11章 ベーシック・インカム——ピースミールとユートピアの弁証法—— 227
1 ピースミールからユートピアへ 227
2 ベーシック・インカムとはどのような公共政策か 230

ＢＩとは何か（230）／所得保障としてのＢＩ（232）／ＢＩによる社会保障の置換（233）／ＢＩと税制（234）／ＢＩと社会サービス（236）
3　ベーシック・インカムとはどのような社会保障か　237
（1）個人単位　237
世帯単位から個人単位へ（237）／個人化の政府方針（238）／家族の個人化とＢＩ（239）
（2）無条件性　240
ＢＩと市民権（241）／社会保障を受給するための条件（242）／必要原則と貢献原則の否定か（244）
4　ベーシック・インカムはなぜ擁護されるのか　245
社会的市民権とＢＩ（245）／社会変動とＢＩ（246）／テクノクラティックな議論（246）
5　ベーシック・インカムは財政的に不可能なのか　247
財政的な反対論（247）／フィッツパトリックによる試算（248）／小沢修司による試算（249）／中谷巌による還付金付き消費税の提案（250）
6　働かずに生きることが許されるのか　252
就労忌避の懸念（252）／働かざる者食うべからず（253）／道徳的反対論への反批判（255）
7　ユートピアからピースミールへ　258
第12章　高福祉高負担の社会意識——福祉国家の可能性——　265
1　福祉と国民負担　265
福祉の重視と国民負担率の抑制（265）／課題の設定（267）
2　高福祉高負担か低負担低福祉か　268

高福祉高負担の国民意識(268)／低負担低福祉の政府方針(269)／国民負担率の現状(270)

3 誰が高福祉高負担を支持しているのか 272

デモグラフィックな要因(274)／社会経済的地位による違い(275)

4 何に対する高福祉高負担か 278

まとめ(280)

第13章 社会政策学会の再々出発——公共政策の刷新—— 285

1 社会政策学会の一二〇年 285

明治・大正期の学会(285)／戦後の再出発(287)／高度成長期の学会(289)

2 学会改革とその効果 291

「学会の危機的状況」と改革(291)／研究関心の多様化(293)／会員構成の変化(295)

3 社会政策の三つの段階 298

プロト産業化と労働力の原始蓄積(298)／資本制と商品化(299)／福祉国家と脱商品化(301)／批判と反批判(302)

4 社会政策研究の現状と課題 304

適応の遅れと「学会の危機的状況」(304)／社会政策の不在(306)／二度目の「再出発」(310)

文献一覧 315

初出一覧 331

人名索引 334

事項索引 340

第1章 公共政策における社会学

――公共社会学のために

1 政策科学の盛衰

◯政策志向の生成と発展

政策科学 policy sciences という言葉の普及は、社会学者ダニエル・ラーナーと政治学者ハロルド・ラスウェルによる同名の論文集に由来する（Lerner and Lasswell eds.［1951］）。同書の冒頭でラスウェルは「政策志向」（"The Policy Orientation"）という論文を執筆し、当時の冷戦体制下のアメリカの安全保障が危機に陥っているにもかかわらず、諸科学があまりにも専門分化しているため、これに対応できていない現状を嘆いた。

ラーナーとラスウェルの先駆的業績は、直接には、カーネギー財団の助成による「国際関係の変化と発展」という研究プロジェクトの成果であった。しかし政策科学の構想が提唱され、さらにこれが普及してくる背景には、東西冷戦という国際情勢だけでなく、一九五〇年代六〇年代の先進資本主義諸国における世界史上未曾有の高成長と、これを可能にした科学技術の進歩、さらに科学技術に対する全幅の信頼があった(1)。

その後の社会学の歴史のなかで、政策志向の最も強い社会学者の一人として知られるのはダニエル・ベルであろう。彼は『脱工業社会の到来』のなかで、二〇世紀の第四・四半期から二一世紀の初頭にかけて、先進諸国には「脱工業社会」が到来することを予測する(予言ではない)。新しく出現した脱工業社会における広範な社会問題を解決するために求められるのは、ベルによれば、「社会会計システム」の確立と「社会計画」であった(Bell〔1973〕)。ベル自身は政策科学という言葉を使っていないが、彼の理論は政策志向が非常に強かった。

このように一九七〇年代のアメリカ社会学の一方の極には、未来志向と科学志向の知的雰囲気が形成された(2)。同じころの日本の社会学でも、アメリカ社会学の影響を受けて社会計画と社会指標に関する研究が盛んになった(3)(直井〔一九七二〕、富永〔一九七二〕〔一九七三〕、稲上〔一九七四〕、似田貝〔一九七四〕、盛山〔一九七四〕、青井〔一九七四〕、青井・直井編〔一九八〇〕、三重野〔一九八四〕、庄司編〔一九八五〕)。

社会計画の考え方は、社会学の学説史のなかではカール・マンハイムの名前と結びつけて理解されることが多いが(Mannheim〔1940〕)、一九七〇年代の社会計画は、それとはやや趣向を異にした。マンハイムにとっての社会計画とは、自由放任か共産主義かという体制選択の問題への回答であったが、このときの社会計画は公共政策の調整と統合に関するものであり、マンハイムのものよりは具体的であり実際的であった(4)(武川〔一九九二〕)。

現実の公共政策の世界でも、七〇年代の日本では、経済計画の制度化に刺激されて、社会計画や社会指標の体系を確立する動きが見られた。中央政府の水準では、一九七七年に旧経済企画庁がOECDの要請を受けて社会計画の提案を行っている（経済企画庁国民生活課編［一九七七］）。国民生活審議会はその後も社会計画の可能性について議論を続けた（国民生活審議会総合政策部会企画委員会長期展望小委員会［一九八四］）。また旧経企庁は、一九七四年、社会指標の発表を開始した（国民生活審議会調査部会［一九七四］）。地方政府の水準でも、一九六九年の地方自治法の改正によって基本構想の作成が市町村に義務づけられて以来[5]、地域社会計画を策定する自治体の数が増えつつあった（庄司編［一九八五］、武川［一九九二］）。また『東京都社会指標』をはじめ、社会指標を発表する自治体の数も増えた。七〇年代の日本では、社会計画と社会指標が流行の感を呈するようになっていた[6]。

政策志向の衰退と復活

ところが、こうした七〇年代の科学主義と楽観主義は、八〇年代になると影を潜め、社会計画と社会指標への関心は、社会学者の世界でも公共政策の世界でも薄らいでいく[7]。

五〇年代と六〇年代における世界経済の黄金時代は、一九七一年のニクソン・ショック（金とドルの兌換停止）と七三年のオイル・ショック（原油価格の高騰）によって、突然、終わりを告げ、経済停滞が先進諸国を襲った。その結果、「福祉国家の危機」論が各国で台頭し、いわゆる「政府の失敗」が喧伝されるようになる。この傾向が頂点に達したのが一九八〇年代であり、八〇年代の先進諸国を支配したのはニューライトの政策思想であった（武川［一九九九a］［二〇〇九］）。それは市場メカニズムに全幅の信頼を置き、これを歪める公共部門の役割を縮小することを主張する「市場原理主義」の思想であった。そこでは社会政策や社会指標が活躍する余地は乏しい。それまで資本主義国において一定の役割を果たしてきたかに見えた経済計画も、八〇年代には後退を余儀なくされた。(8)

ニューライトは福祉国家の大幅な縮小を声高に叫んだ。とはいえ、ニューライトといえども政府の弱体化を唱えたわけではなかった。「大きな政府」には反対したが「強い政府」にはこだわり続けた（Gamble [1988]）。このため従来の福祉国家とは異なる、新しい政府のあり方を示す必要があった。そこで登場するのが、ＮＰＭ（New Public Management）の主張である（「社会政策研究」編集委員会［二〇〇五］）。ＮＰＭの基本的な考え方は、政府組織を民間企業と同様の方法で管理運営しようというものである。イギリスではＮＰＭの理論に基づいて、八〇年代末から政府の現業部門のエージェンシー化が進められた。その影響は日本にも及んだ。約一〇年遅れの一九九九年、エージェンシー化の日本版として、独立行政法人通則法が成立した。

民間企業が消費者を重視しながら効率的に経営されるように、政府組織も顧客を重視しながら効率的に管理されなければならないというのが、ＮＰＭの基本的な考え方である。ところが、民間企業がその組織目標の達成度を市場から日々直接の評価を受けているのに対し、政府組織に対してはそのような評価が下されることがない。政府組織も最終的には選挙による評価を受けるが、そこには時間差もあり、評価の仕方も間接的である。このためＮＰＭでは、行政評価や政策評価が重視されることになる。

九〇年代になると、このように社会科学の世界でも公共政策の世界でも、再び、政策志向が復活した。しかしそれは七〇年代の社会計画と社会指標の復活ではなく、新たに登場したＮＰＭと評価指標（政策評価・行政評価）の影響によるものであった。

2　社会計画とＮＰＭ

政策志向の社会科学の歴史に関する以上の素描からもわかるように、社会計画（と社会指標）とＮＰＭ（と評価指標）は、二〇世紀後半に一定の影響力をもつことになった政策志向の社会科学の二つの形態であると言えよう。二一世紀初頭の現在において、社会学が再び政策志向をもつとするならば、これら二つの成果から積極的に学ぶ必要があるだろう。しかしそのためには、両者の両立可能性について検討しておく必要がある。というのは、両者は、政策志向という点では共通するが、他のいくつかの点では性格を異にしているからである（表1‐1参照）。

第一に、社会計画とＮＰＭとでは、登場してくる時代的背景が異なっている。前者が、一九七〇年代に、リベラル（あるいは社会民主主義的）な政策思想を背景に登場したのに対し、後者は、九〇年代に、ニューライト的（あるいはネオリベラリズム的）な政策思想を背景にして登場した。前者が「ケインズ型福祉国家」（あるいは「大きな政府」）のための政策科学であったのに対し、後者は「小さな政府」（あるいは「夜警国家」）のための政策科学であった[9]。

第二に、社会計画とＮＰＭとではその学問的背景も異なっている。前者が社会学との結びつきが強かったのに対して、後者は行政学や経営学との結びつきが強かった。日本の場合、経済学者も社会計画について論じたが[10]、一般に社会学者の方が社会計画へのコミットの度合いは大きかった。また、近年のＮＰＭに関しては、社会学者の発言は例外的であり、行政や経営に関する研究者・実務家の発言が圧倒的に多い。

第三に、社会計画とNPMとでは研究の志向性も異なっている。前者は理論志向が強く、社会計画のなかでは当時のシステム科学の用語が多用された。社会指標はつねに体系的であろうとし、政策決定の道具であるということ以上に、社会の客観的状態を記述することを追求した。その後の社会指標の研究のなかでは、社会の客観的記述というよりは社会指標を被説明変数とするモデル構築を試みる潮流も生まれた(11)。これに対して、後者の志向はプラグマティックであり、行政サービスの顧客満足を高めるための技法が重視された。政策評価や行政評価の指標の採用にあたっても、体系性よりは直感的なわかりやすさが優先された(12)。

第四に、社会計画とNPMとでは政策研究における焦点の定め方が異なっている。前者が目標を重視したのに対し、後者は結果を重視した。このため前者は目標を実現するための計画をいかに合理的に策定するかということに腐心した。これに対し後者にとっては結果がすべてであり、公共政策は目標の良し悪しによってではなく、結果の良し悪しによって評価されるべきであった。このためNPMのなかでは政策評価や行政評価が重要な意味をもち、評価指標のなかでも顧客満足につながる（と想定される）アウトカム指標（成果指標）が重視された。

最後に、社会計画とNPMでは、政府への影響という点においても対照的だった。社会計画（と社会指標）も、東京都をはじめとして地方自治体の行政のなかに制度化することができた。しかし中央政府のレベルでは、国民生活審議会のなかで制度化の動きが若干見られたが、結局、それは立ち消えになってしまった。これに対して、NPM（と評価指標）の方は、中央政府のレベルでは、一九九九年に独立行政法人

表1－1　社会計画とNPM

	社会計画と社会指標	NPMと評価指標
時　代	1970年代	1990年代
政策思想	リベラリズム	ニューライト
政府の性格	ケインズ型福祉国家	小さな政府
学問的背景	社会学	行政学
研究志向	理論志向	実践志向
重視する側面	目標の重視	結果の重視
制度化	不十分	成功

通則法のなかに具体化され、小泉政権の下でも、経済財政諮問会議による構造改革の基本的な考え方となった。そして地方政府にもその影響は及んだ。

このように両者が明暗を分けたのは何故だろうか。その最大の理由は、政策思想の主流がリベラリズムからニューライトへと大きく変化したことにあったと思われる。しかし、それだけではなく、ＮＰＭ（と評価指標）に比べた場合の、社会計画（と社会指標）の（とうてい実務家には受け入れられることのない）抽象性と難解性によるところも大きかったのではないか。

今日の社会学が政策志向を復活させるためには、これら二つの政策志向を批判的に摂取する必要があるだろう。一九七〇年代の社会計画論を単純に復活させることができないのはもちろんであるが、他方、九〇年代のＮＰＭを無条件に継承することもできない。ＮＰＭの成果（とりわけ顧客《クライエント》志向や成果《アウトカム》重視の姿勢）は積極的に評価されなければならないが、その非体系性は克服されなければならない。社会計画における体系性は保持されなければならないが、その抽象性は克服されなければならない。そして何よりも、これら二つの政策志向を支えた政策思想が、現在ではもはや過去のものとなりつつあることにも留意すべきである[13]。新しい酒は新しい革袋に入れられるべきであろう。

3　公共政策からの逃走

一九七〇年代の社会計画（と社会指標）は社会学における政策志向の一つの現れである。しかしこれまでの社会学の研究のなかでは、それ（ら）が主流の位置を占めていたわけではない。二〇世紀における社会学発展の原動力の一つは社会問題への取組みにあったが、むしろこれまでの（とくに日本の）社会学は、一般的に言って、公共政策へのアプローチに対して及び腰だったと言える。その原因はどこに求められるだろうか。その原因を探ることが、政策志向の社会学を確立するために不可欠な条件である。

社会学が公共政策への関与を回避してきた理由は多々考えられるが、社会学の研究における、以下三つのバイアスの存在が大きかったのではないかと思われる。

❍理想主義のバイアス

第一は、理想主義のバイアスである。

社会学（という言葉）の創始者であったオーギュスト・コントは、周知のように、フランス革命後の混乱のなかで、社会の再組織に科学的基礎を与えるため、あの壮大な実証哲学の体系を構築した。彼は社会の再組織における「国王の誤謬」（秩序への信仰）と「人民の誤謬」（進歩への信仰）を退け、「三状態の法則」によって神学から形而上学を経て実証的段階へと進化した人間精神が、社会の再組織を企てることを説いた（Comte [1822]）。この種の壮大な社会変革の構想は、あるときは軍事型社会から産業型社会への移行、あるときは環節社会から有機社会への発展、あるときは「魔法からの解放」(Entzauberung) と、形を変えながら、その後の社会学理論のなかに受け継がれていく。

これらは、究極的な価値によって根拠づけられた高邁な理念を追求していたという意味で、いずれも理想主義的な社会変革の構想であったと言える。[14] こうした理想主義の伝統がこれまでの社会学者の社会変動論のなかでは主流を占めてきた。この理想主義は現実の政策決定における些末主義から超然として進むべき方向を大局的に示してくれるという点では、公共政策の決定にとっても有益である。ピースミール(漸次的・つぎはぎ的)の改革を進めるためにこそ、それらを方向づけるためのユートピアの思考が必要である。ところが高邁な理想をあまりにも強調する社会学者は、理想と現実の落差に直面したとき、非常な無力感を味わう可能性が高い。改革への期待が強ければ強いほど、それが実現できなかったときの幻滅感も大きくなるのは必定である。この種の経験を回避するため、社会学者は公共政策から逃走することになる。「結局、何もできない」と考えて「何もしない」か、あるいは、自らの理想を裏切らないため公共政策には近づかないのが得策だということになってしまうのである。政策志向の社会学を確立するためには、この種の過剰期待を克服する必要がある。

◯価値中立のバイアス

第二は、価値中立のバイアスである。

(日本の) 社会学の歴史のなかでは、マックス・ウェーバーの権威に守られて、研究における没価値性の準則が絶大な影響力をもち続けた。これは他の社会科学との大きな違いである。法学は規範の学であるから、そもそも一定の価値を前提にしなければ学が成り立たない。政治理論としての政治学は、しばしば民主主義や立憲主義の価値に立脚している。マルクス経済学が社会主義思想と密接不可分の関係にあることは言を俟たない。近代経済学も効率と公正という価値の基準を設定して議論を展開している。

ウェーバーのテーゼに対しても各種の批判が寄せられてきた。たとえば、社会政策学者の大河内一男は、①「没価値」的態度も社会問題に対する一つの立場であること、②特定の問題を対象として取り上げるさいに、一層高度の価値判断が介入してくること、③純個人的価値判断の底には「個人を超えた判断の社会的基盤」が考えられることなどの点から、「『政策学』とりわけ社会政策の学は、決して『没価値的』たることを必要としてはいない」と主張した。さらにウェーバーの態度についても「ドイツ資本主義が、社会改良の重荷に耐えかねてこれを一応放棄しようとするのを理由づけるもの」であると批判した（大河内［一九六三］五八―六二頁）。

また独創的なマルクス経済学の体系を構築した宇野弘蔵は、ウェーバーの主張が価値判断を個人的主観的なものとして扱うことを次のように批判した。「この（ウェーバーの）主張の根本的欠陥は、経済政策の目的自身が、常に与えられた歴史的、社会的関係に基づいて設定せられるものであって、いかなる実行者にしても、その単なる個人的価値判断によって主観的に決定しうるものではないということを、明確にしていない点にある」と（宇野［一九五四］一八頁）。

ところが（日本の）社会学の場合、ウェーバーの価値判断自由に対する批判が一種のタブーとなったため(15)、社会問題を取り上げる社会学者も——本当は何かを問題として扱うこと自体が一定の価値判断を前提としているわけだが、そのことは不問に付して——、価値判断に対して禁欲、というよりは回避してきた。

日本で社会問題——したがって社会政策——の社会学が発達しなかった理由の一端はそこにある。このためアメリカだったら社会学者が担うべき役割を、日本ではマルクス経済学者が担うことになった。

価値判断の自由を研究手続き——たとえば、事実をねじ曲げない、先入見をもたない、権力に迎合しない、等々——のための注意事項として理解しておくならば、公共政策の決定にとっても有益である。実際、没価値性については、ユダヤ人のゲオルグ・ジンメルや社会民主主義者のロベルト・ミヘルスに対する迫害を目撃したウェーバーが、プロイセンの国家権力から学問の自由を守るために提唱したものだとの解釈もある（Giddens［1972］p.50）。

しかし、価値判断の自由を過度に強調することは、公共政策の決定にとっては無益であるどころか有害である。

それは第一に、価値判断に対する非合理主義を生むからである。価値判断をめぐる争いを「神々の争い」と見なし、価値判断を個人的主観的な「決断」の問題に還元してしまうと、価値判断に関する合理的な議論《ラショナル・ディスコース》の展開が妨げられる。そうなると他人の「決断」を合理的に説明することはできない。

第二に、それは各人が無自覚のうちに下している価値判断を隠蔽することにもなる。社会学者は客観的でいるように見えて、じつは問題設定や事実認識において無意識のうちに一定の価値判断を前提としている。自らが価値判断の自由を貫いていると考えるとき、この点を認めるのは容易でない。これは独善的な態度を生み、危険である。

政策志向の社会学にとって必要なのは、むしろ価値評価に関するグンナー・ミュルダールの次のような立場である。

社会問題の研究は、その範囲がどんなに制約されていようとも、いずれも価値評価によって決定されるのであり、そうでなければならない。『非関心的』社会科学はかつて存在したことはないし、論理的に考えて、決して存在できない。……理論的分析における『客観性』のためにわれわれが努力できる唯一の方法は、価値評価を十分に光にさらし、それを自覚させ、明確化させ、明示させた上で、それが理論研究を決定づけることを認めることである。（Myrdal［1969］p.89）

批判主義のバイアス

第三は批判主義のバイアスである(16)。

社会学は実証科学として生まれた。「実証精神は、事実あるいは現実を尊重することを第一義とするが、しかし一方に批判精神を欠くばあい、事実あるいは現実を無批判的に『肯定』する屈辱的精神になりかねない」（庄司［一九七七］一〇頁）。そしてよく指摘されるように、「実証の哲学」は「肯定の哲学」であった（田中［一九七四］、庄司［一九七七］）。しかし、これもよく指摘されるように、社会学の歴史が「肯定の哲学」によってのみ彩られていたわけではない。「社会学の伝統」のなかでは保守主義の要素も大きかったが（Nisbet［1966］）、急進主義の要素もそれに劣らず強固であった。むしろ社会学者の多くにとっては批判主義の方が身近であったとも言える。

社会科学における批判の要素は、客観的な社会認識のためにも重要である。とくに官房学《カメラリズム》と異なる社会学の場合、日常生活すなわち社会的現実の自明性を打破するところに、その存在意義の一つがある(17)。目の前の現実を無反省に肯定するだけでは、自明性の殻を打ち破ることはできないから、そこからは何の変化も生まれない。自明性に安住していると、現実を変えることができないだけでなく、現実を正しく認識することもできなくなる。その意味で、批判主義は、実践の前提であるだけでなく、客観的な認識の前提である。

批判主義が公共政策への関与をとどまらせる必然的な理由はない。しかし批判主義が無批判な形態に陥るとき、すなわち批判主義に安住するとき、それは社会学者を「公共政策からの逃走」へと向かわせることになりがちである。批判主義は、多くの場合、社会学者に対して現実との緊張関係を強いることになるが、これに耐えて、本来の批判主義を維持することは並大抵のことではないからである。

こうした現実との緊張関係を解消する手っ取り早い方法は、理念と現実との切断である。両者をまったく異なる二つの別の世界であると考えたうえで、自分が理念の世界の住人であると考えることができるならば、現実との緊張関係は大幅に緩和される。社会学者は「現実とかかわるのは汚らわしい」と考えて公共政策との関与を回避することもできるし、社会学者が学説と公共政策との関連を問われたときも「自分の主張はそのような通俗的なことではない」と弁明することができる[18]。しかも理念の立場に立っているということで、実務家に対して精神的な優位を主張することもできる。

これに加えて、公共政策からの逃走には実利的な理由もある。実証主義＝肯定主義の世界に安住することが社会学者の精神衛生にとって都合がよいのと同様、批判主義の世界に安住することも社会学者の精神衛生にとっては都合がよい。一般には前者の世界に安住する方が経済的利得は大きいが、アカデミズムやジャーナリズムの状況の如何によっては後者の世界に安住する方が、経済的ないし社会的利得が大きくなる場合もある。どちらの世界に安住するにせよ、「御用学者」の誹《そし》りを受けることは社会学者にとっては致命的であるから、後者の世界に安住する方がリスクはより小さいとも言える。この意味で「抵抗科学」の立場に立つことが、社会学者にとって最も有利な選択である場合が少なくない。

社会学が政策志向であるためには、このような無批判な批判主義からは自由になる必要がある(19)。

4 公共政策の循環と社会学——公共政策への接近（1）

以上で述べた理想主義、価値中立、批判主義といった三つのバイアスは、それ自体が公共政策への拒絶反応を生み出すわけではない。しかし一定の条件の下では、社会学者を「公共政策からの逃走」へと誘い、その結果として、社会学者は、公共政策に関与することを踏みとどまることになる。政策志向の社会学を確立するためには、これら三つのバイアスを克服する必要があるだろう。

それでは、このような三つのバイアスを克服できたとして、社会学者は公共政策に対してどのような関与をすることができるのだろうか。あるいは、どのように関与すべきであろうか。

公共政策は、一般に、企画（plan）・実施（do）・評価（see）の循環《サイクル》として把握されることが多い。ここでは、この循環過程を「公共政策の循環」ないし「政策循環」と呼ぶことにする。そして、公共政策の循環における社会学の役割について、最初に考えてみよう。

政策循環の三つの局面のそれぞれにおいて、社会学の知識を動員することは、権利上、可能である。たとえば、スラム・クリアランスに関する公共政策について考えてみると、企画・実施・評価のそれぞれの段階で、コミュニティに関する知識を（明示的か暗示的かは別として）前提にしなければ、この政策を首尾よく遂行することはできない。また、企画や実施の段階では、合意形成や交渉などの過程で、組織社会学の知見が力を発揮するかもしれない。さらに評価の段階では、社会指標に関する既存の知識の体系を活用することができるだろう。

しかし、権利として可能であるということと、事実としてそれが実現されているということは別のことがらである。日本の場合、公共政策の、企画・実施・評価といった循環の過程で、社会学が一定の役割を果たすことは、これまできわめて稀であったように思われる。家族や労働やコミュニティといった社会学の研究が最も得意とする分野においてすら、家族社会学や労働社会学や地域社会学が、家族政策や労働政策や地域政策の企画・実施・評価の基礎として活用されたという話を聞くことは非常に少ない。

その一つの原因は、日本の社会や官僚制のなかに存在する一種の反知性主義とシニシズムにあると思われる（これは社会学に固有の問題というよりは、すべての日本の学問が直面する課題であろう）。たとえば、少年非行の予防に関する何らかの仮説がデータによって確認されたとしても、この仮説に基づいて少年非行を予防するための公共政策が策定される可能性は乏しい。日本の社会では、官僚の「現実主義」や現場の「常識」や「勘」の方が、社会学の知識よりも優先されるからである。

しかし、それ以上に重要な原因は、社会学者の方で、政策提言につながるような、根拠《エビデンス》に基づいた研究を、これまで十分に行ってこなかったというところにあると思われる。これは「公共政策からの逃走」の結果でもあり原因でもある。また、反知性主義やシニシズムの結果であるとともに原因でもある。このため社会学者の知見が社会の側から求められているときでも、社会学者はそれに対して気づかない（ふりをしている）か、あるいは（気づいたとしても）それに応えることを躊躇することが多かった。

たとえば、かつて議論を呼んだ社会政策の争点のなかに、老人ホームの個室化という政策課題があった。財政的な理由による反対論を別とすれば、個室化に対する主要な反対論は、個室化するとかえって高齢者が孤立するというものであった。施設入所者間のコミュニケーションというのは、アーヴィング・ゴッフマンをはじめとして社会学者の領分である。本来なら、社会学者が質的調査や量的調査によって、この仮説の真偽を確かめることができたはずである。ところが、個室化した方がかえってコミュニケーションの頻度が増大するということを、調査データによって明らかにしたのは、社会学者ではなくて、老人ホームを専門とする建築家のグループの方だったのである（野口・外山・武川編［二〇一一］五章）。

また、今日、社会政策の各領域では、コミュニティに基礎を置いた政策の展開が求められている。福祉サービスでも、精神医療でも、終末期医療でも、看護でも、再開発でも、住宅計画でも、すべて"community-based"ということが合言葉になっている。ところが、近年、日本の地域社会学者は、コミュニティについて語るべき知識をほとんど生産しなくなっている。このため地域福祉学の教科書では、数十年前の社会学の学説が定説としてまかり通っているほどである。地域で社会計画をつくろうとする場合、どのように圏域を設定するかということは、計画策定の出発点となる。したがって距離と相互行為との関係に関する社会学的な研究の需要は大きいのであるが、その種の研究が地域社会学のなかではほとんど行われていない。

公共政策の形式に関する部分は社会学の領分とは言いにくい。たとえば、法や予算や行政事務に関する一般的な事項は公法学や財政学や行政学などの専決事項であるかもしれない。しかし公共政策の内容に関する事項については、以上の検討からわかるように、公共政策の循環において、社会学が貢献しうるところは少なくないのである。

5　公共政策の革新と社会学——公共政策への接近（2）

公共政策の世界では、前節で見たような企画・実施・評価といった日常的な循環とは別に、ときたま革新《イノベーション》が生じる。たとえば、厚生年金の定額部分を国民年金の基礎年金に変更して、既存の国民年金の制度に「統合」するというのは相当大きな制度変更であって、日常的な公共政策の循環の枠組みを超えている（ただしひとたび革新が起こると、その後の公共政策は、当分の間循環の過程のなかに置かれる）。また男女雇用機会均等法や男女共同参画社会基本法の成立といった新しい制度の創設も、日常的なルーティンを超えた公共政策の革新と言える。

このように、すでに存在する制度の大きな変更や、それまで存在していなかった新しい制度の導入を、ここでは「公共政策の革新」ないし「政策革新」と呼ぶことにしよう。このような政策革新の過程において、社会学はどのような役割を果たすことができるのだろうか。最後に、この点について考えてみたい。

この問いに対しては、あらかじめ一定の公準を示して、そこからの演繹によって答えることもできるし、観察に基づいて経験的事実のなかに答えを見出すこともできる。前者は発見学《ヒューリスティック》的な意義をもつが、実現可能性《フィージビリティ》に対して無関心となる可能性がある。後者によって得られた結論は、現状の追認に終わる可能性がある。そこで、ここでは二つの方法を結びつけながら、この問題を考えていきたい。まず、経験的一般化によって公共政策の革新に関するモデルを構築し、次に、これに基づいて、社会学者が何をなしうるかという点について考察を試みる。

公共政策の革新は、公共政策の当局が単独で行うことはできない。その過程には、学界《アカデミズム》、言論界《ジャーナリズム》、官僚制《ビューロクラシー》、政界、社会運動などにおけるさまざまな主体《エージェント》が登場するが、ここでは、さしあたり解明を試みている問いとの関係で、学界《アカデミズム》、すなわち社会学者をはじめとする研究者の役割に焦点を当てながら、この問題を考えてみたい。

◯公的介護保険の事例

ここ数十年における社会政策の重要な革新《イノベーション》の一つに公的介護保険制度の導入がある。[20] この新しい制度はどのような過程を経て導入に辿り着いたのだろうか。

公的介護保険制度は、高齢者介護という社会問題の解決をめざした公共政策である。介護保険法の公布は一九九七年、その施行は二〇〇〇年であるが、その端緒は一九六〇年代後半にまで遡ることができる。たとえば、経済学者の馬場啓之介は、人口高齢化に対する関心の高まりを次のように記している。

> わが国において人口老齢化現象が注目されたのは、一九六〇年代後半である。それ以前にも人口学者によってこの現象が指摘されてはいたが、国民生活審議会が一九六八年に「深刻化するこれからの老人問題」という報告書を提示してから、この現象のもつ経済的・社会的意義が世人の関心をひくようになった。(馬場［一九七五］二二二頁)

その後の一九七〇年の国勢調査では六五歳以上人口の割合が七パーセントを超え、これ以来、日本は「高齢化社会」に突入したとの認識が一般に定着するようになる。一九七三年には、日本経済調査協議会という財界のシンクタンクが『高齢化社会の課題』という調査報告書を刊行し、七五年には『季刊社会保障研究』が高齢化社会に関する特集を組んでいる。これ以後、急速に高齢化社会に関する論文や書籍の数が増え、高齢化社会は一般常識の一部を構成するようになる(21)。

そして「高齢化社会」という言葉が一般に受け入れられるようになるにつれて、介護の問題がクローズアップされるようになる。有名な有吉佐和子の『恍惚の人』が出版されたのは、一九七二年だった。また、東京都老人総合研究所が「在宅障害老人とその家族の生活実態および社会福祉ニードに関する調査研究」の報告書を刊行したのが一九七七年三月、全国一六万人の民生委員児童委員の協力によって実施した全国社会福祉協議会の調査報告書(『老人介護の実態』)が刊行されたのが七九年三月であった。その後、いまでは死語となりつつある「寝たきり老人」や「ボケ老人」が人びとの間で恐怖をもって語られるようになり、一九八〇年代の半ばまでには「介護」もまた日常語の一つとなった(22)。一九八五年には、認知症高齢者を主人公にした映画『花いちもんめ』が上映され、八六年にはドキュメンタリー映画『痴呆性老人の世界』が一般公開されている。ここから、一九八〇年代後半までには、高齢者の介護が、一般国民の間で重要な社会問題として認知されるようになったことがわかる。

社会問題として一般的な認知が得られるようになるにつれて、これを社会政策によって解決しようという動きが出てきた。介護を保険の仕組みによって解決しようというアイデアは古くからあった。たとえば、民間保険市場の規制緩和との関係で、生命保険と損害保険の中間に位置づけられる「第三分野」が注目を集めるようになり、保険会社が介護保険を商品として売り出し始めたのは、一九八〇年代の半ばのことである。しかし、この時点では、社会保険として介護保険が成立するか否かについての議論は、一般の目につく形では行われていなかった。たとえば、『朝日新聞』に公的介護保険に関する記事が最初に掲載されたのは一九八八年九月六日（「『女たちの老人問題シンポ』から——住居や介護に保障を」）であったが、その次の掲載は九二年七月二三日（「公的介護保険を提案——民社党」）まで待たなければならなかったのである。

八〇年代後半における公的介護保険の議論は、一部の専門家の間に限られていた(23)。たとえば、栃本一三郎は、西ドイツにおける介護政策に関する議論を紹介しながら、日本での介護保険の導入可能性について、比較的早くから論じており（栃本［一九八九］）、その他にも何人かの専門家が、介護を社会保障の制度の枠組みのなかに取り入れるための模索をしていた（西川［一九八七］、全国社会福祉協議会・社会福祉研究情報センター編［一九八九］、山崎［一九九〇］）。とはいえ、当時は、それほど多くの論文が書かれたわけではなかった。

また、この時点では、今日のような形の介護保険の構想に専門家の考えが収斂されていたわけではない。たとえば、介護の保障を現金給付で行うのか現物給付で行うのかについて意見の対立があったし、現金給付を支持する場合も、社会手当とするのがいいのか公的年金のなかに介護給付を設けた方がいいのかということについての意見も分かれていた。また、現物給付の場合も、医療保険（あるいは老人保健制度）の枠組みのなかで実施するのか、新たに社会保険を創設するのかについても両論があった。

一部の人びとの話題にすぎなかった公的介護保険が、一般の人びとに受け入れられるようになるのは一九九〇年代に入ってからのことである。とくに、ドイツ連邦政府の労働社会相が、九〇年に介護保険の創設を提案したことの影響が大きかった。その後、日本国内でも介護保険をめぐる議論がしだいに繰り広げられるようになる。そして介護保険に関する論文も少しずつ増え始めた。

また、この前後に、厚生省（当時）の内部でも、介護保険の導入可能性についての検討が始まっている。その検討の過程で、しだいに、現行制度に近い形の構想への合意が形成されてきたのである。一九八九年一二月に発表された事務次官の懇談会による「介護対策検討会報告書」では、介護手当よりもサービス給付の方が望ましいことが示唆された。さらに一九九三年に省内でまとめられた未公表の報告書では、税方式よりも社会保険方式が望ましいとの結論が含まれていた（この時点ではまだ、老人保健制度の枠のなかで実施するか、新しい社会保険制度を創設するかについては意見が分かれていた）。一九九四年九月には、社会保障制度審議会の将来像委員会報告が公的介護保険の導入を提言した[24]。なお、この報告書の内容は、発表前の六月一二日に『朝日新聞』の一面にスクープされ、この記事（「『公的介護保険』導入求める 高齢化社会へ社会保障審委報告案」）が厚生省内での検討に拍車をかけた[25]。そして、同年一二月に出された厚生省の高齢者介護・自立支援システム研究会の報告のなかで、現在の介護保険制度の骨格が示された。

その後、一九九五年二月、老人保健福祉審議会による介護保険の審議が開始された。同年七月、社会保障制度審議会が公的介護保険制度の創設を勧告した。老人保健福祉審議会の審議では意見がなかなかまとまらなかったが、社会保障制度審議会による前年の将来像委員会報告や、この一九九五年勧告の出現が、介護保険導入の方向への援護射撃になったようである[26]。

一九九六年四月には、老人保健福祉審議会が介護保険導入の可能性を含む最終報告をまとめた。これを承けて、厚生省は、六月に改めて、老人保健福祉審議会をはじめとする関係審議会に、介護保険制度案大綱を諮問して、答申を得た。さらに、同月一七日、介護保険創設が与党の合意事項となった。その後、与党内、市町村との調整を行いながら法案を作成し、一一月、これを第一三九回臨時国会に提出した。一九九七年一二月三日に参議院本会議で、一二月九日に衆議院本会議で可決し、一二月一七日に介護保険関連三法が公布された。その後、約二年の準備を経て、二〇〇〇年四月一日から介護保険法が施行された。

政策革新のモデル

以上の事実経過の素描から、公的介護保険の導入の場合、政策革新の過程は、次のような六つの段階を踏んでいたことがわかる。それぞれの段階で、各界の各主体《エージェント》はどのような役割を果たしただろうか。

Ⅰ　社会問題の認知
Ⅱ　問題解決の模索
Ⅲ　合意形成の過程
（a）政策サークルにおける合意形成
（b）合意内容の普及
Ⅳ　立法化の過程
Ⅴ　行政による準備
Ⅵ　制度の実施

Ⅰの社会問題の認知の段階では、研究者による調査（東京都老人総合研究所、全国社会福祉協議会など）、文学や映画の作品（『恍惚の人』や『花いちもんめ』など）、社会運動（「高齢化社会をよくする女性の会」など）などが、高齢者の介護に関する問題提起の役割を果たした。これらの問題提起を一般公衆に伝達するうえでメディアが果たした役割は大きい。またジャーナリズムは、独自の取材に基づいて、当時の言葉で言う「寝たきり老人」や「痴呆老人」の介護に関するキャンペーンを繰り広げて、問題の深刻さを一般公衆に知らしめた。高齢者介護の問題は人びとの誰もが身近な親族で経験する可能性が高く、問題の可視性が高かったから、他の問題に比べて一般の人びとの間で問題として受け入れることが容易だったとの事情もある。ともあれ、こうした学界、言論界、社会運動による働きかけの相乗効果で、高齢者介護は、解決を迫られている重要な社会問題の一つとして、一般に認知されるようになった。一九八〇年代のことであった。

社会問題としての認知の確立と並行して、Ⅱの問題解決の模索が始まる。この段階では、現場での経験や、研究者（や官僚）によるアイデアの提供の役割が大きい。

たとえば、認知症の高齢者の介護にとって、今日ではグループホームがよいといった考えが一般に受け入れられるようになっているが、この問題が提起された当初は、何をどうしてよいかわからない状態が続いており、問題解決の方策についてはいわば「お手上げ」だった。それが、北欧諸国における現場経験の試行錯誤が研究者によって紹介されるなかで、しだいに、グループホームのアイデアが専門家の間で定着してきたのである。

また、現在の介護保険のなかの不可欠な部分となっているケア・マネジメントという手法も、高齢者介護が社会問題として一般に認知された当初の日本ではほとんど知られていなかった。介護保険とはほとんど関係のないイギリスのコミュニティケアのなかで始まったこの手法が、しだいに研究者によって紹介され、それが換骨奪胎されて介護保険制度のなかに取り入れられて、今日にいたっているのである（アメリカでは類似のケースマネジメントと呼ばれる手法がさらに古くから存在した)。

さらにまた、高齢者介護の問題を社会保険の手法によって解決するというアイデアは、一九八〇年代の日本では、それほど自明なものではなかった。専門家の間でも、その可能性について真剣に考えた人は少なかった。その意味で、このアイデア(の濫觴《らんしょう》はドイツにあるとはいえ、それ)の日本での実現可能性を、公共政策に関する議論の俎上に載せるうえで果たした研究者の役割は大きいと言える。

Ⅲの合意形成の過程は、(a)政策サークルにおける合意形成と、(b)そこで形成された合意内容の普及に分けて考えることができる。

ここで「政策サークル」と仮に呼んでいるものは、官僚、研究者、ジャーナリスト、そして場合によっては政治家から成り立つ、特定の公共政策——この場合であれば保健医療福祉政策——に関心をもつ専門家のグループである。それはインフォーマルな関係(友人知人関係、私的研究会、等々)に基づいていることが多く、その境界は曖昧である。フォーマルな関係(審議会、委員会、研究会、等々)として可視化される場合もあるが、その場合でも、その背後にはインフォーマルな個人的ネットワークが存在する場合が多い。

この政策サークルのなかで、問題解決の方策に関する合意が形成されることが、公共政策の革新のためのその後の過程にとって不可欠である。ここでの合意が成立しなければ、新しい公共政策が生まれる可能性は乏しいと言わねばならない。そして、この政策サークルにおける合意形成の過程では、研究者——社会学者もその一員となりうる——による論点整理や調査研究が重要な役割を果たす。

しかし政策サークルにおける合意形成は、公共政策の革新にとって必要条件ではあるが十分条件ではない。そこで形成された合意の内容は、まだ一般の人びとには知られていないからである。合意内容が世論に浸透しなければ、次の立法の段階に進むことはできない。そこで重要な役割を果たすのが、政策サークルに所属するジャーナリストである。彼ら彼女らは、問題解決に関する合意内容――介護保険の場合であれば、社会保険の方式で現物給付中心の制度を導入するということ――を、明快なメッセージ――たとえば「介護の社会化」――に翻訳して、一般公衆に伝達する。この過程で、同じサークルの研究者（やごく稀に官僚）がメディアに登場して情報発信する場合もあるが、それはあくまで準ジャーナリストとしての役割であって、研究者としての役割においてではない。また、この過程では社会運動の役割――介護保険の場合であれば、介護の社会化を進める一万人市民委員会など――も重要である。こうしたさまざまな主体の働きかけによって、新しい公共政策が世論の支持を獲得する。

専門家や官僚の間での合意が形成され、それが世論として確立されると、Ⅳの立法化に向けた作業が始まる。事実上すでに形成された合意内容を、審議会が勧告するという「儀式」が必要である。審議会には利益団体の代表も参加しているから、何らかの利害対立によって議論が収束しないこともある。この場合の調停はいわゆる「学識経験者」としての研究者である。ただし、この調停者は、利害当事者でない第三者であるとのただ一点によって信頼を得ているのであって、彼ら彼女らに対して研究者に固有の役割が期待されているわけではない。それは法律家であってもジャーナリストであってもよいわけである。

審議会の答申を得て法案が議会に提案されたあとの舞台は、もっぱら政治家と官僚の独擅場である。しかし議会の外側におけるジャーナリズムや社会運動の存在も大きい。それによって議会での審議も左右される。研究者も、議会で賛否の意見を表明することはあるが、一般に、この段階での役割は、それ以前の役割に比べたら、それほど大きくない。

法律が成立すると、Vの行政による準備の過程に入る。そこで最も大きな役割を果たすのは官僚制組織である。介護保険の場合はまったく新しい制度であったために、中央政府の指導による地方政府の準備の期間は相当長期に及んだ。この段階で、研究者も協力をすることはあるが――介護保険の場合であれば介護保険事業計画の策定委員として――、公共政策の革新という観点から見ると、それほど大きな役割とは言えない。最後のⅥの制度の実施は、ほとんど官僚制によって遂行されるから、研究者（したがって社会学者）の出番は例外的である。

研究者（したがって社会学者）は、公共政策の革新の各段階において、一定の役割を果たすことができる。しかし、それらのなかには、研究者でなくとも十分に担うことのできる役割がある。あるいは他の主体の方が、研究者よりも効果的に担うことのできる役割もある。反対に、研究者に固有の、あるいは研究者が優位な立場にある役割もある。

◐社会学者に固有の役割

以上の検討から明らかなように、Ⅳ～Ⅵに関しては、とくに社会学者が研究者として関与する必然性は乏しい。これに対して、Ⅰの社会問題の認知の段階では、社会学者による経験的調査の役割は大きい。一般に社会問題として認知されていない潜在的な問題を発掘する作業は、社会学者が研究者として行うべき仕事である。しかし、発掘した問題を世論に訴えかけるうえで研究者は無力であり、そこではジャーナリストの役割の方が圧倒的に重要である。ただし、メディアが発信する情報の原材料を生産することは、

（加工するのはジャーナリストの役割であるとはいえ）社会学者に固有の仕事である。

Ⅱの問題解決を模索する過程で研究者が果たす役割も大きい（この場合は社会学者に限らない）。社会問題の解決に関するアイデアを提出して、それをデータや思考実験によって吟味することは研究者が得意とする仕事であろう。政策サークルのなかの官僚がこれを行う場合もあるが、それは官僚が自らの固有の役割として行うというよりは、研究者として行うと見るべきである（たとえば、介護保険に関する初期の議論では、官僚によるコミットメントも大きく、現役の官僚である西川［一九八七］の影響は大きかったが、この論文の発表にはペンネームが使われた）。このように考えてくると、問題解決のためのアイデアを自由に発想するという作業には、研究者（したがって社会学者）も参加してしかるべきである。

Ⅲの合意形成の過程のなかでは、政策サークルのなかでの合意形成が一つの重要な鍵となる。政策サークルのなかの専門家の間で、ある程度の意見の収斂が見られないと（反対論も含めて問題解決策に関する意見の構図が明確になっていないと）、世論を動かすことができない。この合意形成の過程のなかでは、データに基づいた論点整理や事前評価が重要な役割を果たすことになる。ここにも研究者（したがって社会学者）が活躍しうる場がある。

社会学の限られた資源を有効に活用するため、公共政策の革新へアプローチする社会学は、他の主体に比べて比較優位の位置にある、以上の三つの領域に重点を置くべきではないだろうか。

6　公共政策の社会学のために

政策志向の社会学のことをここで「公共政策の社会学(27)」と呼ぶならば、この公共政策の社会学の役割はどこにあるか、という点についてこれまで考察してきた。

政策科学という言葉は一九五〇年代のアメリカで生まれたが、そこで主唱された政策志向は社会学の世界では社会計画論という形で七〇年代にピークに達したのち、八〇年代には衰退した。その大きな理由は、公共政策を支える思想がリベラリズムからニューライトへと大きく変化したからであった。しかし一九九〇年代になると、新しい政策思想に支えられて、NPMという新しい形で、政策志向の社会科学が台頭して大きな影響力をもった。二一世紀初頭の現在では、これら二つの政策志向の社会科学――社会計画論とNPM――を批判的に摂取したうえで、政策志向の社会学の新しい形態――公共政策の社会学――を確立することが求められているのである。

この公共政策の社会学の確立を妨げているのは、これまでの社会学者の研究のなかに存在する、理想主義、価値中立、批判主義といった三つのバイアスである。これらのバイアスの結果、これまでの社会学者は「公共政策からの逃走」に走る傾向があった。したがって、公共政策に接近しようとする社会学者は、これらのバイアスを克服する必要がある。

これらのバイアスから自由となった公共政策の社会学は、公共政策における循環と革新の側面において一定の役割を果たすことができるだろう。

公共政策の循環には形式と内容の側面がある。前者は、公共政策に関する他の社会科学（公法学、財政学、行政学、等々）の領分である。これに対して、後者は、社会学の寄与しうるところの多い分野である。とくに家族、産業・労働、地域などの個別社会学に対しては、社会学の外側の世界からの期待も大きい。これらの分野において、（単なる思弁ではなくて）根拠に基づいた知識の生産がなされることが、公共政策の社会学を展開するために不可欠である。

他方、公共政策の革新に対しても、社会学（者）は、一定の役割を果たしうるだろう。それらのなかで（他の社会科学者よりも）社会学（者）がとりわけ貢献しうるものとしては、社会問題に対する社会調査がある。これは、社会問題が一般に認知されていくうえでの不可欠の契機である。また、問題解決の模索のなかでは、（社会学者に限らないが）研究者が重要な役割を果たすことが少なくない。社会学者もそうした政策構想のなかの議論に加わることはできるはずである。さらに、専門家集団や政策当局における合意形成の過程で、（これも社会学者に限らないが）自由に浮動する立場にある研究者は、論点整理や事前評価などの点において、政策当局には果たすことのできない役割を果たすことができる。これらの点でも、公共政策の社会学（者）の果たすべき役割がある。

公共政策といえども社会の内部で遂行される。このことは、循環の局面においても革新の局面においても公共政策の背後には、社会という広大な世界が存在することを意味する。メディアや社会運動の動きによって公共政策は変化するし、社会意識の様態によって公共政策のあり方は限界づけられている。その意味で、公共政策の社会学は、公共性をめぐる社会学の一部であり、最終的には、そのなかに位置づけられてしかるべきだろう。しかし、そこにいたる前に、公共政策の社会学についての基礎固めをする必要がある。

（二〇〇七年一一月）

注

（1） その後のアメリカには、ラーナーとラスウェルの問題提起を発達させるための障害が少なからず存在した（Dror [1975]）。しかし一九六〇年代以降、政策科学の制度的な確立を図るための数々の努力がなされた。ドロアによれば、そうした努力の現れとして、以下の七点を指摘することができる（Dror [1975] 五六―五八頁）。①知識と科学の利用に関する各種委員会の報告、②知識のもつ社会的な意味に対する興味の増大、③政策決定を直接の関心とする新しい学問領域とそれに含まれる下位領域の展開（たとえば、戦略研究、未来研究、応用社会科学など）、④新しいタイプの政策研究機関の創設とその発展（たとえば、ブルッキングス研究所、ランド研究所、未来研究所など）、⑤著名な政策科学者個々人の自己発展と自己教育、⑥政策科学を指向する大学教育課程の最近の新設（たとえば、ハーバード大学J・F・ケネディ行政科学部、カリフォルニア大学バークレー校・公共政策研究大学院など）、⑦コンファレンス、書籍、雑誌、公開講座、その他のいろいろな形態をとった専門的活動および関心の急速な増大。

（2） 他方の極に形成されたのは、言うまでもなく批判社会学である。Gouldner [1970]、高橋［一九七三］を参照。

（3） このころは日本の社会支出が急増する時期であり、これに対応して社会政策の社会学が新たな段階に入る時期でもあった（武川［二〇〇九］四〇七頁）。

（4） 本章で用いる公共政策、経済政策、社会政策、政府などの基本概念の定義については、武川［二〇一一a］を参照。

（5） ただし市町村基本構想策定の義務づけは地方分権の観点から廃止されることとなった。

（6） 社会指標運動は国際的にはすでに一九六〇年代に始まっていたが（三重野［一九八四］）、日本で影響力をもつのは七〇年代に入ってからである。

（7） 八〇年代半ばを最後に社会計画に関する国の言及は途絶える。国の社会指標は国民生活指標と名称を変えて存続するが、一九九九年を最後に、その後は発表されていない。もっとも公平を期すために補足すると、地方では八〇年代以降も計画づくりが盛んで、とくに九〇年代には分野別の個別社会計画が多数つくられるようになった（武川［一九九七］）。

（8）一九八三年に発表された経済計画（『一九八〇年代経済社会の展望と指針』）では、計画の文字が消え、「展望と指針」に置き換えられた。

（9）七〇年代までの福祉国家は、ケインズ主義的な需要管理、完全雇用、社会保障の拡大によって特徴づけられることから、しばしば「ケインズ型福祉国家」（KWS）と呼ばれる。これに対して、八〇年代以降の福祉国家は供給重視の経済政策、労働市場の柔軟化と不完全雇用、社会保障の縮減などによって特徴づけられるため「シュンペーター型ワークフェア国家」（SWS）と呼ばれることがある（Jessop［1994］）。この意味で、NPMは「シュンペーター型ワークフェア国家の政策科学」であったとも言える。

（10）たとえば、国民生活審議会の総合政策部会企画委員会長期展望小委員会は一九七〇年代末から八〇年代半ばにかけて、社会計画についての提案を行っており、当時、その委員だった社会学者富永健一の考え方がそのなかに反映されていると思われるが、この小委員会の委員長は経済学者の加藤寛であり、正村公宏や丸尾直美らの経済学者も委員として加わっていた。

（11）雑誌 *Social Indicators Research* には、そうした論文が掲載されている。

（12）社会指標と政策評価との関係については、三重野［二〇〇〇］を参照。

（13）現在、福祉国家の再編方向をめぐって新たな模索が続いており（宮本［二〇〇〇］、社会政策学会編［二〇〇四］）、KWSやSWSをそのままの形で受け入れることはできないだろう。

（14）このような理想主義の伝統に異を唱えたのがマンハイムの媒介原理であった（と思われる）。彼は理想主義的な社会変革のなかに見られる「発明的思惟」――それは一般的原理と直接的具体性を直結させる過ちを犯している――を「発見的思惟」や「直観的思惟」とともに批判し、これらに「計画的思惟」を対置して、そこにおける「媒介原理」の意義を強調した（Mannheim［1940］）。稲上毅の定式化によれば、媒介原理とは「具体的対象を可能なかぎりその具体的文脈において把えるために、規則的に循環する法則性認識をも援用しながら、特定の場所と時のなかで作動している普遍的な力の、まさに特殊な絡み合いそれ自体を確定すること、この作業による成果」である（稲上［一九七三］二七七頁）。「媒介原理」は「社会現象の認識論」であるとともに「主体的な思惟様式」であって、「社会計画」のための思惟様式であった。

マンハイムは理想主義的な社会変革の伝統における理念と現実を媒介するものの不在を突いた。その意味で、彼は、前節で述べたような公共政策の方向へと一歩踏み出したと言える。しかし今日の時点で振り返ってみると、その踏み出し方が十分であったとは言えない。マンハイムの「自由のための計画」は、自由放任の資本主義と独裁的な全体主義との間の「第三の道」として構想されたものであり、彼の「社会計画」はすぐれて体制選択の問題であった。公共政策の課題に取り組むためには、体制の問題と政策の問題を媒介するための原理、さらに新たな「媒介原理」が必要となるからである。

（15）マンハイムの「相関主義」は、ある意味で、そのような批判の試みであった。彼によれば「自由に浮動するインテリゲンチャ」は対立する諸価値（「視座構造」）のすべてに対して自由に接近することができるところから、これらの「動的な綜合」が可能であると考えた（Mannheim［1936］）。しかしマンハイムのこの考え方がその後の社会学に対してそれほど大きな影響を与えたとは思われない。なお福武直は、「価値判断排除」批判に対する反批判を行っている。ただし彼が擁護するのは「主観的な研究態度としての『価値判断排除』」であって、これが「科学はその理論的成果に於いても評価を含みえないという『価値判断排除』」や、「科学者は講壇に於いて当為を説くべきではないという『講壇価値評価』の排除」ではないと留保している（福武［一九四九］三一六頁）。

（16）ここでは、批判主義を哲学史におけるそれではなく「社会的現実に対する（肯定の立場ではなくて）批判の立場」といった程度の意味で用いている。

（17）社会学のもう一つの存在意義は、専門主義の自明性を、日常性に基づいて打破するところにあると言えよう。

（18）これらはいずれも実務家から研究者に対して向けられる「机上の空論」との批判に対する「補償」の防衛機制にほかならない。

（19）稲上［一九七四］は、「抵抗科学」に代わる「抵抗的政策科学」の可能性を追求している。

(20) 近年、政府の社会政策に対する不信が募っており、とくに公的年金については若年世代を中心にすでに正当性の撤収が始まっている。医療保険についても年金ほどではないが、信頼が揺らいでいる。こうしたなかにあって、介護保険制度の導入は、人びとの間で比較的高い支持をもって受け入れられた。世論調査の結果でも、一九九六年から二〇〇一年の間に、失業や老後生活の不安は強くなっているものの、介護に対する不安は弱まった（武川［二〇〇二a］）。もっとも制度発足後五年を経過した時点で見直しも行われ、今日では、発足当初の蜜月時代はすでに終わりを遂げている。

(21) 『現代用語の基礎知識』のなかに「高齢化社会」の項目が登場するのは、一九七九年のことである。当時の「高齢化社会」に関する研究の到達水準についての集大成が、福武編集代表［一九八五］として刊行されている（研究の開始は一九八一年）。なお、福武編集代表［一九八五］は、高齢化社会ではなくて高齢社会という用語を用いた比較的早い段階の例である（最初ではなかった）。

(22) 『現代用語の基礎知識』のなかに、「介護福祉士」という形で「介護」に関する項目が登場するのは一九八〇年代後半になってからであるが、新聞などでは八〇年代前半ですでに使われていた（ただし今日のように多用されていたわけではない）。

(23) 他方、社会運動のなかでは、「高齢化社会をよくする女性の会」（樋口恵子代表）が八〇年代の比較的早い段階から、公的な介護保険の必要性を訴えていた。

(24) その直前の一九九四年三月に「二一世紀福祉ビジョン」（厚相の私的懇談会報告）が出されたが、このなかで「新介護システムの構築」が提言されているものの、介護保険についての言及はなかった。

(25) 大熊由紀子「物語・介護保険 第29話・隅谷三喜男さんのファンファーレ」（『月刊・介護保険情報』二〇〇六年八月《http://www.yuki-enishi.com/index.html》2012/3/9）による。

(26) 『厚生白書（平成八年版）』は、介護保険導入との関係で、将来像委員会報告に言及している。なお、この将来像委員会に参加して得た個人的な観察からすると、制度審の側ではとくに老健審での審議を応援するという自覚はなかったように思われる。むしろ、マスメディアや厚生官僚がそのようなストーリーを事後的に組み立てたというのが真相ではなかろうか。また、将来像委員会は研究者が中心だったから、一九九一年に設置された当初から、「介護保険は導入して当然」のような雰囲気があり、その意味では、老人保健福祉の利害関係者が多い老健審とは異なり、将来像委員会は、当時の社会保障専門家の間の一般的な考えを代表していたように思う。ただし、専門家の間でも介護保険の導入に対する反対論も存在しており、里見・二木・伊東［一九九六］はそのうちの最も有力な見解の一つであった。

(27)　ここでいう「公共政策の社会学」は、公共経済学の社会学版といった意味合いで「公共社会学」と呼んでもよいかもしれない。public sociology はアメリカ社会学のなかでは別の意味で使われているが、盛山［二〇〇六］のいう「公共社会学」の一分野としての位置づけを与えることはできるだろう。

追記

本章は、三重野卓氏との共編著『公共政策の社会学』（東信堂刊）の序章として執筆し、二〇〇七年に発表した。ここで述べた基本的な考え方はいまでも変わっていないが、二〇一二年現在の時点で振り返ると、その後の動きについて少し補足しておいた方がよいように思われる。

一つは、社会指標についてである。日本では、かつての社会指標に代わって、NPMとの関連で政策評価や行政評価のための指標体系が多くつくられるようになった経緯については、本章で述べたとおりである。一九七〇年代に始まって以来、細々と続いてきた『東京都社会指標』も二〇〇七年度版を最後に刊行されなくなった。しかし、近年、ヨーロッパでは、反対に社会的排除の存在を客観的に示す社会指標の作成が盛んとなっている。EUが、社会的包摂を公共政策の目標として重視している姿勢の現れである。本章ではふれることのできなかった点である。

日本では、社会的排除が問題とされることが少ない。したがって社会的排除の社会指標も、政府当局によっては策定されていない。相対的貧困率や子どもの相対的貧困率も、二〇〇九年までは、なかなか公表されなかった。しかし興味深いことだが、二〇一一年一二月に、幸福度指標の構築の試みが内閣府によって発表された。これは「社会指標」が改称された「国民生活指標」の後継としての位置づけもあるようだ。社会的排除よりも幸福度の測定の方が優先順位が高いというのが、現在の日本政府の姿勢らしい。

もう一つは、公共政策の革新についてである。第五節で、介護保険の成立を事例としながら、公共政策の革新について論じた。戦後の日本では、公共政策の改革はこうしたボトムアップによって遂行されるのが常であったように思われる。選挙のために与党が改革を行うことはあったとしても、選挙の結果として改革が行われることは少なかった。一九九一年の育児休業法は、参議院での与野党の逆転を背景に導入されたが、これは例外の部類に属するだろう。その意味で、本章で取り上げた介護保険の導入は、日本型の政策革新の典型例だった。

ところが二〇一〇年の子ども手当の導入は、〇九年の総選挙の結果もたらされたものであって、介護保険の場合とはまったく異なるタイプの革新である。このため日本ではこれまで見られなかった政策革新の新しい類型が成立したようにも見えた。しかしながら、これもまた二〇一〇年の参議院選挙の結果であるが、参議院での与野党の逆転によって、その存続が困難となった。子ども手当の導入に見られたような政策決定の仕方が日本ではそもそも無理だったのか否かを現時点で判断するのはむずかしい。また介護保険の場合とは異なるもう一つの政策革新の類型、すなわち選挙による革新が日本でも可能であることを、政権交代が示したのか否かを見極めるのにも、もう少し時間がかかりそうである。

第2章 二一世紀型の社会政策

——二〇世紀的前提を問う

1 社会政策と価値判断

❍社会政策学の伝統

政策とは何らかの問題を解決するための指針、あるいは、問題解決のためのプログラム群を指している。政策が立案され実行されるとき、そこには一定の価値や規範が、明示的であるか暗示的であるかは別として、前提される。私たちは価値に関して何の前提も置くことなしにある状態が問題であると判断することはできないし、その解決策を示すこともできない。

このため社会政策学の伝統のなかでは、社会的価値（社会的に広く共有されている価値）や政治的理想が語られることが少なくなかった。成立当初の社会政策学が社会改良主義のイデオロギーに基づいていたことは周知のとおりである。初期の社会政策学を担ったこれら新歴史学派は「価値自由」を説くウェーバーの鋭い批判にあって、やがて歴史の舞台から退場するが、その後もエドゥアルト・ハイマンのように社会政策の実現が社会主義への一歩であると見なす潮流は存在した。日本では、これらの「道義論」や「政治論」が社会政策学の歴史のある段階で、非科学的なものとして退けられるが、これらに代わって出現した「社会政策の経済理論」（大河内一男）も「生産力の増大」を社会政策の実現すべき価値として想定していたという点では、以上の伝統に忠実だった。

資本制と家父長制

二〇世紀後半の日本の社会政策学も一定の価値を前提にしながら研究を進めてきた。日本の社会政策学は、必ずと言っていいほど資本制に言及しながら、社会問題や社会政策を論じてきた。これは資本制が何らかの社会的価値の実現を妨げているとの認識の現れである。社会政策本質論争のなかでも資本制との関連で社会政策を問う姿勢は一貫していた。高度経済成長期には日本の社会政策学の関心が一挙に労働経済の問題へと向かっていくが、その背後には、資本制のプリズムをとおして社会政策を見るべきだとの立場が存在する。この傾向は二一世紀初頭まで続く。近年では福祉国家の比較研究が日本の社会政策学のなかで一定の地歩を築き上げてきているが、そこでの鍵概念は「脱商品化」である。この概念は、社会政策は資本制における「労働力の商品化」を是正すべきだとの立場を暗黙のうちに前提としている。

一九九〇年代になると日本の社会政策学は、資本制だけでなく家父長制との関連で社会政策のあり方を問うようになる。これは、一九八〇年代にジャーナリズムの世界だけでなくアカデミズムの世界にも影響を及ぼすようになったフェミニズムの方法論が、社会政策の研究にも適用され、その波が日本の学界にまで押し寄せてきたことの結果である。一九九二年に昭和女子大学で開催された社会政策学会の第八四回大会が一つの転機であったと思われるが、この大会以後、社会政策におけるジェンダー研究が日本でも盛んとなり、いまやジェンダー研究は日本の社会政策の研究における一大勢力となっている。このようなジェンダー・アプローチの隆盛は、資本制だけでなく家父長制の存在が、そして家父長制の影響を受けた社会政策の存在が、私たちが共有している何らかの価値の実現を妨げているとの共通認識が社会政策学会のなかで形成されつつあることを物語っている。

要するに、二〇世紀後半の日本の社会政策学は、資本制や家父長制によってその実現が拒まれる価値を暗黙のうちに前提としながら研究を進めてきたのである。ところが、これらの価値が何であるかについて明示的に語られることはきわめて稀であった[1]。そこには過去の教訓から、学会内の政治的対立を回避するための「学会悟性」の力が働いたかもしれない[2]。また、研究の専門分化にともない、社会的価値について論じることが何か青臭いものと感じられるようになってきたのかもしれない。しかし社会政策学が「没価値」的であったことは一度たりともない。定義上それは不可能である。にもかかわらず、日本の社会政策学の価値前提が何であるのか、資本制や家父長制によってその実現を阻まれているものが何であるのか、それらの桎梏が外されたときに現れる「望ましい状態」とはいかなるものであるのか、これらの点についての議論が日本の社会政策学のなかで自覚的になされたことはほとんどなかった。

2 社会政策への規範的接近

◯臨床哲学・応用倫理・公共哲学

ひるがえって価値や規範の問題を正面から取り上げるべき（と部外者からは考えられている）哲学や倫理学に目を移すと、そこには従来とは異なる新しいタイプの研究が生まれつつあることがわかる。これまでは過去の偉大な哲学者の学説をどう読み解くかということが哲学アカデミズムの主流を占めていた。学説研究から離れた探求がなされる場合でも、存在論や認識論が――いわゆる「言語論的転回」のあとでは言語論が――哲学者の思索の中心であって、価値論は研究の主流ではなかった。価値が論じられる場合でも、それは原理論の水準においてであって、これを社会的現実にどう生かすかといった問題意識は稀薄だった。つまり社会政策学との間には断絶があった。これに対して今日の日本の哲学界における（社会政策研究者の目から見て）注目すべき動きは、価値の問題が私たちの日々の生活との関係で具体的に取り上げられるようになったということである。

近年、「臨床哲学」という言葉が生まれ、カントやヘーゲルだけではなく、介護や看護や子どもの不登校などの問題を論じる哲学者が出現しつつある。たとえば、大阪大学は、一九九八年に、それまでの倫理学研究室を臨床哲学研究室へと改組し、これを機に『臨床哲学』という紀要の刊行を開始した。同研究室のホームページによれば、[3]「臨床哲学」（clinical philosophy）とは、「もっと問題発生の現場に即応した哲学の語り口を探ろう」という川本隆史の問題提起に応えるものであって、「臨床」（klinikos）という「ひとびとが苦しみ、横たわっているその場所」に「哲学的思考を差し込む試み」である。雑誌『臨床哲学』に寄稿されている論攷は、失語症、生と死、セクシュアリティ、ケア、不登校、障害、食、等々を取り上げ、今日の哲学が社会問題の現場へと近づきつつあること、すなわち臨床哲学が社会政策学の領域と接しつつあることを示している。

倫理学でも同様の状況が生まれつつある。科学技術の発達にともなって出現した新たな問題群に取り組むため、近年、「応用倫理」の構想が語られるようになった。生殖技術の発達や臓器移植は医の現場に「生命倫理」の問題を提起する。地球環境問題への関心の高まりは「環境倫理」の問題を私たちに突きつける。ＩＴ技術の発達は、情報の操作が容易になった分、現代社会では従来以上に「情報倫理」への配慮が求められる。これらは新しく生まれた状況に対する倫理学の側からの主体的な取組みであると同時に、科学者や政治家など現場で問題と格闘している人びとから提出される現実的要請に対する回答でもある。応用倫理の企ては、いまのところ理科系の先端科学で発生する倫理的問題の解明に主力が注がれているが、その定義上、労働や社会保障における倫理的問題の解明とも関係してくるはずである。

社会政策学の立場から見た現代哲学におけるもう一つの重要な動きは、社会科学者をも巻き込みながら繰り広げられつつある「公共哲学」の体系化の運動であろう。公共哲学という概念自体はウォルター・リップマンの一九五〇年の著書に由来するというが、近年の日本では、これが一般社会や学問の私事化に対抗して公共性を回復するための学として考えられるようになっている。その成果は、二〇〇二年七月に完結した講座『公共哲学』（佐々木毅・金泰昌編、東京大学出版会）全一〇巻に結実している。この講座は、公と私に関する思想史と社会科学、欧米と日本における公と私に関する状況を取り上げたのち、国家・経済・中間集団・科学技術・地球環境と公共性との関連を論じており、その問題意識は社会政策学と重なるところがある。そもそも社会政策は公共政策の一種であるから公共性の問題は避けて通ることができない。社会政策自体が何らかの公共哲学を前提としているのである(4)。

価値論なき政策論と政策論なき価値論と

以上の三つの動きは、問題から政策へといたるスペクトルのなかで、それぞれ異なる場所に焦点を当てている。臨床哲学は問題の発生の現場に注意を注ぐ。応用倫理は発生した問題を解決するための指針を示そうとする。公共哲学はこれらを社会システムの設計にまでつなげようとする。しかし、いずれの動きも潜在的にはその射程が現実の社会政策のあり方にまで及ぶという点で共通している。子どもたちの苦しみに関する臨床哲学の考察は、それがラディカルなものであるならば、彼ら彼女らの苦しみを和らげるための公共政策にまで辿り着くはずである。応用倫理としての生命倫理の企ては、それが真摯なものであるならば、看護や介護の現場においてテクネー（技術）を磨き上げることに寄与することができるだろうし、保健・医療・福祉に関する社会政策のあり方にまでかかわってくるはずである。それぞれが扱っている対象の近さから見て公共哲学と社会政策学との距離は意外と短い。

ところが臨床哲学、応用倫理、公共哲学の企ては、アカデミズムのいわば「蛸壺」に阻まれて社会政策の構想とは十分につながっていない、言い換えると、その可能性が十分に発揮されていないというのが現状である。哲学者の側には他のディシプリンの領分を侵すことへの躊躇《ためら》いがあるのかもしれない。社会政策の研究者の側にもこれらの問題提起に真摯に応える準備ができていない。結果として、日本のアカデミズムのなかでは「価値論なき政策論」と「政策論なき価値論」とが何の接点ももたないままに併存する状況が生まれてしまった。これは双方にとって不幸なことである。政策論から切り離された価値論は、社会的現実とのつながりが不完全なものとならざるをえないだろう。また、価値論から切り離された政策論は、その理念的根拠が薄弱なものとならざるをえない。このため両者を架橋し、このような状況から抜け出すことが肝要である。(5)

3　変わりつつある福祉国家の前提

◗KWSからSWSへ？

二〇世紀の福祉国家はしばしば「ケインズ型福祉国家」(KWS)として総括される。KWSは、国民国家システムのなかで、各国の中央政府が蓄積と正当化の二つの機能を果たすための仕組みである。前者の機能は、政府が総需要を管理することによって継続的な経済成長を引き起こすことで遂行された。後者の機能は、経済成長によって完全雇用を達成し、これを前提とした社会保障(普遍的な社会保険と選別的な公的扶助によるその補足)を制度化することによって遂行された。そこでの社会政策が完全に脱商品化されることはなかったが、部分的には脱商品化された。今日では、このようなKWSのメカニズムが作用する前提として、家父長制の存在が指摘されるようになっている。と同時に、当初ジェンダー化されていた社会政策も、二〇世紀の後半をつうじて、部分的には脱ジェンダー化された(武川［一九九九a］［二〇〇七a］)。こうしたKWSのメカニズムによって国民の生活水準は着実に上昇した。

ところが以上の前提が一つずつ取り払われていったのが、二〇世紀の第四・四半期の歴史である。グローバル化が進んだ結果、各国政府は経済政策の自由度を失った。このため現在ではマクロ経済政策によって完全雇用を達成することが困難となっている。雇用なき成長が一般化し、多くの国で高失業率を記録している。また民営化やワークフェア（第六章参照）の政策によって、脱商品化にブレーキがかかった。労働力の再商品化を経験している国もある。このようなポストKWSの状況のなかでは、福祉国家や社会政策に関するペシミズムが生まれてくる。たとえば、ボブ・ジェソップは、グローバル資本主義の圧力のなかで、KWSからSWS（シュンペーター型ワークフェア国家）への移行が生じていることを指摘している（Jessop[1994], pp. 13-17）。彼によるとSWSの下での社会政策は、サプライサイドへの介入、労働市場の柔軟性、国際競争力の強化といった目的の単なる手段と化す。

現在の世界の状況を見るとき「KWSからSWSへの移行」というテーゼは非常に説得力がある。たしかに多くの国では完全雇用ではなくて不完全雇用が支配的である。労働力の再商品化を志向するワークフェアの政策が世界中で猛威をふるっている。しかしSWSへの移行を二一世紀に住む私たちにとっての宿命であるかのように考えるのは誤りであろう。現在の世界のなかには、グローバル資本主義やワークフェアへの動きとは異なる動きもまた存在するからである。それらのなかには、「第三の道」のように単純なワークフェア政策に対して修正を施そうとする穏健なものから、反グローバリズムの運動や労働と所得の切断を図るベーシック・インカムの構想のように非常にラディカルなものまでさまざまである。いずれにせよ、福祉国家をめぐる現在の状況は、再商品化と脱商品化のせめぎ合いのなかにあると見る方が正確である。

◯構想される新しい社会政策

このように二〇世紀から二一世紀への転換期のなかで福祉国家や社会政策のあり方が大きく変貌しつつあり、このなかで「新しい社会政策の構想」が求められているのである。(6) このようなときにこそ社会政策学は、現実の社会政策が前提とする価値が何であるかにまで遡って、社会政策のあり方について論じるべきであろう。そうすることによってはじめて「新しい社会政策の構想」も可能となるのである。

社会政策学会第一〇六回大会（二〇〇三年五月）の共通論題は、価値論と政策論をつなぐべく、そして、新しい社会政策の構想をすべく、以下の四つの報告から構成された。

1　卓越・正義・租税——社会政策学の《編み直し》のために　川本隆史
2　ベーシック・インカムの構想と新しい社会政策の可能性　小沢修司
3　労働の未来——ドイツからの提言　田中洋子
4　「男性稼ぎ主」型から脱却できるか——社会政策のジェンダー主流化　大沢真理

これらの四つは、社会政策の体系を構成する主要分野というわけではない。ましてや何らかの論理的な基準によってなされた分類の帰結というわけではない。最初の報告を総論、残りの三人の報告を各論として位置づけることは可能だが、この場合も総論と各論の違いは程度の差であって、総論が各論を包含するとか各論が排他的な分類表を構成しているというわけではない。四つの報告は「新しい社会政策の構想」にとって参照されるべきピンポイント群の一部である。このため本来取り上げてしかるべき構想のいくつかが抜け落ちている可能性がある。四報告は論理の広さ（扱っている範囲）と深さ（抽象度の水準）において多様であるが、こうした異なる報告が並び、それらがぶつかり合い、そして共鳴し合うことによって

「新しい社会政策の構想」の糸口を発見することができるのではないかと思われる。

4　社会政策における二〇世紀と二一世紀

❍問われる二〇世紀的前提

四つの報告（川本［二〇〇四］、小沢［二〇〇四］、田中［二〇〇四］、大沢［二〇〇四a］）は、二〇世紀の社会政策が前提としていたものを疑う姿勢を示しているという点で共通している。(7) ここでは各報告と総括討論を経て明らかとなった（と私に思われる）論点を素描して、本章を終わることにしたい。

小沢［二〇〇四］は、ベーシック・インカム論の登場の背景には、二〇世紀が前提としていた家族・労働・環境のゆらぎが存在することを指摘するが、おそらくこの点はおおかたの合意が得られるところだろう。これらの点はそのままKWSの社会政策が前提していたものであると言い換えることができる。そして、これら三つに加えて、国民国家の存在も二〇世紀的前提として指摘することができる。この点についても異論を唱える人は少ないだろう。要するに、二〇世紀型の福祉国家は、家族・労働・環境・国家といった点について独特の前提を置いていたということである。そして、いま問われているのはこれら四つに関する前提である。

それらはどのような前提であるか。

第一に、KWSは、成長によって完全雇用を確保し、そこから得られた財源によって社会保障を維持するための仕組みであるが、ここでの完全雇用とは近代家父長制を前提とした男性稼ぎ主の完全雇用にほかならなかったし、社会保障もジェンダー化された家族を前提として設計された制度に基づいていた。

第二に、そこで完全に雇用されるものとは賃労働であった。自営労働も生業としての位置づけが与えられていたが、家事労働やボランタリー労働は労働とは考えられなかったし、ましてや人間の活動一般は労働という範疇の視野の外にあった。ここから「生活と労働」という奇妙な二分法が生まれることになる。

第三に、そこでの成長とは地球環境に対する負荷を一切捨象したところに成り立っており、自然が無限であることを多くの人が何の疑念ももたずに確信していた。

第四に、これらのメカニズムは国民国家によって管理され、とりわけ成長政策の成功は、資本(と労働)の移動を国民国家が統制可能であるとの前提によって担保された。

これらの四つがKWSという二〇世紀型福祉国家の前提であった。

◯二一世紀型福祉国家の前提

ところが、これらの諸前提が崩れ、その正当性が問われるところに、私たちは現在立っている。言い換えると、二一世紀型の福祉国家を構想することが社会政策の研究者には求められているのである。そして冒頭の議論に戻ると、そこでの新しい社会政策は、それが前提とする価値を明示化したうえで構想されるべきことになる。新しく構想される社会政策の価値前提は何か。この点について、上述の四報告の間で全員一致の結論が出されているわけではない。しかし、少なくともそのために最小限言及されなければならない諸論点については示されているように思う。川本［二〇〇四］が指摘するように、人類史のなかで磨かれてきた卓越という価値を甦らせるということはそのための一つの可能性である。卓越が分配の正義に関連づけられるとき、それは福祉国家の社会政策の原理にまで具体化される。さらにそれは税制や社会保障などの制度の設計にまで上向（具体化）することができる。

二〇世紀的前提が問われているということは、二一世紀型福祉国家の社会政策はもはやそれらを前提し続けることはできないということである。それでは何を前提としなければならないのか。

第一に、大沢［二〇〇四a］が示唆するように、私たちは、ジェンダー化された家族を前提に社会政策の制度を設計することがもはやできない地点にまできている。その意味で、二一世紀型福祉国家のなかでの社会政策は脱ジェンダー化されたものでなければならない。

第二に、高失業が社会問題となるのは、(a)労働者の生計が賃労働によってしか維持されない、(b)人間の諸活動のなかで最も意味があるのは雇用である、といった生業の絶対性に関する前提があるからである。しかし、田中［二〇〇四］が取り上げる労働の未来論のように、今日、生業を相対化するための動きがある。小沢［二〇〇四］が取り上げるベーシック・インカムは、これに制度的保障を与えようとする試みである。いずれにせよ二一世紀型福祉国家の社会政策は、家事、育児、社会活動など賃労働以外の人間の諸活動を正当に評価するものとなっていなければならない。

第三に、今回の大会では、地球環境に焦点を定めた報告はなされなかったが、小沢［二〇〇四］が示唆したように、二一世紀型福祉国家は生産中心主義から脱却し、社会政策と環境政策との調和を図らなければならない。

第四に、国民国家の絶対性を揺るがすのは、第一にグローバル化であり、これによって国民国家の統治能力は弱体化する。このため二一世紀型福祉国家においては、国際条約や国際機関によるグローバルな水準での社会政策の確立が必要となる。とはいえ、国民国家の絶対性を揺るがすのはグローバル化だけではない。ローカルな問題を解決するうえで国民国家が無能力であるということも今日明らかとなりつつある。川本［二〇〇四］が指摘するように、二一世紀型の福祉国家のなかでは、ローカル・ジャスティスが一つの重要な原則となるだろう。いずれにせよ新しい社会政策の構想にとっては国民国家の相対化が不可欠である。

今日産業構造の転換や家族の変容によって、先進諸国における社会政策をめぐる状況は、生産の領域でも再生産の領域でも変化しつつある。こうした変化を踏まえた社会政策の構想が、今後とも議論の焦点の一つとなるだろう。そのさいには二〇世紀的前提に立った議論ではなくて、二一世紀的前提を踏まえたうえでの議論が行われることを望みたい。

（二〇〇四年三月）

注

（1）ただし、中西洋の一連の仕事（『近未来を設計する〈正義〉〈友愛〉そして〈善・美〉』東京大学出版会、一九九八年や『〈自由（リベルテ）・平等（エガリテ）〉と《友愛（フラテルニテ）》』ミネルヴァ書房、一九九四年）が存在するが、これらは日本の社会政策学の歴史のなかでは例外に属するだろう。

（2）この点に関しては、上井喜彦から、実証研究への傾斜が主たる要因だとのもっともな指摘を受けた（上井［二〇一一］）。卵が先か鶏が先かのような話になってしまうが、実証研究の叢生の背景には価値判断に関する暗黙の一致があり、それは学会を分裂に招くような政治的対立が持ち込まれなかった結果だったとも言えるのではないか。

（3）本章の初出時におけるものであって、現在はリニューアルされている（二〇一一年一一月八日）。

(4) なおアメリカ社会学のなかで「公共社会学」が議論されるようになっている。また、これとまったく同じというわけではないが、日本でも、「公共社会学」の試みがなされるようになった(盛山［二〇〇六］九二―一〇八頁)。また、これを承けて、盛山和夫・上野千鶴子・武川正吾編『公共社会学I 公共性とリスク』『公共社会学II 少子高齢社会の公共性』が東京大学出版会から近刊の予定である。

(5) 政策論にまでつながらない価値論もそれはそれで問題であるが、価値論に裏打ちされない政策論の方が問題はより深刻である。政策論が自らの前提とする価値を不問に付すということは、政策論のなかに価値に関する非合理主義やニヒリズムを持ち込むことになってしまうからである。私たちは、何らかの政策提言に関して、推論の手続きは厳密だが、前提とする価値に関する議論があまりにも粗雑である――そして結論もだいたいにおいて陳腐である――といった類の論文を読むことがあるが、このような論文はまさに没政策的な価値論と没価値的な政策論が併存していることの証左だと言えるだろう。

(6) これは社会政策学会の会員の関心のなかにも現れ、分科会のテーマや自由論題の報告のなかにも反映している。第一〇六回大会に組織された各分科会のテーマのなかには伝統的な社会政策学ならではのテーマもあったが、従来の学会ではあまり取り上げられてこなかったようなテーマも目立った。自由論題のなかにも「新しい社会政策の構想」に関連する報告が見られた。そして何よりも大会当日の共通論題における総括討論の熱狂によってもこのことが裏づけられるだろう。

(7) この点は、共通論題の企画の当初から盛り込まれていた論点ではなかった。しかし大会の準備のための会合を重ねるなかで、いずれの報告者もそれぞれの仕方で二〇世紀的前提を疑っているということが明らかとなった。このため報告者の一人である大沢真理の発意によって、もともとの共通論題の表題に「二〇世紀的前提を問う」という副題が付されることとなった。

四つの報告には共通論題のテーマとの直接的なつながり以外にも共通点もある。一つは四つの報告が価値論と政策論との中間的な位置にあるという点である。これは価値論と政策論の接合という試みにとっては戦略的な意味がある。この中間的な位置というのは、価値に関する議論が社会政策の水準に具体化され、社会政策に関する議論が価値によって十分根拠づけられるための恰好の場を提供する。ここでは政策論も価値の問題を自覚しないわけにはいかないし、価値論も政策論にまで踏み出さざるをえない。

なお同大会についての批評は、白井［二〇〇三］七九—九三頁を参照。

追記

日本の社会政策学会では、全国大会を年に二回開催し、各大会では共通論題を定めてシンポジウムを行うのが慣例となっている。二〇〇三年五月に開催された第一〇六回大会の共通論題は「新しい社会政策の構想——二〇世紀的前提を問う」であった。当時、同学会の春季大会企画委員長の任にあった私は、この企画の責任者として当日、座長の職に就いた。その関係で、翌年、その総括を「座長報告」として、社会政策学会編『新しい社会政策の構想』法律文化社（二〇〇四年三月）に掲載した。本章は、このときの原稿に基づいている。

当時は、ネオリベラリズムが破竹の勢いにあったから、本章のなかでふれた四人の報告は、いずれも時流に反する（あるいは時流から超然とした）ものであったのだが、それぞれ拍手喝采を浴び、会場は熱気に包まれた。その意味で、この企画は成功だったと思う。

二〇一二年の現在、ベーシック・インカムはマスメディアでも取り上げられる流行テーマとなっているが、当時は、まだアカデミックな世界を含めて一般にはあまり馴染みがなかった。この大会で取り上げられた他のテーマ、すなわち正義、労働の未来、ジェンダー主流化も、いまなお二一世紀の社会政策を考えるさいの主要な論点であり続けていると思う。

第3章 福祉社会のガバナンス
——多元主義とレジーム

ガバナンス論の台頭

今日時代のキーワードはガバナンスである。政治学者や行政学者の研究関心が「ガバメントからガバナンスへ」と移行しつつあることはつとに知られている（中邨［二〇〇三］）。開発経済学では、開発援助の成否の鍵を握るのは開発途上国において「良い統治」（good governance）が実現されているか否かであると考えられるようになった。経営学や産業社会学のなかでも、資本主義の型との関連で、企業統治（corporate governance）のあり方が注目されるようになっている（稲上・連合総合生活開発研究所編［二〇〇〇］）。国際政治においては地球規模でのガバナンスの確立が求められている（渡辺・土山編［二〇〇一］）。地方自治の世界でも、行政と民間との協働が課題となっている（山口・山崎・遠藤編［二〇〇三］）。このほかにも○○ガバナンスという形の概念が現在限りなく生産され続けている。

このようなガバナンスの考え方を社会政策や福祉の領域に適用したのが、ソーシャル・ガバナンスないし福祉ガバナンスである（以下、本章では、両者を互換的に用いる）。政治学や行政学では既存のガバナンス論の延長でソーシャル・ガバナンスについての議論が盛んになっているが（武智編［二〇〇三］、山口・宮本・坪郷編［二〇〇五］）、社会学ではこれらの点についてまだ十分に議論がされているとは言えない。従来の福祉社会学の文献のなかで、ソーシャル・ガバナンスをキーワードとして含む論文が書かれた例は見当たらない。この点で、福祉社会学の研究のなかでソーシャル・ガバナンスについて論じられることの意義は大きい(1)。

本章は、こうしたさまざまな分野でのガバナンス論の高まりを背景に、福祉社会学のなかにガバナンスの考え方を導入するための試みである。はじめに、ソーシャル・ガバナンスの考え方を明らかにするため、これまでのガバナンスの概念の整理を行う（第一節）。次に、ソーシャル・ガバナンスと、これと関連を有していると思われる福祉社会学の既存の諸理論との比較対照を行いながら、ソーシャル・ガバナンスを福祉社会学の理論的系譜のなかに位置づける。これによってソーシャル・ガバナンスの考え方の新しさを確認する（第二節、第三節）。そのうえで福祉社会学の立場から見て、ソーシャル・ガバナンスとして取り上げられるべき問題についての指摘を行う（第四節）。最後に、そのような問題のうちのグローバル・ソーシャル・ガバナンスとローカル・ソーシャル・ガバナンスに関する問題の所在について言及する（第五節、第六節）。

1 ガバナンス論の問題設定

❍統治の実体から機能へ

はじめに述べたように、今日多種多様な形でガバナンスが論じられている。それらに共通するのは、統治のために存在する組織や機構そのもの——典型的には政府——ではなくて、さまざまな集団や組織の連携によって遂行される統治の機能への関心の変化である。統治に対する視座が実体から機能へと転回を遂げつつあるのである。統治は、従来、政府（もしくはこれに類した組織）の専管事項であると考えられていたが、今日では、政府だけではなく複数の多様な集団や組織の相互作用によってはじめて達成される、と考えられるようになっている。このため日本ではガバナンスが「共治」や「協治」と訳される機会が多くなった[2]。

また、多種多様な領域で同じガバナンスという言葉が用いられていることからもわかるように、この場合のガバナンスは、非常に一般的な意味で用いられている。ガバナンスはこれまで統治と訳されてきたが、日本語で統治というと、政治的な支配のことを連想するのが普通である。しかも、その場合の支配は、ウェーバー的な意味であれ、タルコット・パーソンズ的な意味であれ、政治権力によって担保されている。しかしこのような統治の概念は、国民国家の政府に関しては当てはまるが、その他の分野には当てはまらない。たとえば、企業統治、つまりコーポレート・ガバナンスの概念が念頭に置いているのは、企業組織における決定・執行の効率・効果であって政治支配ではない。各種のガバナンス論に共通する問題意識は、組織や集団の目標がいかに達成されているか、あるいはそのためにどのような管理・運営・調整がなされているかといったことがらである。福祉社会学がガバナンスの概念を取り上げる場合も、統治＝政治支配に限定するのではなくて、このような一般的な意味でのガバナンスを把握する必要がある。

ガバナンスという考え方のなかにはこのように領域や分野を超えた共通性が見られる。しかし、統治の主体となる組織のどこに焦点を当てるかといった点については、それが扱われる領域や分野によって着眼点が異なっている。一方の極には、ガバナンスの主体となる組織内の関係に着目するガバナンスの概念があるが、他方の極には、ガバナンスの主体となる組織間の関係に着目するガバナンスの概念がある。これら二つのガバナンス概念の区別は、分業概念における工場内分業と社会的分業の区別に対応しているかもしれない。

◐組織内ガバナンスと組織間ガバナンス

前者のガバナンスをここでは組織内ガバナンス（intra-organizational governance）、あるいは狭義のガバナンスと呼ぶことにしよう。一つの企業組織がどのように統治されているか（あるいは統治されていないか）といったことに着目するコーポレート・ガバナンスという概念は、ここでいう組織内ガバナンスの典型である。開発経済学でよく用いられるグッド・ガバナンスという概念は、やや境界事例に該当するかもしれない。グッド・ガバナンスが開発途上国の政府に焦点を当てるならば、ここでいう組織内ガバナンスに該当するだろう。しかし政府以外の組織にまで視野を広げるのであれば、グッド・ガバナンスも組織内ガバナンスに限定して考える必然性は乏しい。

これに対して、後者のガバナンスは組織間ガバナンス（inter-organizational governance）、あるいは広義のガバナンスと呼ぶことができる。グローバル・ガバナンスは、組織間ガバナンスの典型である。そもそも国際社会では国民国家の政府に相当するような単一の統治主体が存在するわけではないから、国民社会におけるような「ガバメントからガバナンスへ」といったスローガンを、国際社会に当てはめることはできない。ガバメントのない（あるいは乏しい）ところで、いかにガバナンスを確立するかといったことが、グローバル・ガバナンス論の問題意識である。グローバル・ガバナンスは、定義上、組織間ガバナンスとならざるをえないだろう。

ソーシャル・ガバナンスはn番目の○○ガバナンスとして、比較的最近登場したものである。このためそれが具体的に何を指しているのか判然としないところもある。本章では以上の諸点を踏まえて、ソーシャル・ガバナンスの暫定的定義を次のように行っておきたい。

①ソーシャル・ガバナンスは、福祉や（国家でも個人でも経済でも物理的でもないという意味での）社会的な領域におけるガバナンスの機能に着目した概念である。

②この場合のガバナンスは、政治支配という意味での統治だけでなく、福祉の生産・分配・消費などに関連する諸組織内・諸組織間の管理・運営・調整のことを指す。

③組織内ガバナンスの観点に立てば、福祉ガバナンスは、福祉サービスに関係する諸団体のガバナンスを指す（狭義のソーシャル・ガバナンス）。たとえば、病院や社会福祉施設のガバナンス、社会福祉法人のガバナンス、社会福祉協議会のガバナンス、行政組織のガバナンス、福祉ＮＰＯのガバナンスなど、さらにはボランティア団体（任意団体）のガバナンスや福祉ビジネスのコーポレート・ガバナン

スでさえ考えることができる。

④組織間ガバナンスの観点に立てば、ソーシャル・ガバナンスは、社会的な領域における多数の諸団体の相互作用をつうじて形成されるガバナンスを指す（広義のソーシャル・ガバナンス）。そこは協治や共治を当てはめることのできる分野である。福祉に関する生産・分配・消費の管理・運営・調整などが、ソーシャル・ガバナンスの重要な構成要素となるだろう。

以下では、このうちの組織間ガバナンスの概念を中心に検討していきたい。

2　福祉多元主義とソーシャル・ガバナンス

◯二つの伝統

現在のソーシャル・ガバナンスの源流と見なせるような理論が、福祉社会学の伝統のなかに少なくとも二つは存在したと思われる。

一つは、一九七〇年代に提唱され、八〇年代以降に一定の影響力をもつようになった、「福祉多元主義」（Wolfenden［1978］、Johnson［1981］［1987］）や「混合福祉」[3]（Rose and Shiratori eds.［1986］）に関する理論である（以下では、福祉多元主義の用語で福祉多元主義と混合福祉の双方を代表させて用いる）。

もう一つは、一九九〇年代以降、比較福祉国家研究の世界で大きな影響力をもつようになった「福祉国家レジーム」（Esping-Andersen［1990］）ないし「福祉レジーム」（Esping-Andersen［1999］）に関する理論である（以下では、とくにことわりのない限り、福祉レジームで福祉国家レジームと福祉レジームの双方を代表させて用いる)。

これら二つの理論とソーシャル・ガバナンス論との共通点と相違点はどこにあるのだろうか。以下、この点について検討する。

福祉多元主義は、一九七〇年代後半から八〇年代前半のいわゆる「福祉国家の危機」(OECD〔1981〕)といった状況を背景にして生まれた。このため当時の社会政策に関するガバナンスの状況と密接にかかわっていた。

福祉多元主義が提唱されるようになった背景の一つは、政府のアンガバナビリティ(統治能力の喪失)であった(最近はあまり用いられなくなったが、当時はこの舌をかむような言葉がよく用いられた)。「福祉国家の危機」に関する議論の焦点の一つは、福祉国家の政府が選挙民の期待上昇に直面して過重負担の状態に陥っているというものである(Offe〔1984〕、武川〔一九九九a〕)。統治能力を失い、供給能力の限界に達した政府を、もはや福祉サービスの独占的な供給者と見なすことはできない——ただし事実としては政府が福祉サービスの独占的な供給者だったことは一度もない——というのが、福祉多元主義の問題意識である。しかしこれは福祉多元主義を擁護する消極的な理由である。

これに対して、もう少し積極的な理由もある。それは民主的な価値へのコミットである。福祉多元主義の主張の骨子は、福祉サービスの供給主体は多元的であるというものであるが、福祉多元主義の提唱者は各供給主体に対して没価値的な態度で臨んでいるわけではない。明示的であるか暗示的であるかは別として、その主張の多くは、民間の非営利部門が福祉供給体制のなかで果たす民主的な役割を重視していた。たとえば、ノーマン・ジョンソン(Johnson〔1981〕)はボランタリー部門の機能を、①新しいサービスや方法の開拓、②圧力集団としての活動、③参加の奨励、④情報・助言といった四つに分類しているが、ここには福祉多元主義の価値前提が現れている。

◯福祉多元主義との相違

政府のガバナビリティとの関連で生まれたという点で、福祉多元主義には今日のソーシャル・ガバナンス論と共通するところがあった。しかし違いもあった。

第一は、福祉多元主義が福祉サービスの供給体制に主眼を置く議論だったという点である。福祉多元主義の議論にはいくつかの版《バージョン》があるが、そのいずれもが福祉サービスの供給に関して三つないし四つの部門を設定し、供給組織の多元性を強調するものである。福祉国家には給付国家と規制国家という二つの側面があるが（武川［二〇〇七a］［二〇一〇］）、福祉多元主義はもっぱら「給付国家としての福祉国家」を主題化した理論である。

これに対してソーシャル・ガバナンスの議論の眼目は、広義のガバナンスである。したがって、この議論の射程は供給体制に限られるわけではなく、そこでは「規制国家としての福祉国家」の側面も視野に入ってくる。たとえば、市民社会のなかでは、非政府組織による権利擁護活動（たとえばイギリスのCAB）や環境保護のための活動（たとえば3R〔リデュース・リユース・リサイクル〕活動）が行われており、これらは福祉国家による社会規制と相補的である。ソーシャル・ガバナンス論では、福祉サービスの供給だけでなく、このような社会規制も課題となる。

第二は、福祉多元主義がセクター間の予定調和的な均衡を暗黙のうちに前提としていたという点である。

ジョンソン（Johnson［1981］）が指摘するように、民間非営利団体も圧力集団として活動したり議会に対するロビー活動を行ったりする。しかし福祉多元主義は各部門の利害が衝突して全面的な対立関係に入るといったことを想定していない。参加に関連する事項は頻繁に言及されるが、参加の対概念である権力の問題に対してはほとんど言及されることがない。

これに対してソーシャル・ガバナンスには、政治支配としての統治の要素も含まれているから、権力が捨象されて参加だけが取り上げられる、ということはない。ソーシャル・ガバナンスの枠組みのなかでは、多元的な供給主体の間の協調・協力・協働だけでなく、対立・敵対・紛争といった点も同時に探究の対象となってくるのである。

要約しよう。福祉多元主義は、①政府のアンガバナビリティへの適応、②福祉供給のガバナンスにおける民主的価値へのコミット、という点でソーシャル・ガバナンス論と共通する。この点でソーシャル・ガバナンスは福祉多元主義を継承している。しかし福祉多元主義は、③給付国家としての福祉国家の側面にバイアスがある、④予定調和的な均衡を前提にしている、といった点でソーシャル・ガバナンスとは異なっている。このことは、ソーシャル・ガバナンス論が、③規制国家としての福祉国家の側面も視野に入れている、④権力と参加の双方の問題を視野に入れている、という点で福祉多元主義にはない新しさをもっていることを意味する。

3 福祉レジームとソーシャル・ガバナンス

「三つの世界」論

一九九〇年代以降の福祉社会学のマクロ分析のなかでは、G・エスピン-アンデルセン（Esping-Andersen［1990］）による福祉レジーム論が大きな影響力をもつようになった。彼の研究は、通常、脱商品化スコアを用いて福祉国家の類型化を行ったものとして評価されている。このため欧米以外の諸国も、彼が設定した自由主義、保守主義、社会民主主義のいずれかに該当する、あるいは、第四の類型に該当する、ということを前提とした比較研究の潮流が生み出された（たとえば、埋橋［一九九七］、金編［二〇〇六］を参照）。

しかしエスピン-アンデルセンによる「三つの世界」論は、福祉レジーム論の重要な貢献だとは思われない。というのは、そこには論理的な矛盾が含まれているからである。彼は、一方で、脱商品化という共通の尺度によって福祉国家が一次元的に配置されることを主張しながら、他方で、「三つの世界」は理念型であってすべての福祉国家は各レジームの特徴を少しずつ併せもっているというような主張を行っている。しかしこの二つの主張は両立しがたい（第八章参照）。こうした無理がたたって東アジア諸国の福祉レジームの分析では、日本や韓国の類型化に関して論者によって異なる診断が下されたり、やたらとハイブリッドが登場したりすることになるが、これは問いの設定がそもそも誤っていることから生じた混乱である（武川［二〇〇七a］［二〇一〇］）。脱商品化のテーゼを受け入れながら、社会民主主義と自由主義のハイブリッドが存在すると主張することは背理であるし、類型化に関して各人各様の診断が出てくるというのは分類の基準がどこかおかしいのである。

これに対して、エスピン‐アンデルセン（Esping-Andersen［1990］）の福祉社会学に対する真の貢献は、「三つの世界」への類型化ではなくて三つの福祉レジーム（というよりは事実上スウェーデン、ドイツ、アメリカ合衆国の三国）における福祉政治を歴史的かつ構造的に分析した点にあると思われる（武川［二〇〇七a］［二〇一〇］）。社会民主主義レジームが現在のような形をとるうえでは、労働者と農民の階級連合の力が大きかったし、保守主義レジームが現在のような形をとるうえでは、カトリック教会をはじめとする保守勢力の役割が大きかった。さらに自由主義レジームの場合には自由主義ブルジョワジーの影響が強かった。このように福祉レジームでは福祉政治に関する分析が重要な位置を占めており、そこには統治すなわち政治支配の論点が組み込まれている。この点で福祉レジームは福祉多元主義と異なるが、ソーシャル・ガバナンスとは共通する。

規制国家の視点

また、給付国家に対するバイアスのあった福祉多元主義と異なり、福祉レジームには規制国家に対する分析の枠組みが組み込まれている。当初の福祉国家レジームの理論のなかでは労働市場の位置づけは明示的でなかったが、各レジームの労働市場の分析はポスト工業化社会の雇用創出との関係で重要なテーマであった（Esping-Andersen［1990］）。労働市場における脱商品化の多くは社会規制によって行われるものであるから、労働市場を分析するということは必然的に規制国家に言及することになる。さらに後に提案された福祉レジームの概念のなかでは、労働市場が福祉国家や家族とともに福祉レジームの重要な構成要素となっている（Esping-Andersen［1999］）。もっとも福祉国家の社会規制は、労働市場に対するものだけに限られるわけではないから、福祉レジームの理論も労働市場以外の分野での社会規制の分析については必ずしも十分でない。

福祉多元主義の理論と福祉レジームの理論は、一般には無関係であると考えられているが、藤村正之［二〇〇一］も指摘するように、じつは両者の理論的関連は深い。というのも福祉レジームが、ある意味で、各国における混合福祉の形態を国際比較によって類型化したものだとも言えるからである。その意味では、同じものが国内の視点から見ると福祉多元主義となり、国際比較の視点から見ると福祉レジームとなる。すでに述べたように、福祉国家レジームの概念は、労働市場や家族の要素を取り込むことによって福祉レジームの概念へと進化を遂げたが、これによって両者の理論的関連はさらに深まったと言えるだろう。福祉レジームもある種の多元主義を強調するようになったからである。

以上をまとめると次のようになるだろう。福祉レジームは、〝③給付国家と規制国家という福祉国家の二つの側面を視野に入れており、〝④政治支配としての統治の視点を導入している、という点で、福祉多元主義よりも今日のソーシャル・ガバナンスの考え方に近い。その意味で、福祉レジーム論の展開は、福祉社会学においてもソーシャル・ガバナンスへの注目が始まっていたことを示すものである。とはいえ福祉レジームとソーシャル・ガバナンスとの間には違いもある。

❍福祉レジーム論との相違

第一に、両者は分析の水準が異なっている。福祉レジームはナショナルな水準に分析の焦点を定めている。福祉レジーム論では国民国家が分析単位であることが自明の前提となっており、ローカルな福祉レジームやグローバルな福祉レジームの存在は想定されていない。これに対して、ソーシャル・ガバナンスの場合には、グローバルな水準とローカルな水準への拡張が見られる（神野・沢井編［二〇〇四］、Deacon［2005］、山口・宮本・坪郷編［二〇〇五］）。もちろんナショナルな水準のソーシャル・ガバナンスも重要であるが、それと並んで、あるいはそれ以上に、グローバルなソーシャル・ガバナンスもローカルなソーシャル・ガバナンスも重要な論点である。

第二に、両者は、政府の扱いが異なっている。福祉レジーム論は多元主義的性格を有しているが、依然として政府中心であることは否めない。福祉レジーム論においても民間非営利部門の役割が否定されているわけではないが、そこでは福祉多元主義のように政府や家族と同等の位置づけは与えられていない。その福祉レジーム論にとっては、非政府組織はあってもなくても同じという意味で、その理論的意義の扱いは小さい（Esping-Andersen［1999］p.80, n5）。これに対して、ソーシャル・ガバナンスでは、非政府組織の役割が不可欠である。ガバメントからガバナンスへと言われるときは非政府組織への期待が暗黙の前提となっているし、もともとガバメントのないところでガバナンスの機能を担うのは非政府組織である。

要するに、福祉レジーム論とソーシャル・ガバナンス論は共通するところも多いが、ソーシャル・ガバナンス論は、⑤分析の水準がナショナルからローカルとグローバルへの拡張が見られる、⑥非政府組織に対して政府や家族とは異なる独自の役割を与えている、といった点で、福祉レジーム論にない特徴をそなえている。このうちの⑥は、ソーシャル・ガバナンスと福祉多元主義に共通するところでもあったが、⑤はソーシャル・ガバナンスの新しいところである。

表３-１ ソーシャル・ガバナンスと先行諸理論との異同

	福祉多元主義	福祉レジーム	ソーシャル・ガバナンス
給付国家への言及	＋	＋	＋
規制国家への言及	－	＋	＋
政府のアンガバナビリティ	＋	－	＋
非政府組織の重視	＋	＋/－	＋
政治支配への言及	－	＋	＋
ローカルな水準	＋/－	－	＋
ナショナルな水準	＋	＋	＋
グローバルな水準	－	－	＋

以上の検討をまとめると、表３-１のようになるだろう。

4 ソーシャル・ガバナンスの現段階

現代日本における社会政策の問題は、ナショナルな水準における「少子高齢化」であると考えられている（社会政策学会編［二〇〇五］）。現在の社会保障制度のなかでは公的年金が最大の関心事であるが、これは高齢人口の増加と生産年齢人口の減少によって年金の収支バランスが維持できなくなるだろうといった漠然とした不安――実際には年金財政の状態は人口構成以外にも多くの変数によって決まるから話はそれほど単純でもない――に基づいている。また、出生率の低下による労働力人口の減少が経済成長に対して深刻な影響を及ぼすだろうとも言われる。

これに対して、ソーシャル・ガバナンスの問題は、いまのところ「少子高齢化」の問題以上に一般からの注目を集めているわけではない。その理由は、少子高齢化から派生する問題がわかりやすいのに対して、ソーシャル・ガバナンスの方は少子高齢化ほど問題の構図が単純ではないところにあると思われる。たとえば、年金財政の均衡は年金数理《アクチュアリー》の問題であって、他の条件が等しいならば、給付を増やせば負担が増え、負担を減らせば給付が減る、という問題である。ところがソーシャル・ガバナンスの方は、何をどう解決するかということがそもそも不透明であるうえに、社会的な価値判断を前提にしなければ何も論じることができない。

しかし解を見出すのが容易でないということと、問いが重要でないということは別のことがらである。ソーシャル・ガバナンスは、今後の日本の社会政策のあり方を考えていくうえで、非常に重要な論点を含んでいる。二一世紀初頭の現在がグローバル化の時代であり、これによって政府機能が低下し、政府統治への不信が増幅している点については、大方の合意が得られると思われる。これらはまさにソーシャル・ガバナンスが取り上げようとする論点である。

そこで本章の後半の部分で、グローバルとローカルの水準におけるソーシャル・ガバナンスの課題と可能性について瞥見しておこう。これらグローバルとローカルの水準におけるソーシャル・ガバナンスを取り上げるのは、これら二つの水準では、ナショナルな水準以上にガバナンスが重要性をもってくる、言い換えると、ガバメントの役割が小さいからである。と同時に、グローバルとローカルの水準では、ガバナンスがこれまであまり顧みられることがなかったからである(4)。

5 グローバル・ソーシャル・ガバナンス

国際社会の無政府性

国際社会には、国民社会におけるような政府が存在しないことについてはすでに述べた。国民国家が正統性をもった権力を行使しながら、最終的には暴力によって国内秩序を維持することができるのに対して、国際社会にはそのような秩序維持のメカニズムが存在しない。国連は主権国家の集合体であって、各国は主権を国連に譲り渡しているわけではない。このため国際社会では「ホッブス的状況」が文字どおり当てはまる。各種の国際機関や国際NGOをつうじたグローバル・ガバナンスの確立が叫ばれるのは、このような国際社会の無政府的性格を克服するためである（渡辺・土山編［二〇〇一］）。

このグローバル・ガバナンスは社会的な領域でとりわけ重要である。というのは、世界経済のグローバル化によって、各国の社会政策が各国政府の裁量のなかにある純粋な国内問題とは言いにくい状況が生まれつつあるからである（Mishra［1999］、武川［二〇〇二b］［二〇〇七a］）。グローバル資本主義の下で、資本は自由に移動することができる。各国政府が資本にとって不利な政策を採用した場合、資本は国外へ逃避することが容易である。このため各国政府は「底辺への競争」に巻き込まれる可能性が高い（下平［二〇〇一a］）。

実際二〇世紀の第四・四半期は、グローバル資本主義に適応できた国とそうでない国との間で公共政策の成否に関して明暗が分かれた。たとえば、一九八〇年代初頭のフランス政府がグローバル化に抗して失敗したのに対して、イギリス政府やスウェーデン政府はグローバル化の圧力をうまくかわした（武川［一九九九a］）。また一九九〇年代になると、グローバル資本主義の圧力は一層強まり、先進諸国の間では、年金をはじめ各種社会政策の縮小が始まった。このため二〇世紀型のケインズ型ウェルフェア国家（KWS）は、二一世紀型のシュンペーター型ワークフェア国家（SWS）に取って代わられつつあると言われることがある（Jessop［1994］）。

◐グローバル化の影響

グローバル化の社会政策への影響に関しては、これを過大評価することは禁物である（新川［二〇〇五］）。各国の社会政策は経路依存的に変化するから、グローバル化によって社会政策が激変するといった現象が必ずしも世界中で見られるわけではない。しかし各国政府が二〇世紀の第三・四半期とは異なる圧力にさらされていることは否定しがたい（Taylor-Gooby ed.［2001］）。各国における社会政策の改革は小刻みであるかもしれないが、その方向がグローバル化を契機に変化したのも事実である。

このようにグローバル化した世界のなかでは、福祉国家は一国単位で完結して存在することができない。ソーシャル・ダンピング（労働条件の切り下げ）に対しては各国政府が単独でこれに立ち向かうことはきわめて困難である。「底辺への競争」を回避して、コスモポリタンな社会政策を確立するためには、社会的な領域においてこそグローバル・ガバナンスを確立することが必要となってくる（武川［二〇〇二b］、Deacon［2005］）。

このような企ては一見すると空想的だが、すでに国際機関をつうじてトランスナショナルな社会政策をめざす動きがあることに注意しなければならない。その第一は「社会条項アプローチ」である（吾郷［二〇〇二］）。二〇一二年現在、WTOなどの国際競争のルールのなかに環境や労働条件などの社会政策条項を含めるべきか否かということが議論されているが、これが実現されればトランスナショナルな社会政策の第一歩となるだろう。第二に、国連やILOなどが推進してきた社会政策に関する国際条約も存在する。第三に、EUやNAFTAなどのような、国民国家を超えた地域《リージョン》の水準における社会政策が存在する。EUの「共通社会政策」はその先進事例であろう（下平［二〇〇一b］）。

◯グローバルな市民社会

グローバル・ガバナンスの確立といった視点から見て重要なことは、グローバルな水準における市民社会の生成である。ジョン・ラギーによれば、「かつては、国際的レベルのガバナンスといえば、国家の専権事項であった」が、「この数十年のあいだに、領域型国家を基本的な組織原理としないアクターや諸勢力が国家の域を越え始め、内部からも国家のガバナンスを蚕食し始めている」(Ruggie［2003］pp.101-102)。彼はそこにグローバルなパブリック・ドメイン（公共領域）の生成をみている。実際、こうしたパブリック・ドメインにおける市民社会組織の活動によって、トランスナショナルな社会政策が推進されることがある。たとえば、国際的な非政府組織が、ＯＥＣＤが締結しようとした「多国間投資協定」を阻止し、これによって環境条件や労働条件を守らない多国籍企業の規制に成功した(Ruggie［2003］p.103)。

このようなグローバルなソーシャル・ガバナンスの確立は、とくに日本の場合に重要である。というのは、日本における社会政策の重要な革新の多くが「外圧」によって実現されてきたという歴史があるからである。古くは戦後改革がアメリカ軍の占領政策の一環として遂行された。これによって労働や社会保障における改善が果たされた。また一九八〇年代半ばの男女雇用機会均等法は、女性差別撤廃条約を批准する過程で成立したものである。最近では、男女共同参画社会基本法が北京会議（第四回世界女性会議）の影響下に成立したことは記憶に新しい。さらに言えば、介護保険につながるゴールドプランでも、アメリカとの貿易摩擦を解消するために行われた日米構造協議が一定の役割を果たしている。

グローバル・ソーシャル・ガバナンスの確立は、各国政府がグローバル資本主義の圧力をかわすために必要であるだけでなく、社会政策の内発的な革新が困難な場合にも、その改革のための障壁を打ち破るために重要な役割を果たすのである。

6 ローカル・ソーシャル・ガバナンス

グローバル化は、従来の一国単位の福祉国家の体制の限界を明らかにした。しかし他方で、ローカル化によっても、一国単位の福祉国家の限界が明らかになりつつある。国民国家はグローバルな問題を解決するには小さすぎ、ローカルな問題を解決するには大きすぎるとはよく知られた言葉だが、ソーシャル・ガバナンスの領域でもこのことが当てはまる。公的年金のような現金給付はその一般的性格から中央政府が管轄しても特段の問題は生じないが、生活スタイルに応じてその必要が異なる福祉サービスは、地域に基盤を置いたものでないと意味をなさない。

一九九〇年代以降の世界では、グローバル・ガバナンスだけでなく、ローカル・ガバナンスに関する理論と実践も積み重ねられてきた。そこでは協働、対等な関係、情報公開、透明性、説明責任、市民参加、政策評価などが鍵概念となっており、市民社会による政府の制御＝統制が追求されている。それは、ある意味で、ローカルの水準における「福祉国家と福祉社会の協働」を追求するための作業である（武川編［二〇〇五 a］）。

日本の場合、地域社会における個人化とボランタリズムへの動きが顕著となったのは一九九〇年代以降のことである。この動きは、一九九五年のいわゆる「ボランティア元年」や九八年の特定非営利活動促進法の成立のなかに結実する。これによって現在、少なくとも理念の水準では、地方政府が主体となって伝統的な地縁団体がこれに協力するといった統治から、ＮＰＯなどの新しいタイプの団体や個人と地方政府が対等の協働関係のなかで達成されるガバナンスへの転換が追求されている。

他方、一九九〇年代は、地方行政の分野において地方分権改革が進められた。とりわけ一九九五年の地方分権推進法の成立以来、少なくとも理念の水準では、国と地方公共団体との間の政府間関係が地方政府の自主性を尊重するものへと転換することが求められている。社会福祉の世界では「地域福祉の主流化」が生じており、二〇〇〇年の社会福祉法の改正によって地域福祉計画が法定化されたが、この計画は、まさしくローカル・ソーシャル・ガバナンスのための「学校」としての意味をもっている（武川［二〇〇五a］、本書第一〇章参照）。

結び

今日多数の分野でガバナンスの考え方が語られている。そこでは統治の（実体ではなくて）機能に対する関心が共通している。ガバナンスには組織内関係に焦点を当てる考え方と組織間関係に焦点を当てる考え方があり、ガバナンスを社会的な領域に適用したソーシャル・ガバナンスの場合にも、この二つの考え方がある。しかし本章では組織間関係に焦点を当てたソーシャル・ガバナンスの概念の検討を行った。

福祉社会学におけるソーシャル・ガバナンスの考え方の源流は、福祉多元主義と福祉レジームに求めることができる。福祉多元主義は政府のアンガバナビリティを背景に形成された点や、非政府組織の役割を強調している点で、ソーシャル・ガバナンスの考え方に親近性があった。しかし福祉の供給体制に関心の焦点がある点や、供給セクター間の予定調和を前提としている点で、ソーシャル・ガバナンスの考え方と異なっていた。これに対して、福祉レジーム論は、福祉供給だけでなく社会規制も視野に入れ、政治支配や福祉政治の問題を主題化しているという点で、福祉多元主義と異なっており、ソーシャル・ガバナンスの考え方に近かった。しかしソーシャル・ガバナンスは、非政府組織の役割を重視しているという点や、取り上げる水準をグローバルとローカルへ拡張しているという点で、福祉レジーム論にはない新しさをもっていた。

福祉社会学でソーシャル・ガバナンスを考える場合には、とりわけグローバル・ソーシャル・ガバナンスとローカル・ソーシャル・ガバナンスの双方に着目すべきである。

グローバル化した世界のなかで、現在、社会政策を一国の水準で完結させることがむずかしくなっている。このためコスモポリタン的な社会政策の確立が期待されるが、グローバルな社会では国民国家の政府のような形の政府が存在しないところから、トランスナショナルな社会政策はグローバル・ソーシャル・ガバナンスによってしか構築することができない。これは一見ユートピア的だが、その萌芽はすでに見られる。またトランスナショナルな社会政策は、社会政策を内発的に発展させることができない場合にも有効である。

現在の日本では、地域社会や地方自治が変化しつつあり、グローバルな水準とは別の理由から、ソーシャル・ガバナンスの役割が大きくなりつつある。また、これを担保するための動きも実際に見られる。

（二〇〇六年七月）

注

(1) 本章は、二〇〇五年六月に開催された福祉社会学会第三回大会のシンポジウム(「ソーシャル・ガバナンスの可能性」)における私の報告に基づいている。なお同シンポジウムでは宮脇淳と野口定久が報告し、討論者として要田洋江、白波瀬佐和子、司会として平岡公一、杉岡直人が登壇した(敬称略)。

(2) 二〇〇五年の時点では、ガバナンスという片仮名書きの方が、協治や共治の訳語よりも普及していたと思うが、二〇〇〇年に出た「二一世紀日本の懇談会」の報告書では、すでに「協治」が用いられていた(河合監修[二〇〇〇])。

(3) 日本で最初に混合福祉(ウェルフェア・ミックス)の考え方を紹介した調査研究は、Rose and Shiratori eds. [1986] にも寄稿していた丸尾直美を中心に行われた現代総合研究集団[一九八九]である。

(4) とはいえ、本章ではグローバルなソーシャル・ガバナンスの方に紙幅を多く割くことにする。ローカルなソーシャル・ガバナンスについては、武川編[二〇〇五]、武川[二〇〇七b][二〇〇八]、本書第一〇章を参照されたい。

追記

本章は、注(1)でも述べたように、福祉社会学会第三回大会(二〇〇五年六月)のシンポジウムにおける報告に基づいている。ガバナンスという考え方自体は比較的古くからあるのだが、日本の社会政策や福祉の世界で、これが広く受け入れられるようになるのは、二一世紀に入ってからのことである。このシンポジウムは、日本の社会政策や福祉の世界にガバナンスの概念が導入される過程で比較的初期の段階におけるものだった。現在は、「新しい公」「新しい公共」「地域主権」などの言葉が政治の世界でも多用されるようになっていて、当時とはずいぶん状況が変わっている。一九九〇年代の初頭には、特別養護老人ホームの措置権が知事から市町村長に変更されたことをもって、地方分権の大躍進のように言われていたが、そのころからすると、ずいぶんと大きな変化である。いまでは、分権化の結果、「ナショナルミニマムが保たれているか否か」(第四章を参照)の方が問題となっている。

第4章 セーフティネットかナショナルミニマムか
――社会政策の理念

1 ナショナルミニマムからセーフティネットへ

かつて福祉国家の理念と言えば、ナショナルミニマムであった。社会福祉や社会保障の教科書には、そのように書かれていた。ところが二一世紀初頭の現在、社会福祉や社会保障に関する議論のなかでナショナルミニマムという言葉が言及されることが少なくなった。代わって登場してきたのはセーフティネット（安全網）である。しかもそのセーフティネットも、いまや危機に瀕しているとさえ言われることがある。この変化をどのように受け止めたらよいか。

❍ウェッブ夫妻のナショナルミニマム

ナショナルミニマムという考え方を発明したのは、周知のようにウェッブ夫妻である。夫妻は『産業民主制』という書物のなかでナショナルミニマムというアイデアを提案しているが、夫妻が当初考えていたのは、今日われわれがナショナルミニマムとして考えているものとはやや異なっていた。それは抽象的な理念というよりは、一九世紀末のイギリスの現状を改善するための施策であった。

当時のイギリスは、大英帝国としての経済的繁栄を誇っていたが、その繁栄の裏には、工場法の適用を受けずに低賃金労働に依存して利益を上げる「寄生的産業＝苦汗制度」と呼ばれるものが多数存在していた。そして、そこで働く労働者の多くが貧困に苦しんでいた。夫妻は「いかなる雇い主もそれ以下では労働者を雇い入れることを許されない、一定の一週所得額」を制定することで貧困をなくし、それと同時に「寄生的産業＝苦汗制度」を廃止・根絶することをめざしたのである。これによってイギリス産業の高度化を図るというのが夫妻の意図だった。大前朔郎の言葉を借りれば、「(ナショナルミニマムとは) 生活保障ではなく、イギリス国家の生産力増大の原理」であった（大前［一九七五］一五五頁）。ワーキングプアが多数存在する現在の日本社会にとって、これはたいへん興味深い指摘である。

当初このような形で導入されたナショナルミニマムだったが、その後、しだいにその内容に変化が生じた。一九二〇年に出版された『大英社会主義社会の構成』のなかで夫妻は次のように述べている。「ナショナルミニマムの政策は、経済学者によって長い間無視され、また二〇世紀においても、進歩的な政党や、急進的な政党から、〈営業の自由〉の全的否定と両立しがたいものとして拒否されてきたが、今日では、常識的に必要性が認められるものとなってきた」(Webb and Webb［1920］p.337)。この段階では、ナショナルミニマムは当初のような労働条件に関するだけのものではなくて、すべての社会政策に対して「普遍的に適用」されるべきものへと進化し、その性格も生活保障的な色彩を強めた。夫妻は、「法定最低賃金を確実なものとする工場法」の拡大は当然のことだが、それだけでなく「生存と余暇」「住宅および公衆衛生」「教育水準」「環境」といった広範な分野に対してもナショナルミニマムが適用されるべきことを同書のなかで宣言した（Webb and Webb［1920］p.337)。

○『ベヴァリジ報告』のナショナルミニマム

ナショナルミニマムの思想が全世界に普及していくうえで重要な役割を果たしたのは『ベヴァリジ報告』である。この報告のなかでは社会保障制度に関する「三つの指導原則」の一つとして、ナショナルミニマムへの言及がなされている。「国は、サービスと拠出のための保障を与えるべきである。国は、保障を組織化するにあたっては、行動意欲や機会や責任感を抑圧してはならない。またナショナルミニマムを決めるにあたっては、国は、各個人が彼自身および彼の家族のためにその最低限以上の備えをしようとして、自発的に行動する余地を残し、さらにこれを奨励すべきである」(Beveridge［1942］p.6)。ナショナルミニマム以上の生活は個人の責任だが、ナショナルミニマムの保障は国家の責任というのが『ベヴァリジ報告』の立場であった。

第二次世界大戦後の日本でも、ナショナルミニマムは社会保障の理念としての地位を獲得した。憲法二五条もナショナルミニマムという言葉こそ用いていないが、「健康で文化的な最低限度の生活を営む権利」をすべての国民が有すると述べており、さらに「国は、すべての生活部面について、社会福祉、社会保障及び公衆衛生の向上及び増進に努めなければならない」と述べて、国民に対する国家の義務を定めた。もちろんナショナルミニマムが日本社会において実際にはどれくらい実現されているかということについては疑問の余地があった。しかしそれが社会保障制度の実現すべき目標であることについては、久しく疑問の余地がなかった。

このような状況に変化を持ち込んだのは、二〇世紀の第四・四半期以降に顕著となったグローバル化の波であった。

2 グローバル化と社会政策

◯シュンペーター型ワークフェア国家

グローバル化とはヒト、モノ、カネ、情報などが国境を越えて自由に動き回るようになってくることを指している。各国で移民の数が増えたり、財やサービスの輸出入が増加したり、海外への投資が増えたりすることが、一般にはグローバル化の指標だと考えられている。またインターネットの発達によって、世界が一体化し、狭くなったこともグローバル化の一つの現れだとも見なされる。

これらの動きのなかでとりわけ重要なのはカネと情報の動きである。一九七〇年代に固定相場制から変動相場制へと転換して以来、通貨の取引が著しく増加した。とくに一九八〇年代以降に先進諸国で金融自由化が進められ、資本の移動も著しく増えた。他方、ＩＴが発達した結果、情報の伝達は一瞬のうちに行うことが可能となり、これにともなって資本の移動には時間や空間の制約がなくなった。

こうした世界経済の変化のなかで、先進諸国は「底辺への競争」のなかに巻き込まれるようになった。ソーシャル・ダンピングとも言われる。企業は国際競争に勝ち抜くために、法人税や社会保険料の負担を回避しようとし、各国政府に圧力をかけた。各国政府も、資本の国外逃避や産業の空洞化を避けるため、こうした企業の要求には耳を貸さざるをえない。先進諸国は、ネオリベラリズムの教説に拠りながら、競って減税や規制緩和のための経済政策・社会政策を採用するようになった。この点では日本も例外でない。

政治学者のボブ・ジェソップは、二〇世紀後半に存在した福祉国家を〝ケインズ型福祉国民国家〟（KWNS）として特徴づけたうえで、この仕組みが以上のようなグローバル化のなかで、〝シュンペーター型ワークフェア・ポスト国民的レジーム〟（SWPR）へと変化しつつあるとの診断を下している（Jessop［2002］p.357ff）。彼によれば、新しく生成しつつあるレジームは、次のような四つの特徴をもっている。

第一に、経済政策が、革新や競争に力点を置き供給サイドを重視しているという意味で、ケインズ型ではなくてシュンペーター型であること。

第二に、社会政策が、経済政策の下位概念になるとともに、社会賃金の下方圧力と福祉権に対する攻撃が行われているという意味で、ウェルフェア型ではなくてワークフェア型であること。

第三に、国民国家の相対化が生じているという意味で、国民的というよりはポスト国民的であること。

第四に、ガバナンスの役割が強化されるとともに国家はメタガバナンスを担うようになっているという意味で、〝ケインズ型福祉国民国家〟のような国家主義（ステーティズム）であるというよりはレジーム型であること。

○ナショナルミニマムからセーフティネットへ

この〝シュンペーター型ワークフェア・ポスト国民的レジーム〟のなかでは、ナショナルミニマムは何とも据わりが悪い。ナショナルミニマムでは国民の権利と国家の義務が対になって考えられているが、この新しい仕組みはポスト国民的なレジームであるから、国民の権利や国家の責任を云々することがない。ナショナルミニマムよりも、国民や国家を前提としないセーフティネットの方がSWPRのなかでは据わりがよい。またセーフティネットという言葉は、もともとサーカスで綱渡りを行うさいに墜落しても助かるように張られていた網のことを指しているから、人びとが競争しながら働いている〝シュンペーター型のワークフェア〟にとっても都合がよい。こうしてナショナルミニマムに代わって、セーフティネットという言葉が用いられるようになった。

セーフティネットという言葉は、日本では二一世紀になってから頻繁に使われるようになったもので、それまではあまり一般には流布していなかった。使われる場合でも、金融行政におけるセーフティネットのように経済政策に関するものであって、必ずしも社会保障のことを念頭に置いたものではなかった。朝日新聞記事情報というデータベースによれば、朝日新聞の記事のなかに最初にセーフティネットという言葉が登場するのは一九九九年一月二一日のことである。使用頻度が増えるのは今世紀に入ってからである。

二〇〇一年に発表された小泉内閣の『骨太の方針』の第一弾のなかでも、不良債権処理が雇用に対して与える悪影響を最小限のものとするために「セーフティネットの充実」を図ることが述べられるとともに、社会保障制度が「国民の安心と生活の安定を支えるセーフティネット」であると宣言された。この『方針』は次のように述べている。「社会保障制度は国民にとって最も大切な生活インフラ（基礎）である。

年金、医療、介護、雇用、生活扶助等で構成される社会保障制度は、国民の生涯設計における重要なセーフティネットであり、これに対する信頼なしには国民の『安心』と生活の『安定』はありえない[(1)]」。

3 二一世紀初頭の日本の社会政策

こうしてわが国でも、ナショナルミニマムではなくてセーフティネットが、社会保障制度の理念として受け取られるようになった。少なくとも日本の政府はそのように考えている。ところが一九九〇年代以降のグローバル化のなかで、そのセーフティネットでさえも綻びが目立つようになってきているのである。二一世紀初頭の日本の社会政策は、以上に述べたようなグローバル化の影響をどのようにこうむったのであろうか。この点を雇用、年金、医療、介護、住宅の各分野について、簡単に見ておこう。

❍雇　用

雇用政策の分野でのグローバル化による大きな変化は、労働市場改革によって雇用の非正規化が進んだことである。そうした労働市場が流動化するにあたっては、派遣労働に対する規制緩和の役割が大きかった。ここ二〇年以上にわたって、派遣労働は解禁の方向で法改正されてきたのである。一九八五年に最初の労働者派遣法が制定されたとき、その適用範囲は一三業務に限定されていたが、九六年には、それが二六業務にまで拡大された。さらに一九九九年の法改正では、派遣期間を原則一年に制限したが、適用業務については原則自由とした（公安輸送、建設業務、警備業務、医療関連業務、その他政令で定める製造業などの業務は禁止)。さらに二〇〇四年の法改正では、これまで一年に制限されていた派遣期間を原則三年に延長し、製造業や医療関連業務における労働者派遣も可能となった。

また、労働市場の改革をさらに進めるため、二〇〇六年一〇月、経済財政諮問会議は「労働ビッグバン」と呼ばれる改革の構想を掲げた。二〇〇七年一月には、小泉内閣がホワイトカラーエグゼンプション(一定の要件を充たすホワイトカラー労働者を労働時間規制の適用除外とすること)を導入するための法案を通常国会に提出する方針を固めた。ただし、世論の反発や与党内部からの批判もあって法案提出は見送られた。

◯年　金

年金についても九〇年代末から二一世紀初頭にかけて、ネオリベラリズム的な改革が試みられた。一九九九年二月に発表された経済戦略会議(小渕内閣)の最終答申では、厚生年金の完全民営化が提案されており、二〇〇一年六月に発表された経済財政諮問会議(小泉内閣)の『骨太の方針』でも、当初の検討項目のなかには厚生年金の民営化が含まれていた。しかし最終的な段階では「実現のためには乗り越える問題が多い」として、年金の民営化の『骨太の方針』への掲載は見送られた。その意味ではネオリベラリズム的な改革は挫折した。

しかしながら二〇〇四年に行われた年金改革のなかでも、一九八〇年代の半ば以来続いている抑制の方針は貫かれた。日本の公的年金は二〇年以上にわたって財政再計算のたびに小刻みな給付水準の引き下げを繰り返してきたが、二〇〇四年の改革もその延長線上で行われた。ただし今回は、引き上げられるべき保険料率の水準があまりにも高すぎたために、「保険料固定方式」の考え方が導入され、保険料率の上限をあらかじめ法律によって固定して拠出の範囲内で給付を決めるという方式が採用された。従来はモデル年金の水準をあらかじめ決め、この水準を維持することを前提に保険料の値上げを行ってきたから、給付の決定に関しては一八〇度の転換である。さらに給付水準については、物価や賃金とのスライドだけでなく、高齢化の要素も加味しながら収支の均衡を図る「マクロ経済スライド方式」が導入された。

●医　療

年金と同様、医療についてもネオリベラリズム的な改革は試みられた。年金と異なっていたのは、年金に関する民営化論議が二〇〇一年以降ほとんど行われることがなくなったのに対し、医療の方は、混合診療の解禁や株式会社の参入など、ネオリベラリズム的な政策の導入の是非をめぐる論議がその後も続いたということだった。とはいえそれらが本格実施されることはなく、部分的に導入されたネオリベラリズム的政策も実効性は乏しかったから（二木［二〇〇四］）、結果として見れば、医療も年金と同じだった。

一九八〇年代以来の抑制政策が続いていることも年金の場合と同じだった。二〇〇二年に、医療保険の財政が悪化していることから、患者、医療機関、保険者の三者が痛みを分かち合う、いわゆる「三方一両損」の医療制度改革が行われた。これによって、患者（被用者本人）は自己負担の割合を二割から三割に引き上げられ、医療機関は診療報酬を引き下げられ、保険者は保険料を引き上げられることとなった。

その後、二〇〇三年三月に、「医療保険制度体系及び診療報酬体系に関する基本方針について」が閣議決定され、①新たな高齢者医療制度の創設、②保険者の再編・統合、③診療報酬体系の見直しの基本方向が示され、二〇〇六年六月に、医療制度改革関連法が成立した。その結果、二〇〇八年四月には、老人保健制度が廃止され、新しい高齢者医療制度が創設された。新制度では、健保などからの拠出金を減らし、その分、高齢者自身による保険料の負担を増やすことになった。新制度の導入によって、これまで被用者保険の扶養家族として保険料を支払う必要のなかった高齢者約二〇〇万人が、新たに保険料を支払わなければならなくなったと言われる。

介　護

一九九七年に介護保険法が成立し、二〇〇〇年四月から施行されたことにより、年金や医療とは異なり、介護については「抑制」ではなく「拡大」の政策がとられたかのように見えた。一九八〇年代以来、年金や医療については抑制のための政策が続けられていたが、八〇年代末のゴールドプラン以降、高齢者介護のための財政支出については例外の扱いが続いたからである。介護保険はこうした一〇年来の拡大政策の集大成としての性格をもっており、発足の当初は新制度に対する国民の期待も大きかった。年金について不信を抱く人も、介護保険については好意的であった。

しかし導入から時間が経過するなかで、介護保険も社会保障制度のワン・オブ・ゼムと考えられるようになり、社会保障の一般的な抑制政策の枠組みのなかに組み込まれるようになった。当初の見込みよりも総費用が大きくなり、制度の維持が困難と考えられるようになった。このため制度発足から五年間が経過した二〇〇五年に行われた介護保険の制度改革のなかでは、財政均衡のためにさまざまな措置がとられるようになった。

◉住　宅

住宅政策についてはどうか。日本では「住宅が社会政策の一分野である」と考えられることが少なかったが、住宅政策がまったく存在しなかったわけではない。住宅金融公庫、公営住宅法、日本住宅公団、住宅供給公社などが長らく日本の住宅政策の中心だった。民間賃貸住宅に対しては、借地借家法によって借家権の保護が行われてきた。

住宅政策の場合は、年金や医療とは異なり、かなり早い段階から民営化の方針が追求された。このため公営住宅や公団住宅が住宅供給のなかで占める役割は九〇年代以降相対的に縮小してきた。二一世紀に入って、小泉内閣が成立すると、住宅公団の後身である都市基盤整備公団の整理縮小、住宅金融公庫の廃止などが決まり、二〇〇五年六月、小泉内閣は住宅関連三法を成立させた。本間義人によると、この住宅関連三法の成立によって、「戦後住宅政策は終わった」のである（本間［二〇〇六］四頁）。

これら一連の措置によって、公団は、分譲住宅やニュータウン建設から撤退し、既存の公団住宅は住宅再生機構が管理することになった。公営住宅制度は、地方分権のなかで、地方自治体が整備する「地域住宅」に対する交付金制度へと変更された。公庫は二〇〇七年四月に解散され、民間金融機関の住宅ローンの安定的供給を支援するための住宅金融支援機構に生まれ変わった。

以上の略述からわかるように、雇用や住宅についてはグローバル化によるネオリベラリズム的な改革がある程度の功を奏し、労働市場の柔軟化や住宅市場の民営化が一段と進んだ。雇用保障や住宅保障という意味でのセーフティネットは、後退を余儀なくされた。年金、医療、介護については直接的なネオリベラリズムの改革は行われないか失敗に終わったが、グローバル化による国際競争によって社会支出の抑制への圧力が一段と強まってきたため、これらの社会保障は給付削減を強いられた。その意味では、年金、医療、介護の分野でもセーフティネットは後退を余儀なくされた。

4　セーフティネットのナショナルミニマム化

◯競争についての考え方の違い

セーフティネットという考え方は、すでに述べたように、もともとはナショナルミニマムの考え方とは異なっていた。いちばん大きな違いは〝競争〟についての考え方であろう。

セーフティネットはもともとサーカスの綱渡りのさいの安全装置のイメージに由来する。綱渡りは熟練を要し、危険な営みである。うまくいかずに綱から落ちてしまう可能性がつねにある。セーフティネットは、綱渡りをしている人が綱から落ちてきたときにもケガをしたり命を落としたりしないようにするために張られる。したがって社会的セーフティネットが前提としているのは、労働市場における個人間の熾烈な競争である。この競争に勝つために個人は自分の能力をみがき、リスクをとらなければならない。この競争から脱落した敗者に対してのみ、競争へ復帰するための救済の手を差しのべるのがセーフティネットである。

これに対してナショナルミニマムが想定している競争は企業間の熾烈な競争である。そこで企業は低賃金に依存して利潤を上げるのではなくて、生産性の向上によって利潤を上げることが期待されている。ナショナルミニマムは企業が生産性を上げるための手段である。ナショナルミニマムを導入することによって、これを守ることのできない生産性の低い企業を市場から撤退させ、生産性の高い優良な企業が生き残るようにしようという考え方である。また、ナショナルミニマムは産業構造の高度化のための手段でもある。生産性の低い産業を整理して、生産性の高い産業を中心とした産業構造への転換を図るためのものである。

◯国家についての考え方の違い

第二に、ナショナルミニマムは国民国家の存在を前提とした考え方であるのに対して、セーフティネットの方は必ずしもそうではない、という点でも両者は異なっている。そこには二重の意味がある。

一つはナショナルミニマムの対象となるのが個人としての国民であるのに対して、セーフティネットの対象は必ずしも国民に限られないということである。綱渡りをしている人（労働市場への参加者）であれば、非合法な就労でない限り国籍の有無は無関係である。その意味で、それは国民国家の枠組みを越えている。またセーフティネットの対象は個人に限らず法人でもよい。中小企業のセーフティネットもありうるし（中小企業信用保険）、銀行のような金融機関のセーフティネットもありうる（不良債権処理）。その意味では個人にも限定されていない。

もう一つは国家の役割である。ナショナルミニマムでは国家責任や国家の義務という考え方が前面に出てくるが、セーフティネットでは必ずしもそうでない。民間部門もまたセーフティネットの担い手となりうるし、セーフティネットは、ナショナルミニマムのように国民の権利に対する国家の義務というよりは、政府の裁量に属する。

第三に、ナショナルミニマムは社会権や生存権を基礎にしている、という点でもセーフティネットと異なっている。言い換えると、ナショナルミニマムの水準というのは社会権や生存権を保障するに足る水準ということになるだろう。それが具体的にどこになるかは別として、そういった観点からしかその水準は正当化されない。これに対して、セーフティネットの水準は、個人や企業がひるむことなく綱渡り（労働市場、商品市場、金融市場などにおける競争）をすることのできる水準ということになる。生存権や社会権の目で見ると、それは後退のように見えるかもしれない。そのセーフティネットでさえも後退を余儀なくされてきたというのが二一世紀初頭の日本の社会政策の状況である。

◯セーフティネットの読み替え

とはいえ社会的なセーフティネットに関しては、ナショナルミニマム的な読み替えも可能である。日本の社会保障制度の領域でセーフティネットという考え方が注目されるようになったきっかけとしては、金子勝や橘木俊詔らの功績が大きいが、そこで述べられているセーフティネットの考え方は必ずしも生存権や社会権とは矛盾しないだろう（金子［一九九九］、橘木［二〇〇〇］）。むしろセーフティネットという言葉を逆手にとって、ナショナルミニマムを再定義するための戦略だと読めなくもない。たとえば、橘木はセーフティネットについて「サーカスにおける空中ブランコの下に張られたネット（網）を考えれば、よりわかりやすい」と述べて既存のイメージを再確認しているが、他方で「わが国は福祉国家をめざせ」と説き、「地方公共団体を含めた国家が社会保障制度の企画・運営の中心主体となり、税として国民から広く徴収したものを財源として、給付は国民一人一人が年金、医療、介護の各分野において、最低限の生きていけるだけのサービスを受けられるようにする」とも述べている（橘木［二〇〇二］二五九頁）。現在の政治状況のなかでは、ナショナルミニマムを正面から提唱するよりは、その内容をセーフティネットに託した方が効果はあるのかもしれない。

その意味では、セーフティネットとナショナルミニマムの相違にあまりこだわっていてはいけないのかもしれない。だとすると、むしろ必要なことはセーフティネットの換骨奪胎、あるいは再定義であろう。ナショナルミニマムのなかに含まれていた要素をセーフティネットの考え方のなかに生かすことが、今後の課題であると思われる。そのさいにいちばん重要なことは、セーフティネットとして設定される水準が、単に空中ブランコから落ちたときに一命を取り留めるに足るだけのものではなくて、それぞれの社会における最低限の生活を維持することのできるものとして設定されるべきだということである。その意味ではセーフティネットのなかにも生存権や社会権の考え方が取り入れられるべきである。また、そうしたセーフティネットを構築するにあたっては国家が最終的に責任をもたなければならないという点も重要である。もちろん家族や企業やＮＰＯや地域社会がセーフティネットの構築にあたって一定の役割を果たすことは間違いない。しかしそれらがうまく機能しないときに最終的な責任をとるべきは国家であろう。さらにセーフティネットは産業保護のためのものとして存在する前に、個人生活の保障をするためのものとして考えられるべきである。かつてウェッブ夫妻が考えたように、個人の生活保障をすることが企業の競争力の強化につながるという視点を確立することが重要であろう。

今日危機に瀕していると言われるセーフティネットを、ナショナルミニマムの考え方を取り込みながら再生していくことが、現代日本の社会政策の課題ではないか。

（二〇〇八年七月）

注

（1）首相官邸のホームページ（《http://www.kantei.go.jp/jp/kakugikettei/2001/honebuto/0626keizaizaisei-ho.html》 2012/5/3）。

追記

同じ言葉が国によって異なったニュアンスをともなう場合がある（デノテーションは同じだが、コノテーションが異なる?）。福祉という言葉は日本語ではそれほど否定的な響きをともわないが、アメリカでは違う。肯定的な意味を込める場合には、ウェルフェア（福祉）ではなくて、ウェルビーイング（福祉）を用いる（ただしウェルフェアもウェルビーイングももともとは同じ意味である）。また、シンガポールでは福祉政策が、最も唾棄すべき言葉の一つとなっているらしい（Holliday and Wilding［2003］p.32）。

反対に、もともと、揶揄として導入された言葉が、否定的な響きを払拭して感情中立的に用いられるようになる場合もある。夜警国家は、もともと社会主義者のフェルディナント・ラッサール（Ferdinand Lassalle）が自由主義国家を批判するために用いた言葉だったが、いまでは自由主義段階の「小さな政府」を示す言葉として普通に用いられている。プロチョイスも、中絶をめぐる論争のなかで、当初は、プロライフ派（中絶反対派）から中絶容認派を揶揄するレッテルとして使われたが、現在では、リプロダクティヴ・ライツの支持者を示す一般的な言葉として定着している（岩本［二〇一一］一三一頁）。

それどころか、もともとは消極的な意味合いを含んでいた言葉が、むしろ積極的な意味合いをもって使い始められることさえある。日本の言論界（あるいは政論の場）でも、ときどきそうしたことが起こる。たとえば、ワークフェアが、財政制約の下でのやむをえざる措置であるというよりは、積極的に追求すべき目的であると変貌を遂げるような場合である。

このときワークフェアは社会政策の基本理念として、また、現実政治におけるスローガンとして語られることになる。

労働の商品化の場合もそのようなところがある。社会政策の研究では、福祉レジーム論が影響力をもつようになって以来、商品化と脱商品化が比較社会政策の分析における最も重要な鍵概念《キーコンセプト》となっている。そこには、人間の労働はコモディティとして扱うべきではないといった価値前提があるからである。ところが、この前提から離れて、商品化や再商品化が社会政策の目的として公言されることがある。そこでは、マルクスや宇野弘蔵やポランニの商品化に関する理論はともかく、こともあろうにベルサイユ条約（一九一九年）やＩＬＯ憲章（一九四四年）のような現実政治における国際的合意ですら、それらがあたかも存在していないかのような語り口となってしまう。

セーフティネットにも似たようなところがある。無制限な（あるいは可能な限り制約のない）競争を前提に、そこから脱落した者に限って安全を保証するというのが、セーフティネットの本来の意味であろう（ただし競争のルールのあり方によって、各人の脱落のリスクは大きく変化する）。社会政策では長らくナショナルミニマムが政策の理念として語られてきたが、セーフティネットが、これとはずいぶん異なるものであることは本章で述べたとおりである。とはいえ、現時点で、そのことをあまり強調するのは適切ではないのかもしれない。現在の日本の福祉政治ではセーフティネットが焦点となっており、セーフティネットの定義をめぐって争いが起きているからである。こうした政論の状況のなかでは、セーフティネットの概念に異を唱えるのではなく、それをナショナルミニマムとして定義していくことの方が政治的に正しい途なのだろう。

第5章 生活保障システムの危機
――雇用の流動化と家族

1 グローバル化・個人化と雇用の流動化

◯流動化の実態

雇用の流動化は、通常、転職の増加、雇用期間の短縮、正規雇用の減少など、労働市場に関する現象として理解されている(1)。たとえば、一九九〇年の一五～二四歳男性の転職率(転職者数/就業者数)が七・五パーセントだったのに対し、二〇一〇年には九・八パーセントに達している(ピークは二〇〇六年の一三・一パーセント。労働政策研究・研修機構[二〇一二])。一五～二四歳女性の場合は、同じ期間に、九・一パーセントから一一・九パーセントにまで上昇している(ピークは二〇〇四年の一三・二パーセント)。また、パートを除く一般労働者の平均勤続年数(男性)について見ると、五〇代後半では横這いの傾向にあるが、五〇代前半以下では九〇年代以降、減少の傾向にある。三〇～三四歳の場合、一九八〇年には九・一年だったのに対し、九〇年に八・八年となり、二〇〇九年には七・四年となっている。非正規雇用の増加も著しく、一九九〇年には、二五〜三四歳男性の非正規雇用者比率が三・八パーセントであったのに対し（二月時点）、二〇一〇年には一三・九パーセントにまで上昇している（年平均）。在学中を除く一五〜二四歳では二五・〇パーセントに達する。二五〜三四歳女性の場合も、二八・二パーセントから四一・四パーセントへの上昇である（総務省［二〇一一］表一〇）。これらの指標から、近年の日本は雇用の流動化が進んでいると見なされることが多い。

◯社会変動と生活保障

これらの変化は他の変化から独立して生じているわけではなくて、さらに大きな社会変動の一環として生じていると理解すべきである。雇用の流動化ということで念頭に置かれるこれらの諸現象は、世界経済のグローバル化によって要請される労働の柔軟化の帰結である（武川［二〇〇七a］）。グローバル化のなかで各国は柔軟な労働力の供給が求められるようになった。また資本が国境を越えて自由に移動することが可能となったことから、それまでとは異なり、資本は各国政府に対して労働市場の柔軟化の圧力をかけることが容易となった。各国政府は労働市場に対する福祉国家的な規制の撤廃を迫られ、規制は撤廃されないまでも多くの国で緩和された。その結果、先進諸国では労働力の柔軟化が進み、日本もその例外ではなかった。

他方、雇用の流動化は、グローバル化と相即的に進行する家族や労働の個人化の現れでもある。第二次世界大戦後、多くの先進諸国では、夫が賃労働を担い妻が家事労働を担う近代家父長制家族が標準と見なされ、多くの制度はこの前提に基づいて設計された。ところがこのような性別分業は緩和され、多くの女性が労働市場に登場するようになる。非正規雇用が彼女たちの受け皿となり、雇用の流動化が進んだ。また、集団的な取引関係が支配的だった労使関係の場においても、個別的な関係が登場するようになり、労働の個人化が進む。雇用の流動化は資本の要請によるところも大きかったが、労働者の側にも、これを促進する条件が形成されていた。

本章の課題は、雇用の流動化がこれまでの日本の生活保障システムに対してどのような影響を及ぼしているか、ということであるが、本章では、この問題を次のような問いの形に組み換えたうえで、解明していきたい。すなわちグローバル化と個人化といった社会変動のなかで、日本の福祉レジームはどのような変容をこうむり、これによって生活保障システムに関してどのような問題が生じているか、また、この問題はどのような方向で解決すべきか、といった問いである。

この問いに答えるため、本章では、最初に「福祉国家の下部構造」という考え方を呈示し（第二節）、次に、この下部構造との関連で日本の福祉国家を特徴づける（第三節）。さらに、こうした日本の福祉レジームを支えてきた下部構造が現在変化しつつあり（第四節）、これによって既存の生活保障システムが危機に陥っていることを明らかにする（第五節）。最後に、こうした危機のなかで、新しい生活保障システムを構築するためにはどのような方向をめざすべきかについて模索する（第六節）。

2　福祉国家の下部構造――エスピン‐アンデルセンの功罪

◯福祉国家とは

一九九〇年代以降の福祉国家研究におけるエスピン‐アンデルセンの役割は大きいが（Esping-Andersen［1990］）、その功罪は相半ばすると思われる。罪の方は「三つの世界」論をプロクルーステースの寝台のように用いて、これを世界中の国々に強引に当てはめようとする研究の流れを生み出したことである。功の方は、福祉国家の諸制度をそれが埋め込まれた社会の構造や歴史にまで遡及して分析を加えたことである。この功の方からは、後に述べるような福祉国家の「下部構造」の存在が浮かび上がってくる。また、脱商品化という概念をより洗練された形で導入することによって、福祉国家と資本制に関する既存の諸理論の統合を果たしたことの意義も大きい。これらの功を発展させることがわれわれの課題である。

福祉国家に関する定義は錯綜しているが、従来の用語法を整理してみると、①国家目標としての福祉国家、②給付国家としての福祉国家、③規制国家としての福祉国家といった三つの用法があったことがわかる（武川［二〇〇五］［二〇一〇］）。紙幅の都合からここでは詳しく説明することはできないが、これらの用語法は福祉国家に三つの側面があることとの反映である。そして福祉国家のこれら三つの側面は、社会学が福祉国家にアプローチするさいの三つの対象に対応する。言い換えると、福祉国家の社会学は、①福祉政治、②再分配構造、③国家の規制活動を分析の焦点とする（武川［二〇〇七ａ］）。

また福祉国家の社会学は、社会学における従来の理論的蓄積を踏まえるならば、資本制と家父長制という二つのコンテクストのなかで理解されるべきである（Wilson［1983］、上野［一九九〇］、武川［一九九九a］、深澤［二〇〇三］、大沢［二〇〇四a］）。ここからさらに福祉国家の研究における二つの分析概念が浮かび上がってくる。

◯資本制と家父長制のコンテクスト

資本制というコンテクストとの関連で福祉国家をとらえた場合に浮上してくるのは「生産レジーム」という概念である。近年、福祉レジーム論をも視野に入れながら、デヴィッド・ソスキスらが生産レジームに関する精緻な議論を展開している（Soskice［1999］）。今日福祉レジームは、生産レジームとの関連を抜きにして論じることができない（武川［二〇一一c］）。

他方、家父長制との関連でも、福祉国家に関する理論的検討が行われてきた（Sainsbury［1994］、Sainsbury ed.［1999］、武川［一九九九a］、深澤［二〇〇三］、大沢編［二〇〇四］、大沢［二〇〇四ab］）。エスピン－アンデルセン自身は、フェミニストからなされた「ジェンダーに無頓着」（"gender blind"）だとの批判に応えて、「脱家族化」という概念を提唱している。しかし家父長制は家族だけの問題ではない。労働市場や労使関係にも関係するところから、家父長制の指標としては「脱家族化」よりも「脱ジェンダー化」といった概念の方が適切であると思われる（武川［二〇〇七a］）。資本制との関連でとらえられる福祉国家の指標が商品化・脱商品化であるとしたら、家父長制との関連でとらえられる福祉国家の指標はジェンダー化・脱ジェンダー化になる(2)。この分野における理論的検討は福祉国家の社会学のなかでも不十分であり、今後、「生産レジーム」に匹敵する「再生産レジーム」の概念を構築し、これを理論的に彫琢する必要が

表5-1　比較福祉国家研究の分析枠組み

諸側面	焦点	指標
規範：国家目標	福祉政治	イデオロギー・権力配置
正のサンクション： 給付国家	再分配構造	パフォーマンス： システム統合/社会統合 商品化/脱商品化 ジェンダー化/脱ジェンダー化
負のサンクション： 規制国家	規制構造	

あると思われる。ここでは暫定的なものではあるが、「再生産レジーム」という概念を使用したい（武川［二〇一一c］）。

福祉国家は、従来、資本制との密接な関連から、一般には「民主的福祉資本主義」（democratic welfare capitalism）（Marshall［1972］）や「福祉資本主義」（Esping-Andersen［1990］）などと呼び慣らわされてきた。しかし以上の諸点を踏まえるならば、「福祉家父長制的資本主義」（welfare *patriarchal capitalism*）ないし「福祉資本主義的家父長制」（welfare *capitalist patriarchy*）などと呼ぶ方が正確であろう。このような形で規定された福祉国家、あるいは福祉レジームを分析するさいのパラメーターは、表5-1のようになる。

また、福祉レジームは他の諸制度から独立して存在しているわけではなくて、生産と再生産にかかわるさまざまな諸制度によって支えられている。福祉レジームを支えるこれらの諸制度のことをここでは「福祉国家の下部構造」と呼んでおきたい。福祉レジームはこれら下部構造との相関関係のなかで理解されなければならない（図5-1参照）。

図5-1　福祉国家の上部構造と下部構造

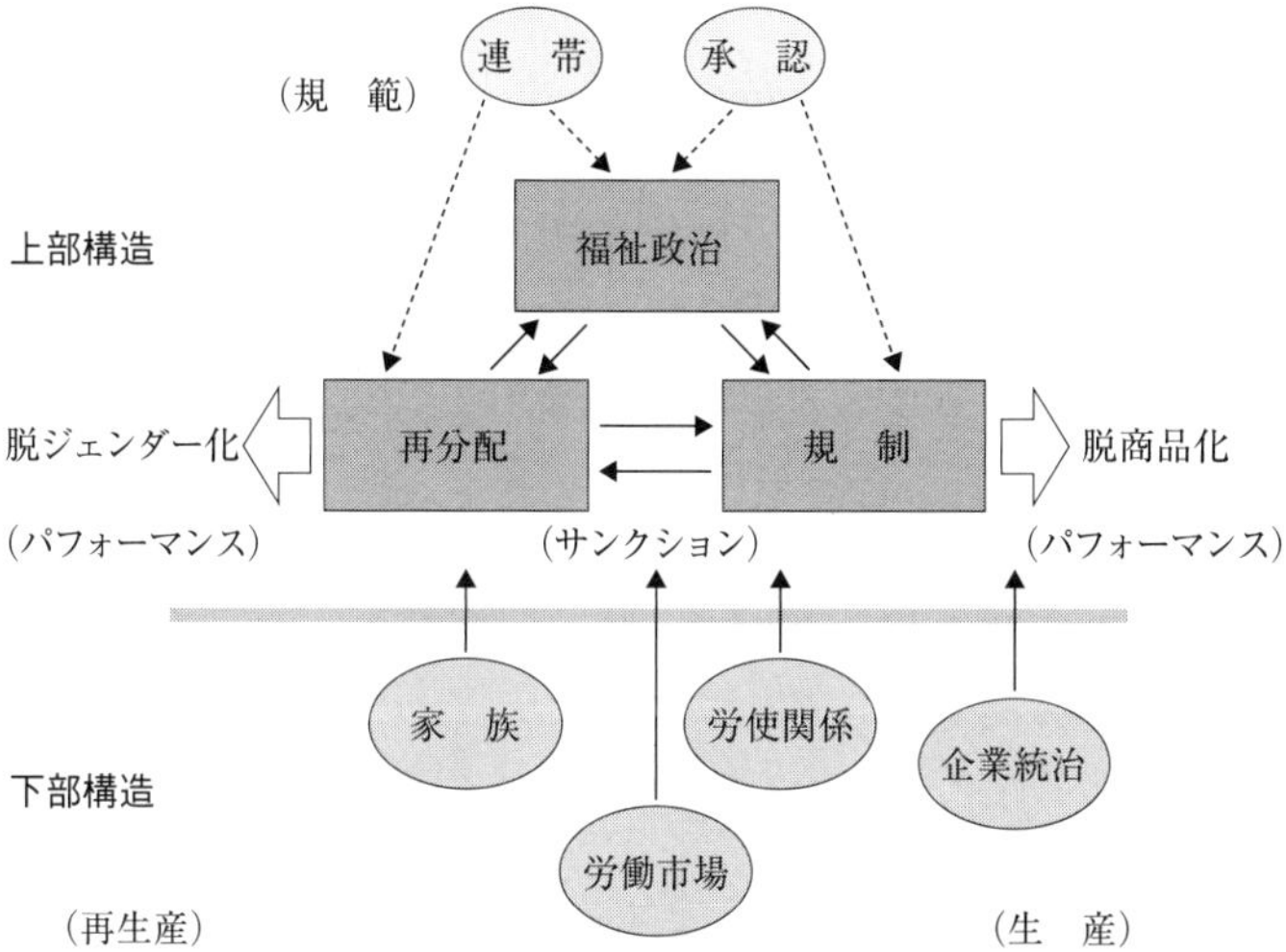

3　日本の福祉国家レジーム
――福祉政治・給付国家・規制国家

日本の福祉国家の特徴

以上のような分析枠組みに立脚するとき、日本の福祉国家にはどのような特徴があるだろうか。二〇世紀第四・四半期の日本の福祉レジームを国際比較のなかで見ると、次のような特徴を指摘することができる（武川［二〇〇七a］［二〇一〇］）。

第一に、福祉政治については、強い国家官僚制と弱い社会民主主義によって特徴づけられる。第二に、給付国家としての福祉国家については、非常に高い公共事業支出と相対的に低い社会支出によって特徴づけられる。第三に、規制国家としての福祉国家については、非常に強い経済規制と相対的に弱い社会規制によって特徴づけられる。以上のような特徴をもつ福祉国家レジームのメカニズムによって、一九九〇年代初頭まで

図5-2　日本の福祉レジーム

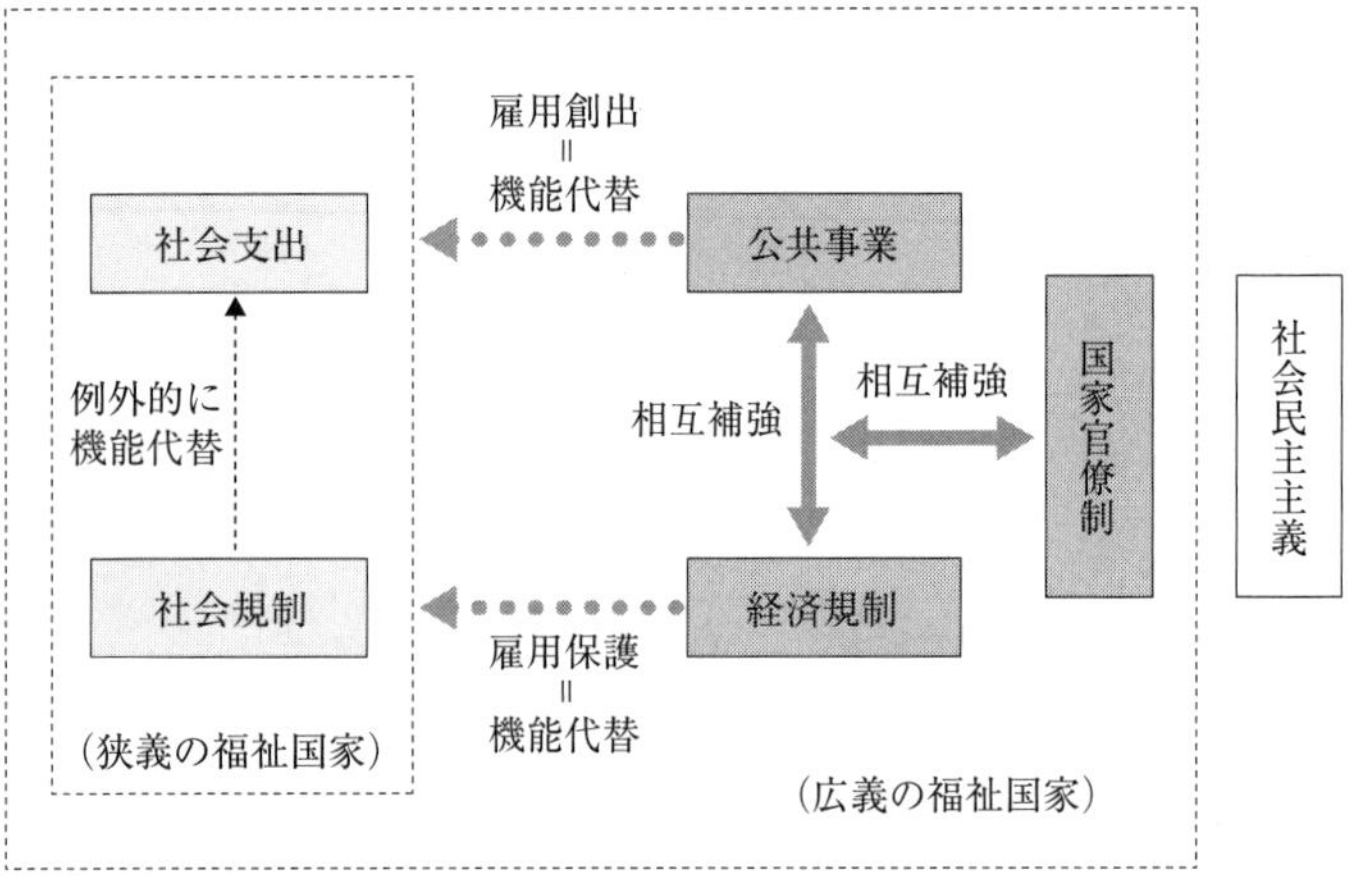

の日本では、比較的良好な雇用水準と生活保障システムが維持されてきた。

　このような福祉レジームが形成された理由の一つは、日本の福祉国家化が始まったのが一九七〇年代であり、このときの国際環境が、五〇年代から六〇年代にかけて社会支出の急成長を遂げた欧州諸国とは異なり、社会支出の大幅な成長を許さなかったところにある。このため日本の社会支出は七〇年代以降急速に拡大するものの、欧州諸国に比べると低い水準にとどまった（同様の現象は税収構造についても見られることが政治学者Kato［2003］によって明らかにされている）。福祉国家を確立してこれを十分に成長させたあとに「福祉国家の危機」が訪れた欧州諸国とは異なり（Flora ed.［1986-］）、日本の場合には、福祉国家の形成と危機が同時進行した（武川［一九九九ａ］）。

　しかし他方で、社会支出が相対的に低い水準であっても、これを補完するためのメカニズムが存在したために、上述の福祉レジームの存立が可能となったという事情もある。生産レジームと再生産レジームという福祉国家の二つの下部構造が、欧州諸国における社会支出の機能を代替したのである。この点を以下に整理しておこう（図5－2参照）。

❍日本の生産レジームと再生産レジーム

第一に、日本の生産レジームは、一般に「調整型市場経済」（CME）と分類されるものである（Soskice [1999]）。「自由主義型市場経済」（LME）が短期契約や紛争的な職場関係によって特徴づけられるのに対して、「調整型市場経済」（CME）は長期雇用や調整的交渉によって特徴づけられる。アメリカやイギリスの資本制がLMEとして特徴づけられるのに対して、福祉国家の保守主義レジームに属する欧州諸国の多くはCMEとして特徴づけられる。日本もまたCMEの典型であると考えられている。

しかし以下の三点を合わせもっている点で、日本の生産レジームは、保守主義的な福祉国家諸国とは異なっている。その一として、フランスと同様、あるいはフランス以上に国家介入が強力である。この点はドイツと異なる。その二として、ドイツと同様に企業間調整がうまくいっている。この点はフランスと異なる。その三として、欧州諸国に比べて公共事業の規模が大きい。この点はドイツともフランスとも異なる。

このような政府による強力な経済規制（産業の育成と保護）と大規模な公共事業（や農業補助金）は、五〇年代六〇年代の高度経済成長期に確立された資本蓄積のメカニズムに由来するが、それの「成功」によって、二〇世紀後半の日本では完全雇用の状態が長らく続いた。完全雇用の達成は日本政府にとって至上命令であり、これを実現するために経済規制や公共事業が用いられたとも言える。また完全雇用と長期雇用は企業の利益とも一致した。

とくに日本の公共事業支出は欧州諸国に比べると非常に高い水準で維持されており、しかも大都市だけでなく地方でも多くの公共事業が行われてきた。このため日本では社会支出による階層間再分配は少なかったが、地域間再分配が生じた。その結果、後進地域における貧困や失業を低く抑えることに成功した。

第二に、日本の再生産レジームは、家父長制的であり、「男性稼ぎ主モデル」(3)(Sainsbury [1994])の典型であると考えられてきた(大沢[一九九三]、大沢編[二〇〇四]、大沢[二〇〇四ab])。大沢[二〇〇四a]によると「日本は強固な『男性稼ぎ主』型」である。日本では長らく女性の雇用率が低く、女性人口の大部分が扶養家族の地位に置かれた。しかしこのことは労働力供給が少ないことを意味したから、完全雇用の実現にとってはかえって好都合だったとも言える。また男性稼ぎ主モデルが機能したから、公共事業の波及効果は男性だけでなく女性にも及んだ。さらに無給の家事労働が豊富に存在したから、保育や介護などのケアを社会化する必要が少なかった。国際比較のなかで見ると、日本の社会保障給付費は、年金や医療に比べて福祉サービスの割合が小さいが、日本では再生産レジームがこれを補完したわけである。

4 下部構造の変容――グローバル化と個人化

以上の生産レジームと再生産レジームの重畳から、日本の福祉レジームの下部構造はこれまで「会社主義」「企業中心社会」「企業社会」等々と規定されることが多かった(木本[一九九五]、大沢[一九九三])。これは「雇用の安定」と「家族の安定」を車の両輪とする生活保障のシステムであり、二〇世紀の後半にはそれなりに機能した。ところが九〇年代以降、徐々に、このような福祉レジームを支えてきた下部構造が崩れ始めた。

グローバル化による生産レジームの変化

第一に、グローバル化によって従来の生産レジームを維持することが困難となった。

冷戦体制の終焉後の世界において、グローバル化は自由主義型市場経済（LME）の普遍化を意味する。世界標準とはアメリカ標準のことである。このため調整型市場経済（CME）の国々は、グローバル資本主義に対して守勢に立たされがちである。もちろんグローバル化によって、ただちに各国でCMEからLMEへと生産レジームの転換が起こるということはない。しかし各国がそうした方向の圧力に曝されることは否めない。

日本の生産レジームの特徴だった強力な経済規制と大規模な公共事業支出は、各国政府が各国経済を管理するという前提のもとではじめて可能だった。ところがグローバル化は、各国政府に対し規制緩和と減税を要求することによって（Mishra［1999］）、これまでの強力な経済規制と大規模な公共事業支出を困難にするのである。実際日本では、一九九二年に、産業保護の象徴である大規模小売店舗法がアメリカ政府からの要求で改正された。翌一九九三年には、細川内閣が規制緩和を政府の中心的政策課題として掲げた。また国の一般会計における公共事業関係費も九〇年代に入ってから頭打ちとなり、一九九八年の一四・九兆円をピークに減少の傾向に転じ、二〇一一年度には六・二兆円にまで削減された（財務省［二〇一一］六二頁）。

グローバル化による規制緩和の要求は労働市場にも及び、労働の柔軟化が進む。雇用者総数（男女計）に占める非正規雇用の比率は一九八四年に一五・三パーセントだったのに対して、一九九〇年には二〇・二パーセント、二〇〇〇年には二六・〇パーセント、二〇一〇年には三四・四パーセントにまで上昇している（総務省［二〇一二］表九）。とくに女性雇用と若年雇用における非正規化が著しい（二〇一〇年に女性は五三・八パーセント、在学中の一五～二四歳の男女計で三〇・四パーセント）。大卒正社員の離職率も上昇した。入社三年目までの離職者が一九九〇年には二六・五パーセントだったのが、二〇〇〇年には三八・五パーセントにまで増えている（『平成一八年版国民生活白書』）。新規一括採用と長期雇用によって特徴づけられてきた従来の正規雇用のシステムが、少なくとも後者については動揺を来しつつあることは間違いない（武川［二〇一〇］）。

◐個人化による再生産レジームの変化

第二に、個人化によって既存の再生産レジームが変化を来しつつある（Beck and Beck-Gernsheim［2002］）。二〇世紀の第三・四半期には、工業化と都市化のなかで女性の労働力率が低下し、専業主婦の存在を前提とする「標準家族」が形成された。この「標準家族」は企業中心社会の要であり、日本の生産レジームを再生産の面から支えた。社会保障や税制はこの「標準家族」を前提として設計されたし、労働市場も住宅も教育もメディアもすべて「標準家族」を対象としていた。

ところが第四・四半期になると、夫の賃金の伸び悩みと生活水準に対する期待上昇によって、短時間労働に従事する女性の数が増加したが、このころから税制や社会保障のなかで「専業主婦」に対する優遇が始まったため（大沢［一九九三］）、専業主婦の存在を前提とした「標準家族」は微修正された形で基本的には存続した。「資本制と家父長制の第二次妥協」（上野［一九九〇］）や「戦後家族モデルの微修正」（山田［二〇〇五］）などと言われたりする。ところが九〇年代になると、「標準家族」は微修正された形でも維持することができず、ついに解体の過程に入る（山田［二〇〇五］）。

実際日本では、一九九一年に、農林漁業以外でも共働き世帯の数が非共働き世帯の数を上回った。「夫は外で働き、妻は家庭を守るべき」という意見に対する賛否が二〇〇二年には同数になり、その後は反対の方が賛成を上回っている（内閣府世論調査）。

また八〇年代には横這いかやや減少傾向にあった離婚率も、九〇年代以降は上昇の傾向に転じた。さらに二〇代三〇代の若年層の有配偶率は、近年、一貫して低下してきており、日本の皆婚主義はもはや過去のものとなっている。このため「標準家族」に属さないどころか、そもそも家族をつくらない人びとの数が増加している。他方、無業・失業・不安定就労の状態にある「ポスト青年期」の人びとが増加し、経済的に自立することが困難な彼ら彼女らは成人に達した後も依然として親と同居している（宮本［二〇〇四］［二〇〇五］）。いずれにせよ、夫婦と未成熟子から成り立つ核家族としての「標準家族」像は崩れつつある。

山田昌弘によれば、現在、私事化や個別化とは区別される「家族の個人化」が始まっており、これは家族の形成と解消が任意になったという意味で、「家族の本質的個人化」と呼ぶことができる（山田［二〇〇四］）。本質的個人化の下で家族はもはや社会的リスクに対する安全網であるどころか、家族それ自体が一つのリスクになってしまう。このためこれまでと同じような形では、再生産レジームが生産レジームを補強したり、福祉レジームを補完したりすることができなくなる。

図5-3　グローバル化と個人化

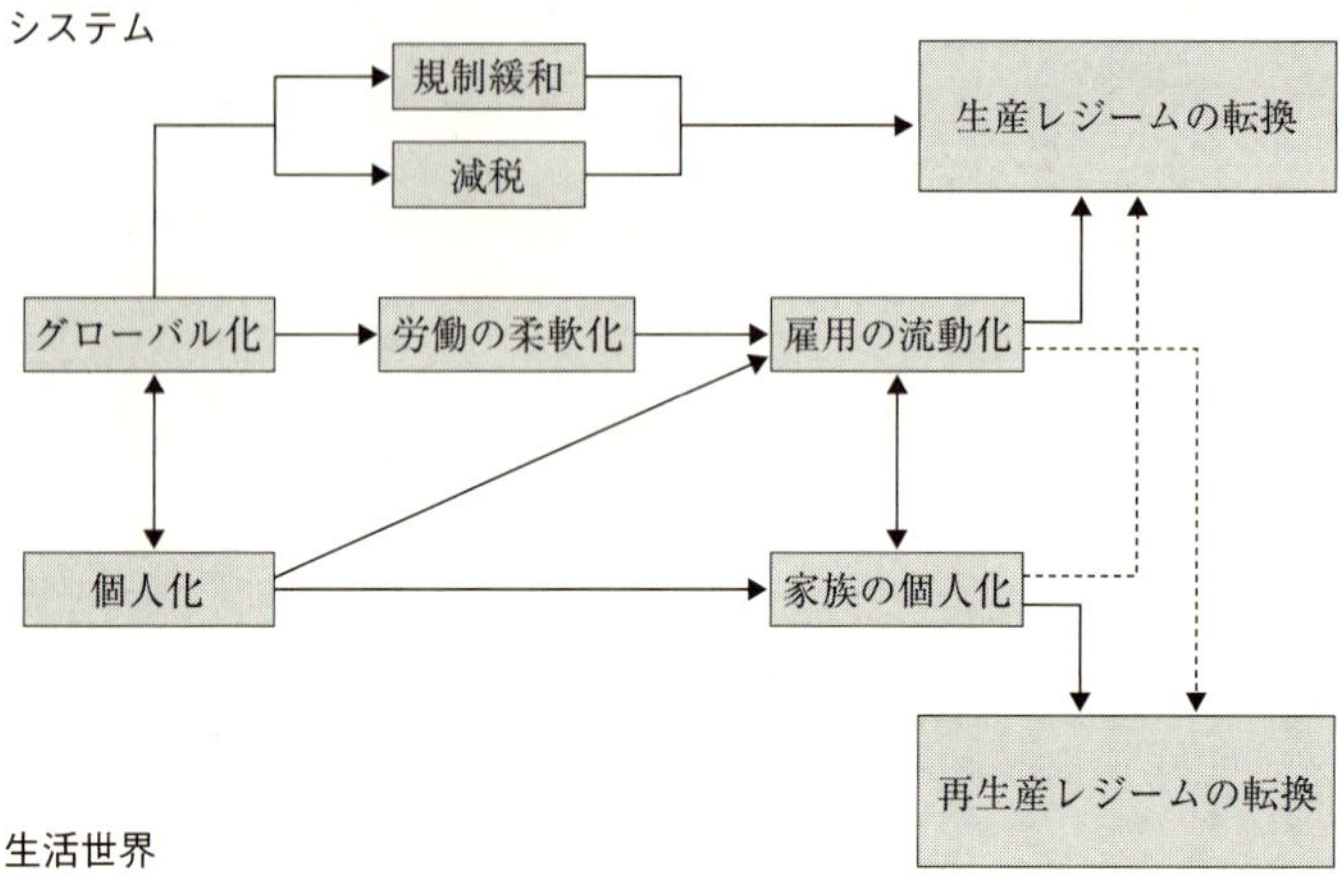

❍グローバル化と個人化の相乗効果

ここで注意すべきは、生産レジームの変化をもたらすグローバル化と、再生産レジームの変化をもたらす個人化が、じつはコインの裏表の関係にあるということである（武川〔二〇一一b〕〔二〇一二〕。図5-3参照）。グローバル化は経済的な現象に限らない。それはシステムだけではなくて、われわれの生活世界のなかにも浸透している。グローバル資本主義は一方で「資本の偉大な文明化作用」（マルクス）によって伝統的な規範と紐帯を破壊するが、他方で、新しい生活スタイルのオプションを提供する。このためグローバル化に直面した諸個人は、反省的＝再帰的な生き方を強いられることになる（Beck and Beck-Gernsheim〔2002〕）。そして、反省的＝再帰的な生き方を学んだ諸個人が今度はグローバル化の推進者になるのである。

いずれにせよグローバル化と個人化の相乗効果によって、これまでの日本の生産レジームと再生産レジームは立ちゆかなくなっている。

5　生活保障システムの危機——「失われた一五年」と日本の社会保障の危機

◐下部構造の変化と福祉国家の機能不全

このように福祉国家の下部構造が変化したため、これまでのように生産レジームや再生産レジームによって社会支出の相対的低位を補完することが困難となったのが、二一世紀の日本の姿である。グローバル化によって強力な経済規制と大規模な公共事業による完全雇用の達成がむずかしくなっただけでなく、労働の柔軟化にともなう雇用の流動化のために、労働者は退職金と社宅によって特徴づけられた企業保障には、もはや頼れなくなった。企業の方も国際競争圧力の下で法定内・法定外の福利厚生費を削減している。他方、家族の個人化によって、家族による生活保障の機能も弱まっている。それどころか非典型雇用の拡大によって家族賃金を支払う企業が少なくなっているため、現在の若年層にとって、性別分業に依拠した生殖家族を形成することは至難の業である。したがって生活保障の機能の水準を従来どおりに維持しようとするならば、社会保障による生活保障の機能を強化しなければならない。ところが現実に生じているのは、これとは反対の動きである。

一九九〇年代は「失われた一〇年」と呼ばれていたが、二一世紀に入ってからも経済的な好転が見られなかったため、九〇年代以降現在までを「失われた一五年」と呼ぶこともある（大沢［二〇〇六］）。この「失われた一五年（あるいは、それ以上）」のなかで、日本の社会保障は、高齢者の介護を対象とした福祉サービスについては拡大（expansion）が進んだが[4]、年金と医療に関しては、一九八〇年代以来の抑制

表5-2 「失われた15年」の社会保障

年　金	医　療	介　護
1994 ・被用者年金の定額部分の支給開始年齢引き上げ ・ネット所得スライド方式 1999 ・報酬比例部分の支給開始年齢引き上げ ・賃金スライド廃止 2004 ・保険料の上限設定 ・マクロ経済スライド方式導入	1997 ・被用者本人の給付率引き下げ 90%→80% 2000 ・診療報酬・薬価制度の改訂 ・老人医療に定率負担 2002 ・被用者本人の給付率引き下げ 80%→70% 2003 ・総報酬制導入	1989 ・ゴールドプラン 1994 ・新ゴールドプラン 1997 ・介護保険法成立 2000 ・介護保険施行

(retrenchment) が一貫して続いた（表5-2参照）。このため日本の社会保障制度は、この一五年間に生活保障の機能を低下させた。

それだけではない。生産と再生産のレジーム・シフトが、現在、社会保障制度に対して深刻な影響を及ぼしている。一般には、出生率の低下による人口ピラミッドの変化が社会保障制度にとっての最大の問題であると考えられている。しかし、より深刻なのは福祉国家の下部構造の変化に適応できないでいるところから生じる「社会保険の空洞化」の方である。

❍社会保険の空洞化

日本の社会保障制度はコーポラティズム的な性格を有しているため、労働力の柔軟化にうまく適応できていない。このため地域保険だけでなく職域保険までもが空洞化し始めているとの指摘がある（大沢編［二〇〇四］、大沢［二〇〇四ab］）。第一に、一九九八年から二〇〇三年までは被用者保険（厚生年金）の被保険者数が減少の傾向にあった[5]（表5-3参照）。第二に、被保険者数の減少や標準報酬月額の平均の頭打ちに

表5-3　厚生年金被保険者数の推移（万人）

年	総数	男子	女子
1993	3,274	2,189	1,085
1994	3,281	2,193	1,088
1995	3,300	2,204	1,096
1996	3,347	2,245	1,101
1997	3,296	2,213	1,083
1998	3,296	2,213	1,083
1999	3,248	2,180	1,086
2000	3,219	2,158	1,061
2001	3,158	2,116	1,042
2002	3,214	2,148	1,066
2003	3,212	2,137	1,075
2004	3,249	2,150	1,099
2005	3,302	2,174	1,128
2006	3,379	2,214	1,166
2007	3,457	2,254	1,203

（出所）『社会保険事業の概要』各年版，社会保険庁。

よって、職域保険（厚生年金）の保険料収入(6)が増減を繰り返すようになった（一九九〇年代末までは増加の傾向にあった）。第三に、被用者保険の減少にともない、地域保険の被保険者（国民年金一号被保険者）数は二〇〇三年までは増加したが、その後は、減少の傾向に転じた(7)。第四に、保険料の納付率も低下している(8)（表5-4参照）。とくに若年層の納付率は低く、二〇代では五割を切っている(9)。

「社会保険の空洞化」の最大の原因は非正規雇用の拡大であろう。そして非正規雇用の主たる部分は、中高年女性のパートタイム労働と若年男女のいわゆる「フリーター」から成り立っている。彼ら彼女らが増加するのは、一方で、グローバル化にともなう労働市場の柔軟化によって正規雇用に対する労働力需要が減少するからであるが、他方で、個人化による供給側の要因もある。家族の個人化は「標準家族」を解体し、中高年女性を労働市場へ押し出す。（学校から仕事への）移行期の長期化は「ポスト青年期」の若年層を生み出

表5-4　国民年金納付率の推移

年　度	納付率（%）
1994	85.3
1995	84.5
1996	82.9
1997	79.6
1998	76.6
1999	74.5
2000	73.0
2001	70.9
2002	62.8
2003	63.4
2004	63.6
2005	67.1
2006	66.3
2007	63.9

（出所）『社会保険事業の概要』各年版，社会保険庁。

す（宮本［二〇〇四］［二〇〇五］）。個人主義的なライフスタイルを身につけた若年層が自由時間を求めて非正規雇用を選好する場合もあるだろう。いずれにせよ需要側と供給側の双方の要因によって、労働力の非正規化が進んでいくことになるが、このことによって「社会保険の空洞化」はますます進むことになる。これは日本的な平等主義の支柱の一つであった皆保険皆年金の危機でもある。

　こうした「社会保険の空洞化」とこれにともなう生活保障システムの危機は、正当性の危機に発展する可能性がある。介護保険に関しては、人びとの頭にまだ八〇年代の記憶が残っている間は、国民の間での支持率は高かった。しかし過去の記憶が薄れていったときどうなるかは未知である。これに対して医療保険の抑制に関しては不満が大きい。被用者本人や高齢者についてはかつて医療費が無料だった時期もあるからだ。とはいえ日本の医療のアウトカムは北欧諸国に匹敵するほど良いから、いまのところどうにか不満の爆発は抑え込まれている。問題は年金である。過去二五年間に一貫して抑制が行われ、制度変更のたびに小刻みの切り下げが繰り返されてきたために、誰も政府の言うことを信じなくなっている。また制度の見直しの根拠になる人口予測が一貫して誤っていたという事実は重い。民間保険会社による公的年金破綻の宣伝効果も大きい。「失われた一五年」の間に破綻したのは民間の東邦生命や千代田生命であって国民年金ではないのだが、これによっても公的年金に対する不信感は拭われていない。経済学者は公的年金に関して、財政破綻というシステム統合の危機をもっぱら喧伝するが、社会学者は社会統合の危機についてもっと警鐘を鳴らすべきである。

6 新しい生活保障システム――個人化と社会的包摂

このようななかで二〇〇四年の年金改革が行われた。この改革のなかでマクロ経済スライド方式が導入されたため、人口構成の変化や生産性の変化によって生じる年金財政の破綻はひとまず回避された。その意味では公的年金に関するシステム統合の危機は解消した。しかし社会統合の危機は依然としてなくなっていない。二〇〇四年の改革に対する有権者の不満が爆発して、政府与党はこの年の参議院選挙では敗北を喫したからである。おそらく国民の多くは、また同じこと＝小刻みの切り下げを繰り返しているとして、この改革に不信の目を向けたのだろう。

◯生産レジームへの適応

さらにまた、この改革が生産と再生産のレジーム・シフトへの適応に失敗したということにも注意しなければならない。ある意味で、高齢化への適応よりも、こちらの方が深刻な問題をはらんでいる。前者はつまるところ給付と負担のバランスの問題であり、保険数理《アクチュアリー》の問題である。その意味では技術的な解決が可能である。(10) 実現が容易か否かは別として、収支を均衡させるために必要な給付と負担の水準は客観的に示すことができる。ところが後者は、シティズンシップをどう定義するかという問題であり、社会保障制度から社会的に排除されている人びとを、どのように社会的に包摂するかという問題である。これは保険数理の問題と違って、価値判断の争いを随伴するため、解決策の提示が容易ではない。

それでは福祉国家の下部構造の変化に対して、社会政策はどのように対応すべきであろうか。

生産レジームの変化に関して考えられる一つの対応は、かつての「古き良き時代」への回帰である。しかしかつての生産レジームが機能していた時代と国際環境がまったく変わってしまった現在、時計の針を元に戻すことはむずかしいだろう。むしろ追求すべきは、柔軟性（flexibility）と保障（security）の両立だと思われる。フレクシキュリティ（flexicurity）といった新語が生まれてくる理由もここにある。現在、社会保障制度から事実上排除されている非正規雇用を、社会保障制度のなかに包摂（inclusion）していくことが、今後の生活保障システムの課題であろう。

❍再生産レジームへの適応

再生産レジームの変化に関してはどうか。

調整型市場経済（CME）をめざすべきか、自由主義型市場経済（LME）をめざすべきか、という点は、政治的イデオロギーの対立軸を構成する。二〇〇〇年代半ばまでの日本の場合、自民党と民主党が「小さな政府」のための競争を行っていたところから、一般にはLMEへの支持が優勢であったように見えるが、路線対立がまったく存在しないわけではない。二〇〇〇年代半ばから、民主党は「国民の生活が第一」をスローガンとして掲げるようになった。

これとは反対に、再生産レジームの変化に対して脱ジェンダー化を進めるということに関しては、比較的合意が得られやすい。国連やＯＥＣＤをはじめとして、国際機関による社会政策のなかではすでに脱ジェンダー化に関する合意が確立されている。労働だけでなく資本にとってみても、利潤の追求が妨げられることがなければ、脱ジェンダー化それ自体を拒む理由は乏しい。男であれ女であれ、利潤を生む労働者は良い労働者であるからだ。

とはいえ脱ジェンダー化の中身をめぐっては対立があるのも事実である。有名なところでは、ナンシー・フレイザーによる三つのモデルが存在する（Fraser［1997］）。その第一は「普遍的稼ぎ手モデル」と呼ばれるもので、女性の雇用を促進することによって男性と女性を対等な稼ぎ手にすることを目的とする。第二は「ケア提供者等価モデル」で、女性のケア労働を正当に評価することを目的としている。第三は「普遍的ケア提供者モデル」で、ケアの責任を男女で分担することを目的とする。どのモデルに立脚するかによって社会保障の制度設計は異なってくることになる。

ただ、いずれも男性稼ぎ主モデルとは異なっており、ポスト家族賃金の社会政策だと言える。再生産レジームの変化に適応するためには、社会政策の個人化が必要となるだろう。

以上から導き出される結論は、二一世紀の新しい社会政策は、社会的包摂と個人化という理念の上に構築されるべきだ、ということになろうか。

（二〇〇八年三月）

注

（1）本章は、もともと家族社会学会第一五回大会シンポジウム（二〇〇五年九月）において筆者が行った報告に基づいてまとめた拙稿「雇用の流動化と生活保障システムの危機」（『家族社会学研究』一七巻二号〔二〇〇六年二月刊行〕所収）に加筆訂正を施して、船橋恵子・宮本みち子編『雇用流動化のなかの家族』ミネルヴァ書房（二〇〇八年三月）、一四七—一六五頁に掲載されたものである。

（2）「ジェンダー化」という言葉は、ジェンダー視点を導入するという意味で用いられることが多いが、本章では、性別分業を強化するという意味で用いている。

（3）セインズベリー（Sainsbury［1994］）は「男性稼ぎ主モデル」の対極にあるものとして、当初、「個人モデル」を想定していたが、その後、「ジェンダー政策レジーム」（gender policy regime）を「男性稼ぎ主」（male breadwinner）、「ジェンダー役割の分離」（separate gender roles）、「個人稼得者」（individual earner-carner）の三つに再類型化している（Sainsbury ed.［1999］p.78）。

（4）もっとも介護保険の評価については注意を要する。介護保険が医療費抑制策の一環として導入されたことは否定できない。また介護保険の基盤整備のための新旧ゴールドプランが消費税の導入や税率引き上げの見返りとして策定されたという事情もある。しかし他方で、新旧ゴールドプランによって福祉サービスの資源が拡充したことは間違いない。また九〇年代をつうじて介護に対する国民の間の不安が弱まったことも事実である。

（5）もっとも、この時期は雇用者数も減少している。しかし、一九九九年から二〇〇〇年にかけては雇用の減少以上に被保険者数が減少しており、二〇〇〇年から二〇〇一年にかけては雇用が増加しているにもかかわらず、被保険者数が減少している（雇用者数は総務省［二〇一一］表九による）。二〇〇四年以後、景気回復の結果、被保険者数は微増に転じたが、必ずしも雇用数の増加に見合った回復をしているわけではない。

（6）厚生労働省年金局のホームページによる（《http://www.mhlw.go.jp/topics/nenkin/zaisei/zaisei/data/data01/kousei/ks-18.html》2011/11/12）。

（7）厚生労働省年金局のホームページによる（《http://www.mhlw.go.jp/topics/nenkin/zaisei/zaisei/data/data01/kokumin/kk-01.html》2011/11/12)。

(8)二〇〇五年には、社会保険庁長官の指示による納付率向上のための措置がとられ、納付率が若干改善されたが、二〇〇六年二月以降、不正免除による納付率の偽装工作が相次いで発覚したことに注意しなければならない。ただし、社会保険庁(当時)の説明によれば、二〇〇五年の数値は不適正処理分を除外したものではある。

(9)厚生労働省のホームページによる(《http://www.mhlw.go.jp/stf/houdou/2r98520000001ipd1-att/2r98520000001iphu.pdf》2011/11/12)。

(10)とはいえ高齢化は再生産レジームの変化の結果であって原因ではないから、再生産の問題にまったく手をつけずに高齢化の問題──それが「問題」であるとして──を解決することはできない。

追　記

大沢真理氏の『現代日本の生活保障システム』(二〇〇七年)と宮本太郎氏の『生活保障』(二〇〇九年)が刊行されて以来、公共政策の世界では生活保障が特別な意味をもち始めている。格別にこの言葉が用いられる趣旨は、人びとの生活の安定を考えるにあたって、現在、社会保障だけでは十分ではない、あるいは、政府の社会政策だけでは十分でない、ということにあると思われる。前者に対して、宮本氏は「雇用と社会保障を結びつける」「雇用と社会保障がうまくかみあう」(宮本[二〇〇七]iv頁)うことが重要だと言い(私も雇用・社会保障・住宅が社会政策の重要な柱だと考えている)、後者に対して、大沢氏は、ジェンダー視点への立脚、労働市場の規制、社会的経済の役割を重視する(大沢[二〇〇七]三頁)と述べる(私も、本章で示唆したように、生産と再生産の統一的把握、社会規制、市民社会を重要だと考える)。いずれももっともな主張である。

ただし「生活保障」はきわめて一般的かつ日常的な言葉なので、日本では両氏以前から多く使われてきた(調べてみたところ、大河内一男が一九四九年の雑誌『改造』に「生活危機と生活保障」という論文を発表していた)。本章のタイトルの初出は二〇〇五年に開催された家族社会学会シンポジウムなので、両氏の影響を直接受けたわけではなく、この言葉を一般的な意味で用いたが、結果としては両氏の用いる「生活保障」とも整合性がとれていると思う。

なお、この論文を書いた時点では、システムと生活世界の関係、生産と再生産の関係、グローバル化と個人化の関係などについて、まだ自分として納得のいく答えを見つけ出しておらず、それらに答えることが、私自身にとっての宿題となっていた。まだきちんと問いに答えられるようになっているわけではないが、その後、少しだけ前へ進むことができたと思う（武川［二〇〇九］［二〇一一 c］［二〇一二］）。ただし、現在も、問いとしての自覚は持ち続けている。

第6章 社会政策における福祉と就労
――ワークフェアの内実

1 古くて新しい問題

福祉と就労は古くて新しい問題である。救貧法体制下のイギリスでは「救済に値する貧民」(deserving poor)と「救済に値しない貧民」(undeserving poor)を区別する習慣があった。また救貧法は、労働能力の有無を基準に「有能貧民」(able-bodied)と「無能貧民」(impotent)を区分し、両者を異なる処遇の下に置いた。一八三四年の新救貧法は、有能貧民を労役場に収容して就労を課した。

これに対して、近代的な公的扶助の制度はこの種の区別を放棄することによって始まった。生活困窮という事実があれば、それがいかなる原因によって発生したかということは問わない、というのがそこでの考え方である。たとえば、わが国の生活保護制度のなかでは「無差別平等の原理」がうたわれている。救済に値するか値しないかを区別する思考法は旧生活保護法の欠格条項のなかに反映されていたが、この条項は新しい法律のなかでは最終的に廃止された。

ところが福祉と就労をめぐるこの考え方は、二〇世紀の第四・四半期になると微妙な変化を遂げる。第三・四半期に急成長した西欧の福祉国家は、その後の低成長時代のなかで調整の過程に入った。日本の社会支出は一九七〇年代以降に急増するが、世界的な低成長経済のなかで西欧諸国の第三・四半期のような水準まで成長することがなかった。このため七〇年代後半から八〇年代前半にかけて、一方では福祉国家の危機が、他方では福祉国家の解体が叫ばれることとなった。

福祉から就労へ――再商品化のコンテクスト

福祉国家解体の急先鋒だった一九八〇年代のイギリスのサッチャー政府が企てたことは、福祉国家の民営化であった。この政府は公営住宅の払い下げ、持家取得の優遇、民間借家の規制緩和を行い、政治的な成功を収めた。公的年金については、完全民営化には失敗したが、公的年金の縮小、職域年金の拡大、個人年金の優遇には成功した。ところが成功はそこまでで、住宅や年金でやったのと同じことを、医療や教育や福祉サービスに対して行おうとしたときに躓いた。このためサッチャー政府の社会政策は、準市場化や民間非営利部門の活用の方にシフトした。

民営化に代わって、ニューライトの社会政策の鍵概念として頭をもたげてきたのが、ワークフェアである。この言葉はアメリカのニクソン政権の時代に work for welfare の合成語として使われたのが最初だと言われるが、それが今日のような形で影響力をもつようになるのはもう少し後である。ワークフェアを一躍有名にしたのは、一九八八年、レーガン政権下のアメリカで、ＡＦＤＣ（要扶養児童家族扶助）の受給要件として就労の義務が課されたことによってである。一九九六年には、クリントン政権が、ＡＦＤＣを廃止してＴＡＮＦ（貧困家庭一時扶助）を導入し、就労と福祉の関連をさらに強化した。その後、アメリカのワークフェアはイギリスのブレア政権の社会政策のなかにも取り入れられ、「福祉から就労へ」（Welfare to Work）といったスローガンの下に進められた社会政策として結実した。

ワークフェアは、一九八〇年代以降のニューライトによる再商品化戦略の一環として理解すべきであろう。最初、再商品化は社会政策の民営化をつうじて遂行された。しかし、それが限界に突き当たったとき、ワークフェアが再商品化戦略の中心として浮上してきたのである。一九八〇年代が民営化の時代だったとしたら、九〇年代以降はワークフェアの時代だった。

◐就労のための福祉――脱商品化のコンテクスト

ワークフェアはもともと自由主義レジームの社会政策のなかで提唱されてきた考え方である。ところがグローバル化の時代には、他の福祉レジームも、英米でワークフェアを必然化させたのと同じような状況に直面した。ここから、これまでは再商品化の文脈で考えられてきた就労と福祉の問題を、脱商品化の文脈で再考する動きが出てくることになる。あるいは、スウェーデンのように、もともと脱商品化のコンテクストのなかで就労を中心に据えた社会政策を展開していた国が、ケインズ以前のケインズ政策ならぬ、ワークフェア以前のワークフェア政策を追求していた国として再発見されることになる。

脱商品化のコンテクストのなかで登場した就労と福祉をめぐる社会政策は、一般に、アクティベーションと呼ばれている（積極的労働市場政策という概念も好まれる）。ワークフェアの本質は、福祉受給の要件として就労義務を課すところにあったが、アクティベーションの場合には、就労を促進するために福祉を提供するという点が強調された。職業訓練、就職斡旋、労働市場政策などの意義が再確認される点は、伝統的な福祉国家の社会政策と共通であるが、エンプロイアビリティ（雇用されるための能力）やこれを高めるための教育投資の役割を強調する点で伝統的な福祉国家とは若干異なる。また、従来のように保障を一方的に強調するのではなく、労働市場の柔軟化をある程度受け入れたうえで、両者の両立を図ろうとしている点に新しさがある。さらに機会の保障に重きを置いている点でも古典的な福祉国家とは異なる。

自由主義レジームにおけるワークフェアと、社会民主主義レジームにおけるアクティベーションは、その実現のための手段は異なっているが、就労と福祉を結びつけることによって就労の促進を図ろうとしている点に限ってみれば、それぞれの目的は共通している。したがって両者を包含する概念として、ワークフェアを広義の概念として再定義することもできる。現在、こうした広義のワークフェアが、わが国を含む各国の社会政策における最先端の問題群を構成している。

就労と福祉の切断

（狭義の）ワークフェアとアクティベーションは、政策手段が飴であるか鞭であるかの違いはあるが、福祉と就労の統合を図っている点で共通である。これに対して、両者の連関を完全に切断してしまおうという政策構想もある。ベーシック・インカム（以下ＢＩ）である（第一一章を参照）。ＢＩは、市民権の保有者に対して、労働能力の有無、性別、年齢、家族形態などとは一切無関係に、一定額の所得を給付する構想である。無条件性がＢＩの最大の特徴であるが、それをどの程度厳格に考えるかによって、ＢＩにも多くのバリエーションがある。

ＢＩは現実の政策としてはほとんど――まったくではない――実現されていない。この点は（狭義の）ワークフェアやアクティベーションと異なっている。しかし、それは就労と福祉をめぐる問題を原理的に考察するうえで重要な基準を提供する。再商品化と脱商品化のスペクトルのなかで考えるならば、労働力と一般の商品の区別をなくしてしまうのが、あるいは究極の民営化が、再商品化の極であるとするならば、ＢＩはその正反対の極に位置している。[1] その意味では、ワークフェアもアクティベーションも、この再商品化と脱商品化の両極の中間のどこかに位置づけられることになる。

2　明らかとなった論点

「社会政策における福祉と就労」は、以上のような問題の広がりのなかにある。[2] 埋橋［二〇〇六］は、（広義の）ワークフェアをめぐる社会政策の国際動向を明らかにしながら、（広義の）ワークフェア政策の内部に存在する対立軸を析出しようとしている。ワークフェアの考え方は、わが国の社会政策当局のなかにもしだいに浸透してきた。この点を、社会的排除の典型であるホームレスとニートへの対策のなかで検証しようとしたのが、岩田［二〇〇六］と小杉［二〇〇六］である。いずれの論考も実際に行われている社会政策を批判的に分析しながら、その改革すべき方向を示唆している。これらに対して田村［二〇〇六］は、（広義の）ワークフェアの彼方にあるＢＩの可能性を、シティズンシップの再定義とからめて主張している。

本章の後半では、以上の四つの論考が「社会政策における福祉と就労」というテーマに関連して明らかにした点を再確認しておきたい。

◯事後的補償か選択的再規制か

埋橋［二〇〇六］は欧米の（広義の）ワークフェア政策における基本的な対立軸がどこにあるか、ということと、欧米のワークフェア政策は日本の社会政策に対してどのような意義をもっているか、といった二つの問いに答えようとする。

前者の問いに関しては、OECD、IFO経済研究所、ILO＝ISSA（国際社会保障協会）といった三つの異なった機関による（広い意味での）ワークフェア政策を検討することによって答えようとしている。OECDのワークフェア政策は、勤労所得税額控除（EITC）や勤労世帯税額控除（WFTC）のような税制とセットで導入された「労働における福祉」（in-work benefits）の意義を強調する。これに対して、IFOのワークフェア政策では、不熟練労働者の賃金の高さが、失業率の上昇や競争力の低下をもたらしているとの認識から、税額控除の導入、公的扶助の引き下げ、積極的労働市場政策、公的雇用の廃止などの政策パッケージを提案する。さらにILO＝ISSAのワークフェア政策では、ワーキングプアの主要な原因は非典型雇用の増加にあり、低賃金（Mcjob）による雇用増を永続させることは困難であるとの認識から、雇用に対する「選択的な再規制」（selective re-regulation）――たとえば経済的に受け入れられる水準の最低賃金制など――を提唱する。

これら三つの類型から浮かび上がってくるワークフェア政策における対立軸は、「賃金不平等と仕事の不安定性（ワーキングプアの存在）を容認したうえで労働規制を撤廃し、税額控除（tax credits）制度などを通して低熟練労働者の生活補償をおこな」おうとする「事後的補償政策」か、ＩＬＯ＝ＩＳＳＡが提唱するような労働市場を歪めることなく注意深く行われる「選択的な再規制」か、というものである。

ワークフェア政策の国際的な動向はこのような対立軸によって示されるが、こうしたワークフェア政策がわが国の社会政策に対して示唆する点について、埋橋〔二〇〇六：一六頁〕は消極的である。「わが国では失業保険の給付期間が国際的にみて非常に短く、長期失業者には原則として生活保護が適用されないのであるから、彼らを対象にした労働インセンティブを高める政策はそれほど問題になりえない」、すなわち、長期失業者はそもそも社会保障の対象から事実上外されてきたからである。とはいえ、生活保護が適用されていないワーキングプアに対しては「労働における福祉」を検討する必要があるかもしれないとも述べている。

分離・代替モデルから付加モデルへ

岩田〔二〇〇六〕は、福祉と就労の関係を、①「排除モデル」（労働能力のある者を福祉の対象としない）、②「分離・代替モデル」（労働能力のない者には福祉を、労働能力のある者には就労義務を課す）、③「付加モデル」（労働能力の有無にかかわらず福祉の対象とし、労働能力のある者には就労支援を行う）の三つに整理する。

岩田〔二〇〇六〕は、ホームレス自立支援事業（類型②に該当）の検討から始める。同事業は、福祉事務所によって支援が必要と認められたホームレスを、一定期間、自立支援センターに宿泊させて職業相談支援を行い、民間に就職させることを目的としている。自立支援センター入所者の就職率は高いが、就職に成功した人であっても、「三年後に年齢が高くなったからと解雇され、就職活動を再開したが家賃が払いきれなくなって路上に戻るというような事例」も見られるという。その他、この事業では「公園や河川に長期間定着したホームレス」が事業の対象から外れている、労働能力の判定がむずかしい、労働条件の悪い就労しか提供できない、就職に成功しなかった人は路上に戻っていくしかない、などの問題を抱えている。

ホームレス自立支援事業の失敗から、東京では、二〇〇四年に、地域生活移行支援事業が導入された。そこでは「都市雑業等で生活費はまかなえているが居住費の不安」のある長期路上生活者に対して、住宅の提供が優先された。その結果、この事業では福祉事務所を介した労働能力の判定が不要となり、就業支援の役割は小さくなったが、「住居を介して地域住民となったことによって、選挙権の回復をはじめ、生活保護制度など福祉制度へのアクセスが格段によくなっている」という。

これら二つの事業の検討から導き出される岩田［二〇〇六］の結論は、ホームレスへの対応において、②の分離・代替型の就労支援だけでは不十分であり、住宅の提供が決定的となってくるということである。福祉は福祉として提供し、就労は就労として支援することが、ホームレスの状態にある人びとの社会的包摂につながる。岩田［二〇〇六］は、（狭義の）ワークフェアではホームレスの社会的包摂はむずかしいことを明らかにしている。

◐移行支援と福祉の連動

日本は従来「学校から職業生活への移行」が円滑に行われている国として知られていた。ところが小杉［二〇〇六］によると、一九九〇年代以降、この移行に支障を来すようになった。ＯＥＣＤでは非就業状態にある若年層に対しては「失業問題とは異なる対応が必要だ」との認識がもたれており、この点を受け入れることから、わが国の「日本型ニート」への対応策も始まった。

小杉［二〇〇六］によると、日本版の「狭義のニート」は、男性、低学歴、若年の間で多い。また未婚で親と同居している人が多く、かなりの部分が就業経験をもっていない。かつて「パラサイトシングル」という言葉が流行し、若年者の優雅な生活が喧伝されたことがあったが、実際には、親が低学歴・低所得の場合に子どもがニートとなって親と同居する確率が高い。

ニートを含む若年に対する本格的な雇用政策は、日本の場合、二〇〇三年の「若者自立・挑戦プラン」から始まった。このプランは、若年雇用の問題の原因が、青年の意識の変化だけでなく、労働市場の需給関係の変化、移行期の長期化などにあることを認識している点で重要である。また若年無業者に対しては「若者自立塾」や「ジョブカフェ」などの措置がとられた。しかし自立塾もジョブカフェも「参加者を集めるのに苦労しているケースが少なからずある」という（小杉［二〇〇六］四七頁）。

小杉［二〇〇六］は、イギリスのブレア政府による若年雇用政策から日本への教訓を引き出している。当初のブレア政権によるニューディール政策では、求職者給付（失業保険や失業扶助のイギリス版）を受給している若年者に対して就労支援プログラムへの参加を義務づけた。ところが、この措置は若者に就労を促進するのではなくて、「求職者給付を放棄させる方向に働き」、若者の「社会とのつながり」をさらに弱める結果を生んだとのことである。その反省から始められたコネクションズという新しい政策では、単に就労の義務を課すだけではなくて、就労支援の各種サービスを提供し、「福祉政策としての側面」も打ち出しているという。

小杉［二〇〇六］は、日英の比較から、日本の若年雇用政策の課題として、対象者の再定義、就労支援の内容の再検討、就労機会そのものの拡大のための施策、福祉政策との連動の必要といった点を指摘している。どれも重要な問題提起であるが、「社会政策における福祉と就労」というテーマの趣旨に照らして考えると、福祉との連動の必要性を説いている点がとりわけ重要であろう。

●義務の多様化とベーシック・インカム

埋橋［二〇〇六］が明らかにしていることは、社会的排除への取組みに際しては、労働市場への統合を図るべきであるとの合意が国際的に成立しつつあるということであった。また、こうした取組みの事例を、岩田［二〇〇六］と小杉［二〇〇六］が扱っている。そこでは、ニュアンスの違いはあれ、就労がポジティブな価値として前提されている。これに対して、田村［二〇〇六］は、このような前提そのものに異を唱える。

田村［二〇〇六］は、シティズンシップにおける権利と義務のバランスという観点から、福祉国家再編の諸原理を分類する。（狭義の）ワークフェアは義務（とりわけ就労の義務）を強調する。これに対して、アクティベーションは権利と義務の双方を主張する。これら二つと異なり、義務の要素をまったく含んでいないのが、ベーシック・インカム（ＢＩ）である。負の所得税も、権利が優位に立っているという点ではＢＩと共通だが、この場合の権利は経済的な自由権に限定される。

これら四つの構想のうち、ＯＥＣＤ諸国で実際に採用されているのは、（狭義の）ワークフェアとアクティベーションである。これらの構想は、①シティズンシップのうちの義務を重視し、②義務のなかでも就労を重視するという点で同じ前提に立っているが、これら二つの前提の原理的な妥当性を吟味するところに田村［二〇〇六］のねらいがある。

前者に関して、田村［二〇〇六］は、義務を完全に捨象するのではなく、シティズンシップのなかに義務を包含させることを受け入れる。そのことによって、これまで疎かにされてきた義務――ケアの倫理や市民的徳性――を視野に入れることができるからである。

また後者に関しては、義務の多様化を提案する。その眼目は、①「義務を伴わない権利」と「権利を伴わない義務」の双方を認めること、②義務の内容を有償労働以外の社会的活動にも拡張すること、③権利は社会生活における無条件の基礎として承認すること、などの点である。そして多様化された義務のなかで田村［二〇〇六］がとりわけ重視するのは、無償のケア労働とアクティブな政治的シティズンシップである。ワークフェアやアクティベーションはこれらの義務の遂行の妨げになるのに対して、ＢＩはこれらの義務を果たすための条件を提供することになる、というのが田村［二〇〇六］の結論である。

3 結　論

以上の四人の報告から導き出される結論の一つは、ワークフェアをめぐる国際的な議論を機械的に日本に当てはめることはできないということである。埋橋［二〇〇六］が指摘するように、日本とワークフェア先進国との間では、多くの点で事情が異なっている。日本の場合、労働市場に対する選択的な規制はすでに行われており、失業扶助に依存する失業者は少なく、シングルマザーの労働力率も高い。とはいえ、埋橋［二〇〇六］が強調するように、低所得の稼働世帯に対する「労働における福祉」(in-work benefits) については導入を検討すべきであろう。

二つめの結論は、狭義のワークフェアによって就労が促進されるとは限らないということである。この点は岩田［二〇〇六］と小杉［二〇〇六］が別々の事例を取り上げながら共通の結論に到達している。就労促進が福祉から切り離されて単独で行われると就労促進の効果が上がらないというだけでなく、あまりに厳格なワークフェアの手段を用いると、社会的包摂を目的とした社会政策がかえって社会的排除につながることもあるという点は、今後、社会政策における福祉と就労の問題を考えるさいに十分留意すべきである。

三つめの結論は、就労の相対化である。田村［二〇〇六］はシティズンシップにおける義務を多様化したうえで、就労と福祉を直結させるワークフェアは新しい義務を果たすうえでの妨げになると主張したが、この問題に対する別の解き方は、現在、市場労働に限定されがちな就労の中身をボランタリー労働やケア労働にまで拡大するというものである。そうなったとき、(広義の) ワークフェアとＢＩの対立はそれほど深刻なものではなくなるだろう。いずれにせよ収入労働 (paid work) 以外の労働を正当に評価していくことは、今後、社会政策における福祉と労働の問題を考えていくうえでの不可欠な視点である。

以上の結論を踏まえたうえでの、社会政策における福祉と就労をめぐる研究が、今後さらに深まっていくことを期待したい。

(二〇〇六年九月)

注

(1) もっとも(慎ましい水準の)ベーシック・インカムが導入されると、賃金の下方硬直性がなくなるので(労働者はベーシック・インカムによって生活が下支えされるので、収入を増やすためには低賃金でも働くことになるので)、かえって市場メカニズムがうまく働くようになるとの考えもある。

(2) 本章は、もともと社会政策学会第一一一回大会(二〇〇五年一〇月開催)の共通論題(社会政策における福祉と就労)の座長報告として書かれた。このシンポジウムのプログラムは以下のとおりであり、各報告は加筆訂正のうえ学会誌に掲載されている。

1　福祉と就労をめぐる社会政策の国際的動向　埋橋孝文
2　福祉政策の中の就労支援——貧困への福祉対応をめぐって　岩田正美
3　職業生活への移行支援と福祉　小杉礼子
4　就労・福祉・シティズンシップ　田村哲樹

追記

本章の初出原稿は、第二章の追記で書いたのと同様の事情から、二〇〇五年の社会政策学会大会における共通論題の座長報告として、翌〇六年に発表した。ワークフェアを私は、一九八〇年代以降のネオリベラリズムによる再商品化戦略——当初は経済政策と同様、社会政策の領域でも素朴な民営化論が影響力をもっていたと思うが、それはしだいに、ニュー・パブリック・マネジメント(NPM)やワークフェアに取って代わられた、というよりはこちらの方が重視されるようになった——の一環として理解していたが、個別的な事例については必ずしも十分に知っていたわけではなかったので、共通論題の四人の報告者から多くを学ぶことができた。とくに(厳格な狭義の)ワークフェアの実施が必ずしも就労促進につながらないだけでなく、新たな社会的排除を生む可能性がある(これは、就労を促進するためにはマクロの雇用政策、労働市場の規制、社会保障の整備が必要だということを再確認する)との論点——働く条件のないところで無理矢理働かそうとすると、かえって働かなくなる——は、このときに学んだ。記して、四人の報告者に感謝したい。

第7章 高齢者ケアの政策
——介護保険と地域福祉

1 高齢者ケアをめぐる三〇年

日本では二〇〇〇年四月から介護保険制度がスタートした。施行後五年間の経験を踏まえて、二〇〇五年六月に法改正が行われ、〇六年四月から改正法が全面的に施行された。また、その後も、二〇〇八年、二〇一一年に改正が行われ、現在にいたっている。これに対して、隣国の韓国でも、盧武鉉《ノムヒョン》政権時代に介護保険（老人長期療養保険制度）の導入が決定し、二〇〇八年七月から施行された。ここで注意しておきたいのは、両国の人口の高齢化の違いである。日本は現在、六五歳以上人口比率が二〇パーセントを超えているが、韓国では二〇〇〇年にようやく七パーセントを超えたという段階である。

日本の高齢化率が七パーセントを超えたのは一九七〇年の国勢調査においてであるから、人口の高齢化という点で、日韓両国の間には三〇年のタイムラグがあることになる。日本の七〇年代を振り返ってみると、当時、介護保険の導入を考えていた人は研究者も含めて皆無であったに等しい（と思われる）。第一章で見たように、社会保障の専門家の間で介護保険に関する論文が書かれるようになるのは、八〇年代の半ば以降のことであり、ジャーナリズムが介護保険の可能性について取り上げるようになるのはさらに遅れる。政府の審議会や政治家が介護保険についての議論を始めるのも九〇年代になってからのことであり、介護保険法の成立は一九九七年まで待たなければならなかった。このように日本の場合は、六五歳以上人口が七パーセントを超えてから介護保険が開始されるまでに三〇年以上かかっているのだが、韓国の場合は七パーセントの段階ですでに介護保険の導入を決定しているわけであるから、高齢者ケアへの対応は、日本に比べると相当用意周到だということになる。これは大きな驚きであるが、それと同時に、日本では、高齢者ケアに関して、現在の段階に辿り着くまでに、かなりの試行錯誤と紆余曲折があったことが、いまさらながら思い起こされる。

六五歳以上人口比率七パーセントというのが国連の定めた高齢化社会の指標の一つであったことから、七〇年代の日本では、高齢化社会の到来を騒ぎ立てる論調が出現した。また「三人で一人を支える」だとか「二人で一人を支える」といった類の議論が現れ、ジャーナリズムは高齢化社会に対する不安をかき立てた。しかし人びとの間では漠然とした不安が広まったものの、まだ高齢化社会が到来したとの実感は乏しかった。当時は、高齢者ケアの問題よりは、年金や定年制などの経済的問題に対する関心の方が強かった。当時五五歳が一般的だった定年の年齢を六〇歳にまで延長することや、年金によって老後生活を営むことができるよう給付額を充実させることの方が、高齢化社会の課題だった。

ところが時間の経過とともに、高齢者の経済的扶養だけでなく、身体的なケアに関する問題が、しだいに人びとの注目を集めるようになってくる。そうしたなかで、一九七二年という非常に早い段階に登場した有吉佐和子の小説『恍惚の人』は、認知症の患者の存在を社会的に知らしめるうえで非常に大きな役割を果たした。いまでこそ認知症の高齢者が徘徊や見当識の障害といった症状を示すことは常識となっているが、それまで一般の人びとにとって、それらはまったくの未知の領域に属することがらだったのである。有吉の作品以後も、映画『花いちもんめ』（一九八五年）や、佐江衆一の小説『黄落』（一九九五年）などが登場して、高齢者ケアに関する問題が、当事者でない人びとにとっても身近な問題として認識されるようになった。この点は同じ社会福祉でも障害のある人のための福祉サービスとは異なるところである。こうして九〇年代末に介護保険法が成立するころまでには、人びとの間で高齢者ケアに関する問題の理解が深まり、その解決に向けた合意が形成された。

高齢者のケアに関する問題が語られるようになった当初は、やや自嘲的な意味や軽侮の念を込めて「寝たきり老人」や「ボケ老人」といった言葉が頻繁に用いられていた。また認知症が病気の一種であることを知っている人も少なかった。社会保障の専門家の間でさえ、九〇年代に入ってからも「ボケ老人」や「寝たきり老人」などという言葉が公然と使われていたのである。ところが、現在では、そのような状況は改善されている。

2 「福祉元年」から「福祉ビジョン」まで

高齢者のケアが社会問題として一般に認識されるようになるにつれて、公共政策の対応も変化した。しかしそれは試行錯誤の連続だった。

◯老人医療費の無料化から老人保健制度へ

最初の変化は、一九七三年のいわゆる「福祉元年」であった。このとき老人医療費が無料化され、高齢者医療へのアクセシビリティが著しく高まった。しかし「福祉元年」と前後して起こった石油ショックによって、それまでの高度経済成長が突然終わりを告げ、公共政策をめぐる言論のなかでは、社会保障費の抑制を図る主張がしだいに強くなってきた。このため導入されたばかりの老人医療費の無料化についても、ただちに「見直し」の対象となった。

その見直しの過程で「無料のため病気でもないのに医師のところに通っている」だとか「病院や診療所が老人サロンと化している」といった俗耳に受けやすい議論が盛んになされるようになったが、問題の本質はそのようなところにあったのではなかった。一方で、福祉サービスの供給側の事情があった。日本の場合、一九六一年の皆保険によって医療資源へのアクセシビリティは改善されていたが、福祉サービスについては、低所得者向けとの考え方が強く、高齢者ケアに必要な福祉サービスが十分に供給されてこなかった。他方、利用者の側の事情もあった。当時の日本はまだ、社会福祉の利用に関してスティグマ（心理的抵抗）が存在していたため、高齢者やその家族は社会福祉の利用に対して及び腰だった。これに対して医療の利用には、日本の場合、まったくスティグマが存在しなかったから（ヨーロッパの場合は、社会福祉施設ほどではないにしても、福祉国家の成立以前のホスピタルには救貧的な性格があり、その利用はスティグマをともなったが、日本の場合は入院することにともなうスティグマはなかった）、本当は医療というよりは福祉サービスを必要としている高齢者が、医療機関に殺到した。いわゆる「社会的入院」の原因の一端がここにあった。

老人医療費の無料化の「見直し」の結果、一九八二年には、老人保健法が成立して、導入から一〇年もたたずに高齢者の自己負担が復活した。その後は、旧厚生省の主導の下に小刻みな法改正が繰り返され、導入当初は小額の定額負担だったものが、最終的には、定率負担へと変化した（こうした最終目標に向かって小刻みな変化を積み重ねていく社会保障改革の手法は日本の官僚制に特徴的であり、たとえばイギリスでは、政権交代によって年金であれ医療であれ、ドラスティックに制度が変化することがあるが、それまでの日本では、そのような急激な改革はあまりなかった）[1]。

◯福祉サービスの普遍化とその限界

老人保健制度の成立は主として医療と保健に関するできごとであったが、社会福祉のあり方とも無関係でなかった。本来福祉サービスの利用がふさわしい高齢者に福祉サービスを利用してもらうためには、介護福祉サービスの供給を増やさなければならなかったからである。とくにこれまで顧みられることの少なかった在宅介護サービスの整備が課題だった。国は一九七六年度から「在宅老人福祉対策事業の実施及び推進」を図っていたが、七九年に出された全国社会福祉協議会の報告書（『在宅福祉サービスの戦略』）は、この動きにさらに拍車をかけた。

在宅福祉サービスの整備とともに、社会福祉の費用負担に関する考え方も変化した。それまでの社会福祉は、貧困や低所得の状態にある人のためのものと考えられ、その利用のさいの負担は無料か低額であった。このため一定の所得があると、いかに介護が必要であっても、介護福祉サービスは利用できないといった問題があった。しかし一九八〇年代に入ってからは、福祉サービスの普遍化の方向が打ち出され、利用者による応分の負担が導入されるとともに、利用のための所得制限が取り払われるようになった。その結果、一九八〇年代には、福祉サービスの利用者が拡大し、給付の改善も図られた。

日本の一九八〇年代は「増税なき財政再建」が国の方針だったため、社会保障費に対しては厳しい目が向けられがちだった。国民医療費や年金の給付費総額が自然増によって増加を続けていたものの、個人のレベルで年金や医療の給付条件が改善されることはなかった。これに対して、福祉サービスについては、ある程度の給付の改善が見られた。その意味では、八〇年代の社会福祉サービスは社会保障のなかでは例外扱いだったとも言える。

しかしこれには一定の留保が必要である。一般に高齢化率が上昇すると、社会保障給付費の対GDP比も増加することが知られているが、日本の八〇年代はこの一般法則の例外だったからである。一九八〇年の社会保障給付費の対国民所得比は一二・四一パーセントだったが、八九年のそれも一三・九三パーセントであり、ほとんど変化していない（図7-1参照。ただし、ここでの数値は対国民所得比で示されている。ちなみに、一九七〇年は五・七七パーセントだったのが、七九年には一二・〇六パーセントにまで増加していた）。したがって八〇年代における福祉サービスの普遍化も社会保障費の抑制という一般的な枠組みのなかでのことだっ

図7-1　老年（65歳以上）人口比率と社会保障給付費（対国民所得比）の国際比較

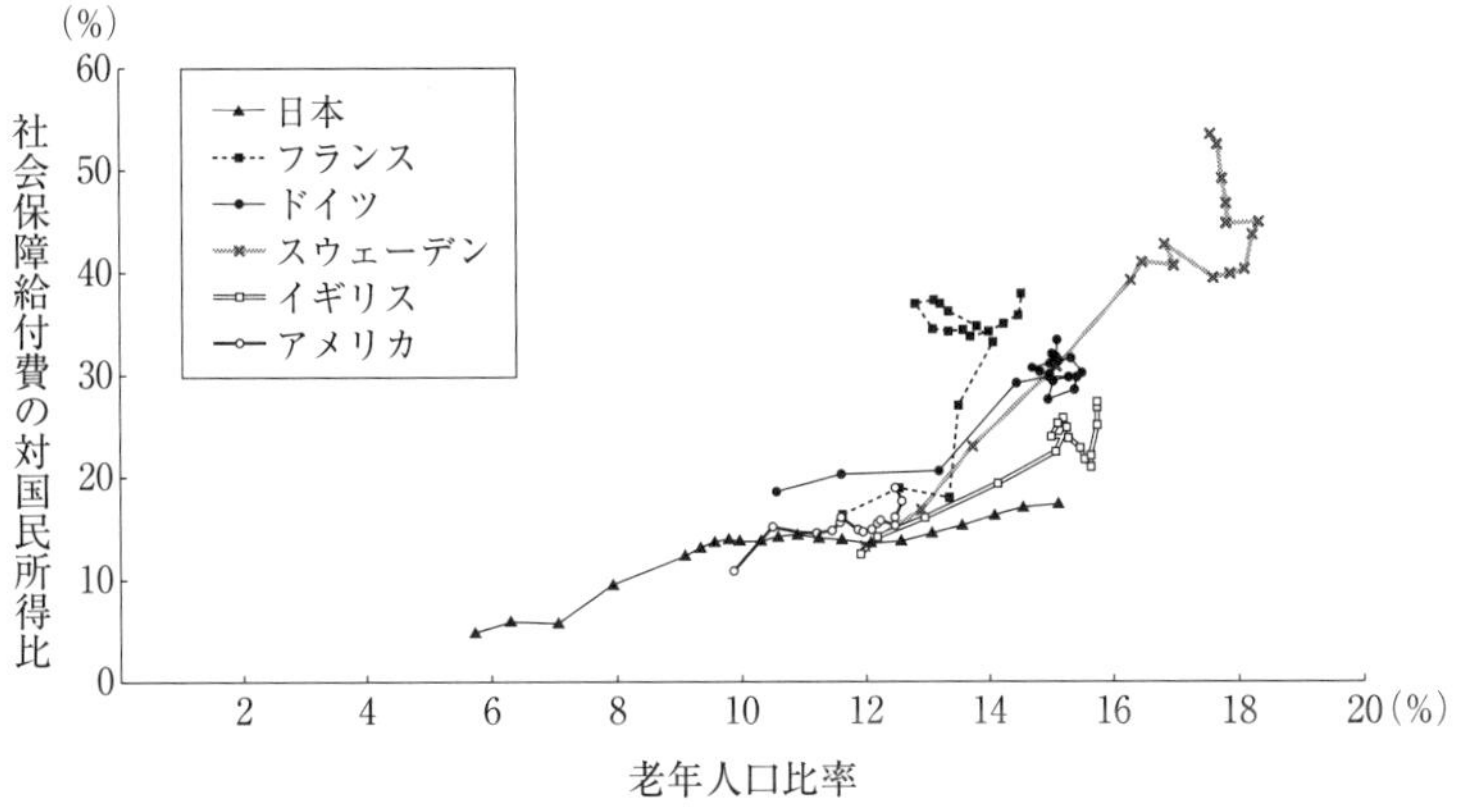

（注）　1960, 1965, 1970, 1975, 1980-1993年。ただし，日本については1997年が直近。
（出所）　国立社会保障・人口問題研究所のホームページ（《http://www.ipss.go.jp/ss-cost/j/kyuhuhi-h9/3/P5-8.html》2011/11/15）。

たのである。

とはいえ人口の高齢化は八〇年代においても着実に進んだ。このため国は一九八六年に「長寿社会対策大綱」を閣議決定し、八八年に「福祉ビジョン」（「長寿・福祉社会を実現するための施策の基本的考え方と目標について」）を国会に提出して、福祉サービスの拡大の方向を示した。しかし社会保障費の抑制が一般的な方針となっているなかでのことだったため、そこにはおのずと限界があった。「福祉ビジョン」は福祉サービスの数値目標を出した点で画期的だったが、その目標値は控えめだったと言わざるをえない。

3 「ゴールドプラン」から介護保険へ

転機は一九八九年一二月に訪れた。一九八九年四月に導入された消費税の見返りとして、いわゆる「ゴールドプラン」（「高齢者保健福祉推進一〇カ年戦略」）が策定された。ここでは、たとえばホームヘルパー数（常勤換算）の目標値は「福祉ビジョン」に比べて倍増しており、これまでの計画に比べると相当な「大盤振る舞い」だった。また、当時は、日米間の貿易摩擦のなかで日米構造協議が行われ、公共事業への支出増が米国政府から求められていたから、これも「ゴールドプラン」を策定するうえでの追い風となった。「ゴールドプラン」を実現して社会福祉資源の拡充を図るため、一九九〇年には、いわゆる「福祉八法の改正」が行われた。そこではいくつかの改革がなされたが、現在の日本の高齢者ケアに関する仕組みとの関係で重要なのは、施設福祉サービスと在宅福祉サービスの双方を市町村が一元化して提供できるように地方分権化したことと、「ゴールドプラン」の数値目標を具体化するために、老人保健福祉計画の策定を市町村と都道府県に義務づけたことであった。

老人保健福祉計画の義務化に関する条項は一九九三年から施行されることになっていたから、法改正後、全国の地方自治体はただちに計画の策定に取り組み、九三年度には多くの自治体が計画の策定を完了した。ところがそこで問題が一つ起きた。全国の自治体の計画の目標値を積み上げていくと、「ゴールドプラン」が定めていた国の目標値を大きく上回ってしまうのである。ホームヘルパー数の場合、ゴールドプランの目標値と各自治体の老人保健福祉計画の目標値の総計との間に七万人近い乖離があった。このため急遽、「ゴールドプラン」の改訂が始まり、一九九四年一二月、大蔵・厚生・自治の三大臣が「新ゴールドプラン」に合意した。この改訂によって、新旧ゴールドプランの総事業量は九兆円を上回る規模となった。

こうして一九九〇年代の日本では、八〇年代以上に社会福祉資源の拡充が行われた。旧来型の社会福祉施設である養護老人ホームの定員は変化しなかったが、要介護の高齢者を対象とした特別養護老人ホームの定員は一〇年間で倍近く、ホームヘルパーの人員も四倍以上に増加した（図7－2参照）。

図7-2　ゴールドプランによる介護サービスの拡大
(1990年を100としたときの指数)

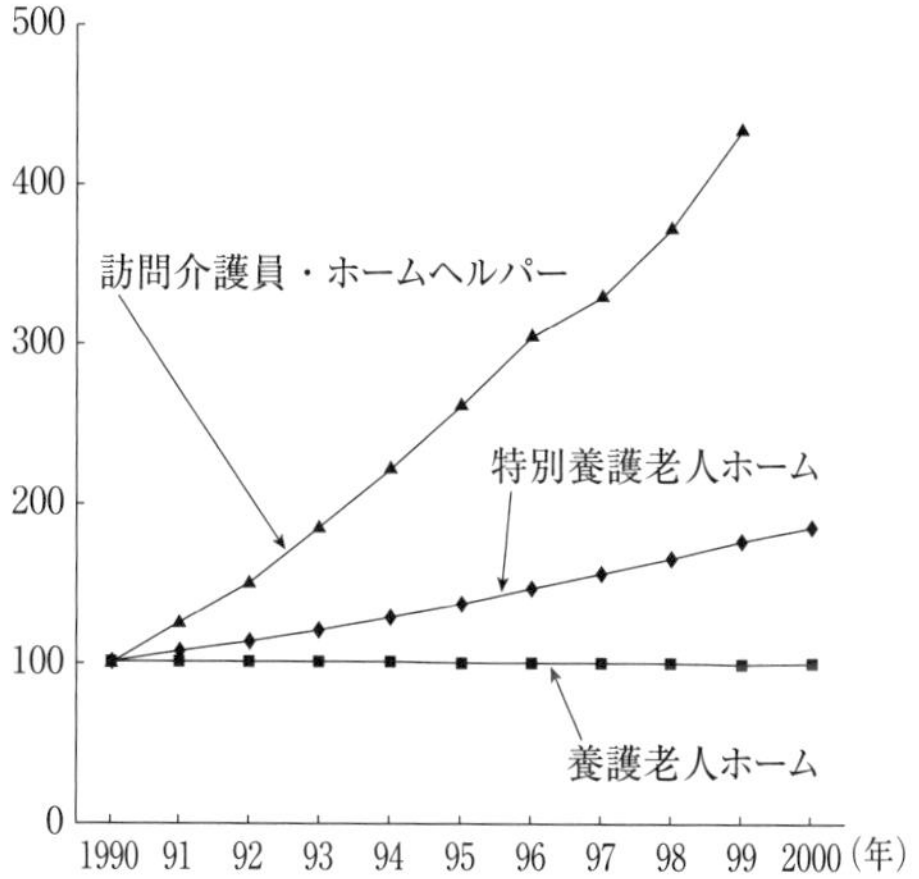

こうした高齢者ケアに関係する社会福祉資源の拡充を背景に、公的介護保険の導入がにわかに現実味を帯びるようになった。一九九四年九月に社会保障制度審議会の将来像委員会第二次報告が介護保険の導入を提言した。その後も、政府の研究会や委員会で介護保険の制度化を求める意見が相次いだ（九四年一二月の「高齢者介護・自立支援システム研究会報告」、九五年七月の「社会保障制度審議会勧告」など）。そして一九九七年一二月には国会で介護保険法が成立し、二〇〇〇年四月から施行された。

4　介護保険以後

地域福祉の主流化

介護保険制度が施行された二〇〇〇年は、それまでの社会福祉事業法が大改正されて名称変更を行い、新たに社会福祉法として成立した年でもある。社会福祉事業法は一九五一年に成立してから約半世紀の間、日

表7－1　社会福祉法における地域福祉の法定化

・地域福祉の推進が同法の目的となる（1条）。 ・地域住民や社会福祉関係者は「地域福祉の推進に努めなければならな」くなった（4条）。 ・「地域福祉の推進」という章が設定された（10章）。 ・社会福祉協議会が「地域福祉の推進を図ることを目的とする団体」と規定された（109条～111条）。 ・共同募金の目的に「その区域内における地域福祉の推進を図るため」との規定が加わった（112条）。 ・市町村地域福祉計画に関する条文が加わる（107条）。 ・都道府県地域福祉支援計画に関する条文が加わる（108条）。

本の社会福祉制度の枠組みを形づくってきた法律であり、二〇〇〇年の改正はこの枠組みが大きく変化したことを意味する。日本の高齢者ケア政策は、この改正によって、上述の介護保険の枠組みに加えて、社会福祉法の考え方の影響も受けるようになった。

社会福祉法は、一九九〇年代に「社会福祉基礎構造改革」と呼ばれた改革の集大成としての意味をもっている。この改革の一つのポイントは「措置から契約へ」というスローガンとして掲げられたものである。これによって、それまで行政機関による措置として提供されてきた福祉サービスが、利用者と事業者との間の契約に基づいて提供されるものへとその性格が変化した。これはよく語られた点であるが、重要なポイントがもう一つある。それは「地域福祉の推進」である（表7－1参照）。

表7－1に、社会福祉法のなかの地域福祉に関する条文をまとめてあるが、要するに、①社会福祉イコール「地域福祉の推進」となったこと、②社会福祉協議会が「地域福祉を推進するための団体」と再定義されたこと、③地域福祉を推進するため市町村が「地域福祉計画」を、都道府県が「地域福祉支援計画」を策定するようになったこと、などが主な変更点である。これまでの社会福祉に関する法律のなかでは、「地域福祉」という言葉が用いられていなかったが、二〇〇〇年の社会福祉法のなかでこ

のように多用されるようになったということは、社会福祉の世界における一つの重要な転換が生じたということであり、地域福祉という考え方が社会福祉の世界で主流化してきたことを意味する（武川［二〇〇六a］）。

このような地域福祉の主流化が生じた背景には、日本の地域社会の変化がある。高齢化社会となる前の日本では、人口問題といえば急激な工業化にともなう急速な人口移動のことであり、地域で問題となるのは急速な人口移動に付随して生じた過密過疎や共同体の解体であった。したがって地域政策の課題も学校や公民館の建設をはじめとする「コミュニティ形成」だった。ところがポスト工業化や高齢化は、八〇年代から九〇年代にかけて、地域の社会問題の質を変えた。大規模な人口移動は一段落し、定住化の傾向が進んだ。そして何よりも高齢者のケアの問題が浮上してきて、人びとが地域社会で生活を続けていくためには地域医療や地域福祉が不可欠の存在となった。とくに高齢化率の高い中山間地の地域でこのことが当てはまる。かつては地域における公共施設といえば、学校、公民館、体育館などの教育施設が目立った。ところが現在では、病院、老人保健施設、特別養護老人ホーム、デイケアセンターなどの保健医療施設や社会福祉施設がその存在感を示すようになっている。このような地域社会の変化によって、現在では、地域福祉と地域医療なしに（とくに中山間地では）そもそも地域社会が成り立たないといった状況が生まれた。地域福祉は単に社会福祉だけの問題ではなくて、地域社会そのものの存亡に関する問題となっているのである。

◯ポスト・ゴールドプランの時代の高齢者ケア

このように人口の高齢化は地域に密着した医療や福祉の役割を高めた。しかし、この点は福祉サービスに対して、より強く当てはまる。というのは医療サービスの内容は普遍的であるのに対して、福祉サービスの内容は個別的であるからである。同じ病気の患者は、北海道で暮らしていようが沖縄で暮らしていようが、必要とする治療は同じであろう。ところが人びとが必要とする福祉サービスは人びとの生活スタイルに依存するところがあるから、求められる福祉サービスは地域によって異なってくる。日本のなかには雪かきが必要な地域もあるし、必要でない地域もある。入浴サービスが不可欠な地域もあるし、それほど必要としていない地域もある。二一世紀初頭の現在は、これまでのような全国一律の社会福祉ではなくて、地域特性に応じた福祉サービスが必要となっているのである。

新旧ゴールドプランの時代は、国がリーダーシップを発揮して、社会福祉資源の拡充に努めた。その結果、一定の成果を上げることができた。そして、これによって介護保険を導入することが可能となった。こうした九〇年代の社会福祉資源の拡充なしに介護保険が導入されれば、「保険あって介護なし」といった状況が生まれていたに違いない。その意味では、日本の高齢者ケア政策を考えるうえで、一九九〇年代において新旧のゴールドプランの果たした役割は正当に評価されるべきである。

しかし現在はその次の段階である。第一に、九〇年代のような国が補助金を用いて社会福祉の充実を図る時代はもはや過ぎ去った。地方分権化が進むなかで、補助金先行の思考法は改めなければならなくなっている。第二に、全国一律の社会福祉はもはや終わりを遂げ、地域に密着した福祉サービスを展開しなければならない時代となっている（介護保険の二〇〇五年の改革のなかでもこうした考え方が取り入れられた）。それと同時に高齢者ケアにおいて地域社会が果たすべき役割が以前にも増して重要となっている。第三に、施設や人材などの福祉資源の拡充ということ以上に、一九九〇年代に蓄積された資源をいかに活用していくかといったことの方が、ただちに解決すべき課題となっている。こうしたポスト・ゴールドプランとも呼べる時代のなかで、これからの日本の高齢者ケア政策は、介護保険と地域福祉を車の両輪として進めていかなければならない。

(二〇〇六年六月)

注

(1) 子ども手当(の普遍主義)は、二〇〇九年の政権交代によって導入されたものであり、従来の制度改正のパターンとは異なる性格をもっていた。しかし二〇一〇年の参議院選挙によって政権基盤が脆弱となったため、旧制度(選別主義)が復活した。家族手当という意味では児童手当も子ども手当も同じであるが、普遍主義か選別主義かという点では決定的に異なる。

追記

介護保険も施行から一〇年以上経過し、もはや発足時のような熱気を帯びた支持は失われたかのようである。現在では、制度の持続可能性について疑いを挟む向きもある。その一番の理由は、制度の利用者数が発足時の見込みを大きく上回ったことにある。これは、必要なサービス量を見誤ったために生じたことでもあるが、九〇年代以前では、介護サービスが必要であっても、その利用を望まない人もいたので、この誤算はある意味でやむをえなかった。新しい制度を目にして利用してみたいと考えを変えた人もいるだろうし、福祉サービスの利用に抵抗のない新しい考えの高齢者が増えたということもあるだろう。

現在、二〇〇〇年当初に比べて介護保険に後退の印象があるとしても、八〇年代に比べれば、日本の高齢者ケアをめぐる状況が改善されていることは間違いないと思う。とくに八〇年代の特別養護老人ホームや養護老人ホームの姿を記憶している人は、そう感じるに違いない。

本章のなかで述べた高齢者ケアと地域福祉とのつながりについては、二〇〇〇年代の前半には、やや熟《こな》れない表現で社会福祉学者から「地域トータルケアシステム」として提案されていたが、現在では、それが「地域包括ケア」「地域包括支援」として制度化されている。ここでは在宅・通所・施設といった区分が、かつてのようには決定的でなくなっている。

本章の初出以後に、もう一つ付け加えるべき点があるとすれば、それは、介護保険の東アジア諸国への伝播である。本文中で述べたように、韓国では二〇〇八年から介護保険が施行されているが、台湾でも介護保険の導入が決定している。中国でも、すでに一部の都市で介護保険が試行されているという（北京市社会科学院での聞き取り調査による）。いずれも、日本で二〇年から三〇年かかったことが、これらの国では一〇年前後で実施されているということであり、社会政策の領域における後発効果の例を示しているように思われる。

第8章

年金社会学の構想

――社会政策における信頼

二〇〇四年に行われた日本の年金改革について、日本国内では経済学者を中心に年金財政の観点からの議論が盛んに行われた（駒村［二〇〇三］、権丈［二〇〇四］ほか）。もちろん財政の均衡は重要であるが、社会学者の立場から見てさらに重要なことは、公的年金制度の正当性（Legitimität）をめぐる問題である。また公的年金は、家族をはじめとする他の社会構造と密接な関連をもっているから、これらとの関連も社会学者にとっての関心の的である。本章は、二〇〇四年の年金改革について、社会学の観点から検討を加えることをめざしている。

このため本章では、最初に、年金社会学の視点の確立を試みる（第一節）。次に、この視点に立脚して、日本の公的年金制度の歴史について概観する（第二節）。そのうえで日本社会の変動によって二〇〇四年の改革が必要となった背景を分析する（第三節）。そして最後に、二〇〇四年の改革によってどのような改革が試みられ、何が実現され、何が課題として残されているか、といった点について考察する（第四節）。

1　年金社会学とは何か

公的年金に対するこれまでの社会科学的な研究は、主として、法律学者と経済学者によるものが中心だった。法律学者は、日本国憲法や国際条約との関係で社会保障の目的や理念について論じ、基本的人権との関係で社会保障の権利やその保護・救済などについて論じる（社会保障法学会編［二〇〇一］）。これに対して、経済学者が関心を抱くのは、公的年金が経済に及ぼす影響（貯蓄率、勤労意欲など）や、年金制度自体の財政問題である。

法律学や経済学などの伝統的アプローチに対して、近年、注目を集めているのが新制度派政治学者たちによる分析である（新川／ボノーリ［二〇〇四］）。そこでは「年金政治学」（pension politics）という言葉も使われている。新制度派の政治学者は政治的アクターの制度環境を重視し、年金改革における「経路依存性」（過去の政策からの制約）と「拒否点構造」（現在の政治勢力からの制約）を強調する。年金政策が経済的合理性には還元できないことを示している点で、年金政治学の研究成果は重要である。

これらに対して、本章では、年金社会学の確立を試みる。しかし、公的年金に関する社会学的な研究はこれまでほとんど行われてこなかったため、年金社会学はまったくの白紙状態から出発しなければならない。とはいえ社会学に固有な方法が、対象と社会構造との相互連関の分析にあることは間違いないから、年金社会学の方法も、公的年金を福祉国家（ないし福祉レジーム）のコンテクストのなかに置いて分析をすることのうちにあると思われる。

❍福祉国家のコンテクスト

公的年金を福祉国家のコンテクストのなかに置くとは、どのようなことを意味するだろうか。この問いに答えるために、まず、福祉国家とは何かということについて一定の答えを出す必要がある。この問いは次の二つに分けて考えることができる。

Ⅰ　福祉国家そのものがどのような制度から成り立っているか

Ⅱ　福祉国家を取り囲む環境はどのようなものから成り立っているか

このうちⅠに対する答えは、第五章で述べたように、これまでの社会科学者の福祉国家に関する概念を整理することによって明らかとなる。この作業の結果から、福祉国家の従来の用語法には次の三つ（一つの規範概念と二つの分析概念）があり、それぞれが福祉国家の三つの側面に対応していることが判明する（武川［二〇〇五］［二〇〇六b］）。

①国家目標としての福祉国家（福祉国家の規範概念）

②給付国家としての福祉国家（福祉国家の分析概念）

③規制国家としての福祉国家（福祉国家の分析概念）

これらのうち、①が福祉国家の目的を表しているのに対して、②と③はこれらを実現するための手段を表している。

福祉国家が目的として掲げるべき価値と規範について、アプリオリに設定することはむずかしい。しかし現存する福祉国家の諸制度が、暗黙のうちにどのような価値と規範を前提としているか、ということを経験的に明らかにすることはできるだろう。現に存在する諸制度から出発して、下向法（マルクス）によって辿り着くことができるのは、「連帯」(solidarity) と「承認」(recognition) といった二つの価値である(武川［二〇〇〇］［二〇〇七a］)。

福祉国家の手段である②と③については、パーソンズとニール・スメルサー (Parsons and Smelser［1956］) の用語法を借用して、福祉国家によるサンクションと言い換えることができるかもしれない。②が報酬をともなう「ポジティブ・サンクション」であるのに対して、③は懲罰をともなう「ネガティブ・サンクション」である。彼らの分析図式では、サンクションについてはパフォーマンスが対応するが、福祉国家のパフォーマンスとして何に着目すべきか、という点については後述する。

これら福祉国家の三つの諸側面は、それぞれ次の三つの経験的研究の領域を主題化する。

①′福祉国家をめぐる福祉政治

②′福祉国家の再分配構造

③′福祉国家の規制活動

福祉政治は国家目標が現実に争われる場であり、当該社会のイデオロギーや権力の布置連関(新制度学派の拒否点構造もその一部を成す) を分析することによって明らかになる。②′と③′には、現実に存在する福祉国家の社会政策が対応する。

生産と再生産

他方、上述のⅡの問いに対する答えは、歴史貫通的な抽象的水準で言えば、

A　社会における生産の領域

B　社会における再生産の領域

の二つである。歴史的存在としての福祉国家にとってのAは資本制である。この点は、従来の研究で、福祉国家が「資本主義の最後の段階」（Strachey［1956］）、「福祉－民主－資本主義」（Marshall［1972］）、「資本制の危機管理システム」（Offe［1984］）、「福祉資本主義」（Esping-Andersen［1990］）、等々と特徴づけられてきたことから贅言を要しない。また、Bに対応するのは家父長制である。福祉国家と家父長制との関連の発見は、資本制との関連に比べると遅れた。しかしフェミニストの問題提起によって、この面での研究も近年急速に進んでいる（Wilson［1983］、大沢［一九九三］、Sainsbury［1994］、Esping-Andersen［1999］、Sainsbury ed.［1999］、深澤［二〇〇三］、大沢編［二〇〇四］、大沢［二〇〇四ａｂ］）。

　これら二つの環境に対して、福祉国家はどのような効果をもつだろうか。資本制に対する福祉国家のアウトプットは商品化と脱商品化である[1]。資本制が労働力の商品化によって成り立っていることを考えれば（宇野［一九五四］、Polanyi［1957］）、福祉国家による脱商品化は資本制にとって最も喫緊な点である。他方、家父長制に対する福祉国家のアウトプットはジェンダー化と脱ジェンダー化である。福祉国家は給付的手段と規制的手段を用いながら、社会のジェンダー関係を強化したり弱めたりしている。

　したがって環境との関係で見た福祉国家のパフォーマンスは、商品化／脱商品化とジェンダー化／脱ジェンダー化ということになる。福祉国家は正負のサンクションをつうじて、これら二つの効果をもたらしている。年金社会学の問いの一つは、公的年金が商品化／脱商品化とジェンダー化／脱ジェンダー化に対して、どのような役割を果たしているかということである。

◗システムと生活世界

資本制と家父長制は、全体社会のなかで見れば、部分システムであるにすぎない。これら二つのパフォーマンスを観察するだけでは年金社会学としては不十分である。ここで浮上してくるのが、資本制・家父長制よりもさらに一般的な水準にある「システム」と「生活世界」という概念である。前者は社会システム論に淵源をもち、後者は現象学的社会学に淵源をもつ。福祉国家の「システム」に対するパフォーマンスが「システム統合」であり、「生活世界」に対するパフォーマンスが「社会統合」である（Lockwood [1964]）。年金社会学のもう一つの問いは、公的年金がシステム統合と社会統合に対して、どのような効果を生んでいるかということである。

以上の論点を整理して、比較福祉国家研究の分析枠組みをまとめると、第五章で示したように、表5-1のようになるだろう。公的年金はこの表のなかの再分配構造の一部を成す制度であり、公的年金を福祉国家のコンテクストのなかに置いて分析するということは、公的年金を図中の他の諸項目との関連のなかで分析することを意味する。

ところで福祉国家は、資本制と家父長制という環境に対して、商品化／脱商品化とジェンダー化／脱ジェンダー化といったアウトプットを送り出しているだけではない。生産と再生産の領域における諸社会構造から種々のインプットを受け取っている。家族・親族、労働市場、労使関係、企業統治、等々の形態によって、福祉国家の形態も変化する。これらの諸構造をここでは「福祉国家の下部構造」と呼ぶことにする。福祉国家は社会的真空のなかに存在するのではなく、これらの下部構造によって支えられている（第五章の図5-1を参照）。年金社会学の分析は、公的年金とその下部構造との間の相互連関にも及ばなければばならない。

年金社会学の視点

以上を要約すると、年金社会学の固有の視点は次の三つを主題化するところにあると言える。

(1)福祉国家のなかの公的年金
(2)公的年金の下部構造
(3)公的年金のパフォーマンス

このうち公的年金のパフォーマンスについては

①(全体社会に対して) 社会統合/システム統合
②(資本制に対して) 商品化/脱商品化
③(家父長制に対して) ジェンダー化/脱ジェンダー化

に分節化して考えることができる。

暫定的な素描にすぎないが、年金社会学の視点を確立することができた。次に、二〇〇四年の改革にいたる日本の年金制度の歴史を見ていこう。

2　日本の福祉国家形成と公的年金

◯皆年金への道――プロト福祉国家の時代

日本で国民皆年金の体制が成立したのは一九六一年のことである。しかし近代的な年金制度の端緒は一八七五年にまで遡る。一八七五年に海軍の軍人に対して恩給制度が導入された後、翌七六年には陸軍軍人が、八四年には官吏恩給令が出されて、文官も恩給の対象となった。そしてこれらが一九二三年に恩給法としてまとめられ、現在にいたっている。

非政府部門において最初に公的年金が導入されたのは一九三九年の船員保険である（施行は一九四〇年）。さらに一九四一年には、労働者年金保険法が、男子のブルーカラー労働者（工場法の適用を受ける一〇人以上の事業所）を被保険者として成立した。労働者年金は、一九四四年に女性およびホワイトカラー労働者にまでその適用が拡大され、法律の名称も厚生年金保険法に変わった。しかしこの厚生年金は、戦後の驚異的なインフレーションのため、社会保障としての役割を十分に果たすことができなかった。

一九五四年、厚生年金保険法が全面改正され、日本の公的年金は再出発した。現在の公的年金の歴史は事実上この時点から始まると言ってもよい。一九四一年の労働者年金および四四年の厚生年金は完全積立方式であったが、五四年の新法では、当初の保険料負担を軽減するため、保険料率を据え置き、その後、五年ごとに引き上げていくという、いわゆる「修正積立方式」が採用された。この方式は厳格に実施されれば財政上の問題は発生しない。しかし現実政治のなかで、この方式を完全に実施することはできなかっ

た。(2)

その後、一九五九年に国民年金保険法が公布され、六一年から全面施行された。これによって自営業者も公的年金の適用対象に加えられ、国民皆年金が成立した。この時期は、高度経済成長によって、戦前の階級社会は、中流意識をもった大規模な新中間階層から成り立つ社会へと転換を遂げた。皆年金は、皆保険とともに、このような社会変動に対する社会政策の適応の結果である(武川[一九九九b]一七八―二〇七頁)。

◐一九七三年の改革――日本の福祉国家形成

日本の公的年金の歴史のなかでは、一九七三年(「福祉元年」)が六一年(「皆保険皆年金」)と並んで、あるいは、それ以上に重要な年である。

第一に、物価スライドや標準報酬の再評価の制度が導入された。従来は、年金額の引き上げを行う場合には、その都度、法改正によらなければならなかったが、これらの制度の導入によって、年金額は、物価や所得の変動に応じて自動的に調整されるようになった。その分だけ、年金が政治問題化される可能性が減った。国民も増税に対しては敏感だったが、社会保険料の引き上げに対してはそれほど関心を示さなかった。

第二に、年金の制度設計の方法が変わった。従来の制度の下では、「一万円年金」「二万円年金」「五万円年金」という形で、年金の絶対額が問題とされた。これに対して、新しい制度では「モデル年金」という考え方が採用され、平均標準報酬の一定割合を給付することを目標に保険料率が設定されることになった。ひとたび「モデル年金」が設定されると、所得代替率の変更は政治問題となるが、それ以外の変更は脱政治化される。

第三に、一九七三年という年は、日本では「福祉元年」と呼ばれ、公的年金だけでなく、医療保険においても大幅な給付の改善が行われた年である。医療保険の給付率が引き上げられただけでなく、老人医療費も無料化された。日本の社会給付費の対国民所得比は、このとき以降、急速に上昇する。福祉国家の確立を社会支出のGDPに対する比率によって定義するならば、日本で福祉国家が形成されたのは、一九六一年ではなくて、七三年だった。

一九七三年の改革が要請された背景には、高度経済成長の矛盾（社会的不均衡や地域間の不均等発展）が集積された結果として、社会統合やシステム統合が危機に瀕していたといった事情がある。一九七〇年前後には、「五五年体制」が崩壊するかもしれないという政治危機の症候が出現した。国会の議席が「保革伯仲」し、地方では革新自治体が多数成立していた。

他方、社会保障の大幅な給付改善が可能だったのは、この年がちょうど高度経済成長の最後の年だったからである。一九七三年は第一次石油ショックの年であり、日本の高度成長はここで突然終わり、以後、低成長の時代に入る。この改革が一年遅かったら、「福祉元年」がこのときと同じような形で実施されていたかどうかは疑問である。また日本の福祉国家の姿が現在のような形になったかどうかも危うい。

ぎりぎりのタイミングで、日本は一九七三年に福祉国家化することになるが、七三年はスタグフレーションという世界的な経済危機の時代の始まりであった。このため公的年金の拡大を続けることは困難となった。一九七三年の改革は、日本における最後で最大の公的年金の拡大であった。そして一九八〇年代以降は一貫して公的年金の抑制の傾向が続いて今日に及んでいる。

一九八五年の改革——福祉国家形成と福祉国家危機

一九七三年の次に実施された重要な公的年金の改革は八五年の改革である。このときの主な変更点は、①基礎年金の導入、②女性の年金権の確立、③障害年金の充実、④給付水準の「合理化」「適正化」である。

それまで被用者を対象とした厚生年金や共済年金は所得比例部分と定額部分から成る二階建てであり、自営業者を対象とした国民年金はフラットレートの一階建てであった（ただし、保険料の納付実績に比例して年金の給付額が決まる）。このうち自営業者の国民年金と被用者年金の定額部分を同一の計算式で算出することにし、これが「基礎年金」と呼ばれることになった。それまで職域別に組織されていた日本の公的年金は、職域横断的に共通の部分をもつようになり、その意味でこの改革は「一元化」への第一歩であった。

日本の社会保障は男性稼ぎ主モデルに立脚して設計され、被用者の妻は夫の年金によって老後生活を送ることが前提とされていたため、当初の国民年金は被用者の妻を任意加入とした（その意味で厳密には皆年金ではなかった）。被用者の無業の妻で年金制度に未加入の女性は、当時、約五〇〇万人おり、彼女たちは、将来、無年金者になる可能性があった。そこで彼女たちを国民年金へ強制加入させて、女性の年金権を確立した。世帯単位の制度から個人単位の制度へと変化したという意味で、「個人化」への一歩であった。

しかし、この「女性の年金権の確立」は新たな問題を生んだ。被用者の無業の妻は国民年金の第三号被保険者となり、基礎年金を受給することができるようになったが、その保険料は夫が支払っていると見なされ、個人としては支払うことがなかったからである。一九八五年の当時、このことはあまり問題とならなかったが、共働き世帯や単身世帯が増加するにつれて、これらの世帯の間で、専業主婦は国民年金のフリーライダーではないかといった不満が募るようになった。また被用者の妻の保険料や給付は被用者の保険料によってまかなわれ、自営業者が負担しているわけではないが（駒村［二〇〇三］）、同じく専業主婦であっても自営業者の妻は保険料を払わなければならず、被用者の妻は払わなくてもよいことから、自営業者の間で感情的な反発が生まれた。これらの問題が、二〇〇四年の年金改革のなかでも「第三号被保険者問題」として浮上した。

障害のある人の所得保障に関しては、障害基礎年金が導入され、給付が充実した。ただし二〇歳未満で障害のある人は障害基礎年金を満額受け取れることになったのに対し、二〇歳以上の国民年金未加入者（たとえば学生は任意加入だった）が障害をもつようになった場合には、障害基礎年金を受け取ることができず、このことが後に問題となった[3]。

以上の三点は、日本の福祉国家形成における前進点である。これに対して、給付水準の「合理化」「適正化」は抑制のための政策である。政府は年金額を決定する公式を変更して給付水準を引き下げた。その他一連の措置によって、モデル年金の所得代替率は八三パーセントから六九パーセントに引き下げられた。これは年金の成熟にともなって加入期間が延びたための「適正化」であると説明されたが、年金支出の抑制策であることは間違いない。

一九八五年の改革は、①誰もが反対できないような制度改正、②部分的な拡大、③全面的な抑制といった三つの点によって特徴づけられる。このような「飴と鞭」の抱き合わせによる改革は、その後の日本の年金改革のなかで一貫して保たれてきたが、それはこの一九八五年の改革によって始まったものである（ただし、飴の部分はしだいに小さくなってきた）。こうした改革方式は、福祉国家の形成と危機が同時進行するという日本の福祉国家の特徴に由来する。一方で国内的な社会変動の要因から「福祉国家形成」を図る必要がたえず生まれるが、他方で国際環境に由来する「福祉国家危機」のために、そうした企てがたえず挫折に追い込まれるといった構図である（武川［一九九九a］五章）。

◯一九九〇年代の改革──再商品化と脱ジェンダー化

一九九〇年代に入ると、出生率が予想以上に低下したため、年金財政の均衡を図るための制度変更が不可避となった。

一九九四年は、抑制のための政策がいくつか採用された。たとえば、①被用者年金の定額部分の支給開始年齢を二〇〇一年から段階的に六五歳まで引き上げていくことになった。②従来は定年退職したさいに雇用保険の給付金と年金の双方を受け取ることができたが、これが減額調整されることになった（年金と雇用保険の併給調整）。③年金額を決定するさいに行われる過去の賃金の再評価を従来は名目賃金の上昇率にスライドさせていたのを、可処分所得（名目賃金の上昇から税や社会保険料の負担を控除）にスライドさせることになった（ネット所得スライド方式）。

一九九九年にも重要な改革が行われた（ただし法律の成立は二〇〇〇年であるため、「二〇〇〇年の改革」とも呼ばれる）。この改革では、保険料率をボーナスを含む年収の二〇パーセント程度（月収の二六パーセント程度）に収め、支出総額を二割程度抑え込むことをめざした。その結果、以下のような制度変更が行われた。

①被用者年金の報酬比例部分の支給開始年齢を六五歳に段階的に引き上げる。
②被用者年金の報酬比例部分の給付水準を五パーセント引き下げる。
③一九七三年の改革のときに導入された賃金スライドの停止。
④六〇歳から六四歳までの人びとに適用されていた在職老齢年金（有職の年金受給者に対しては給付が減額される仕組み）の制度を六五歳から六九歳の人びとに対しても適用する。
⑤保険料の半額免除制度の導入。
⑥学生納付特例制度の拡充。
⑦育児休業期間中の保険料の事業主負担分の免除。本人負担分はすでに九五年から免除されていた。年金額の算定のさい、免除期間は保険料を支払ったものと見なされる。
⑧総報酬制の導入。保険料徴収のベースが月収からボーナスを含む年収となった。従来もボーナスから一パーセントの特別保険料が徴収されていたが、これは年金額に反映されていなかった。総報酬制の導入によって、月収・ボーナスともに同一の保険料率が課され、かつ、その納付が年金給付のなかに反映されるようになった。

一九九九年の年金改革の内容もまた、八五年のときと同様に「飴と鞭」を抱き合わせにしたものである。政府の当初案ではさらに広範囲な抑制策を含んでいたが、その一部は景気回復を優先させるために見送りになった。しかし改革の基本は給付削減と負担増加という「鞭」であった。とはいえ育児休業の優遇といった「飴」の部分も含まれていた。全般的な再商品化と部分的な脱ジェンダー化がこの改革の特徴である。

一九九九年の改革による抑制措置にもかかわらず、二〇〇二年五月、新人口推計に基づく厚生年金財政の見通しが発表され、さらに保険料の引き上げが不可避であることが明らかとなった。また二〇〇一年度には厚生年金の財政が赤字となった。ここから二〇〇四年の改革が始まる。その内容を検討する前に、日本の公的年金制度を支えてきた下部構造とその変化について見ておこう。

3　公的年金の下部構造の変化と危機

◯公的年金の下部構造

年金社会学の視点からすると、公的年金の下部構造は生産領域における各国の資本制を構成する諸構造と、再生産の領域における各国の家父長制を構成する諸構造である。これらは公的年金に限らず、各種の社会政策にとっての下部構造でもある。公的年金の場合には、これらに加えて人口構成にも着目する必要があるだろう。公的年金は、基本的には、若年世代から高齢世代に対する所得移転のメカニズムであるから、生産年齢人口に対する高齢人口の割合が重要な意味をもつ。賦課方式の年金の場合には、この点に疑問の余地がないが、積立方式の年金の場合であっても事情は変わらない。実物経済の観点からすれば、高齢世代の生活が若年世代の生産活動に依存していることに変わりがないからである。若いときに生産したものを自分が年をとるまで倉庫に貯蔵しておくのでない限り、高齢の世代は若い世代の生産物を消費することになる。

もちろん人口構成だけで年金のあり方が決まるわけではない。生産性はもう一つの重要な要素であり、人口の高齢化を相殺するような経済成長があれば年金財政が影響を受けることは少ない。しかし他の事情

ピラミッドの推移

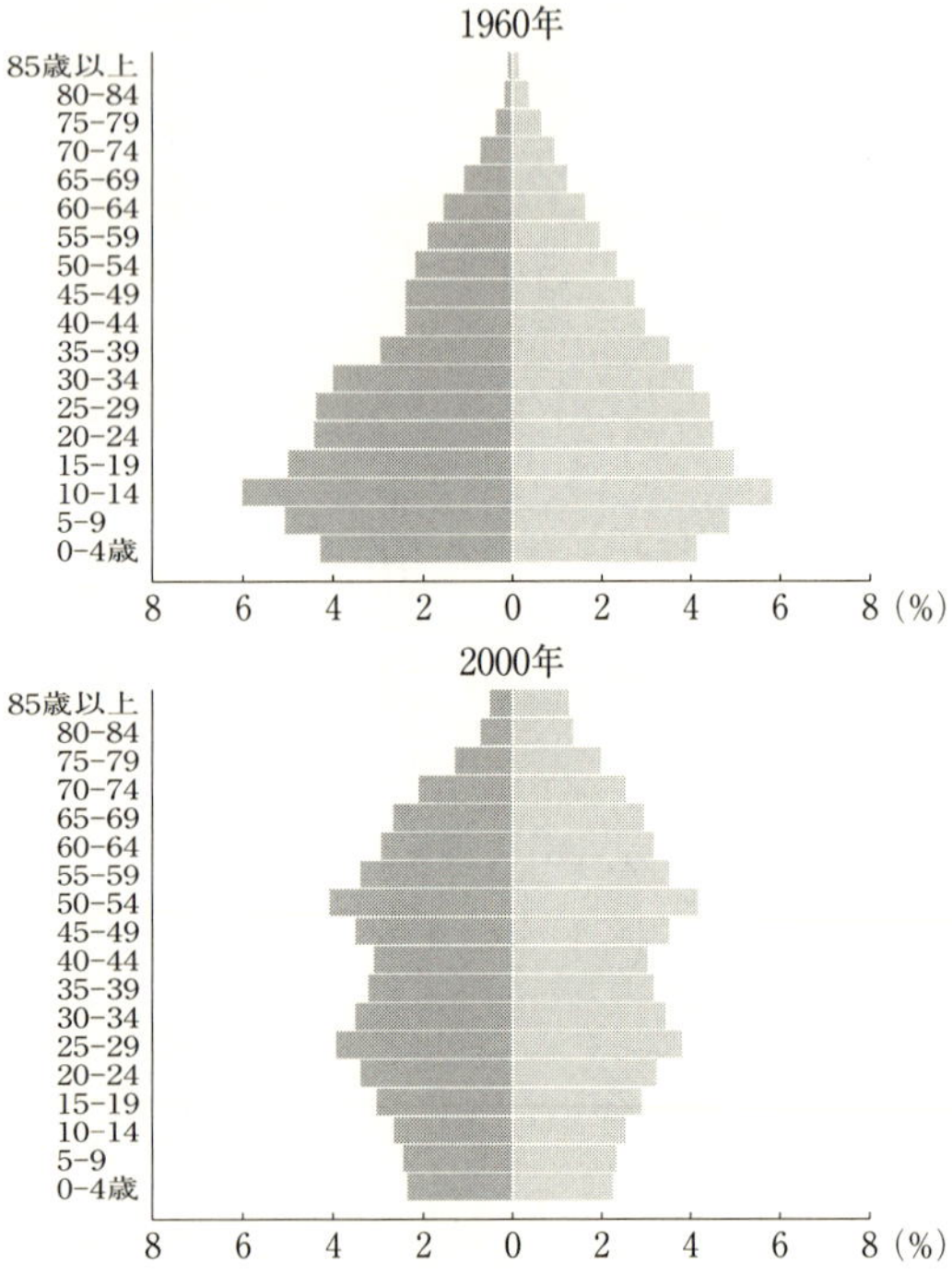

go.jp/info/guide/panflet/05.htm》2004/12/6)。

が同じであれば、人口構成は年金財政に対して決定的に重要な影響を及ぼす。

　人口構成は生産領域や再生産領域と並ぶ第三の領域ではない。人口構成はこれら二つの領域の、とりわけ後者の関数であるにすぎない。しかし公的年金の問題を考える場合には、これを特別に取り上げた方が便利である。したがって、ここでは便宜的な理由から、公的年金を支える下部構造として、次の三つを取り上げることにする。

①人口構成
②生産領域
③再生産領域

図８－１　日本の人口

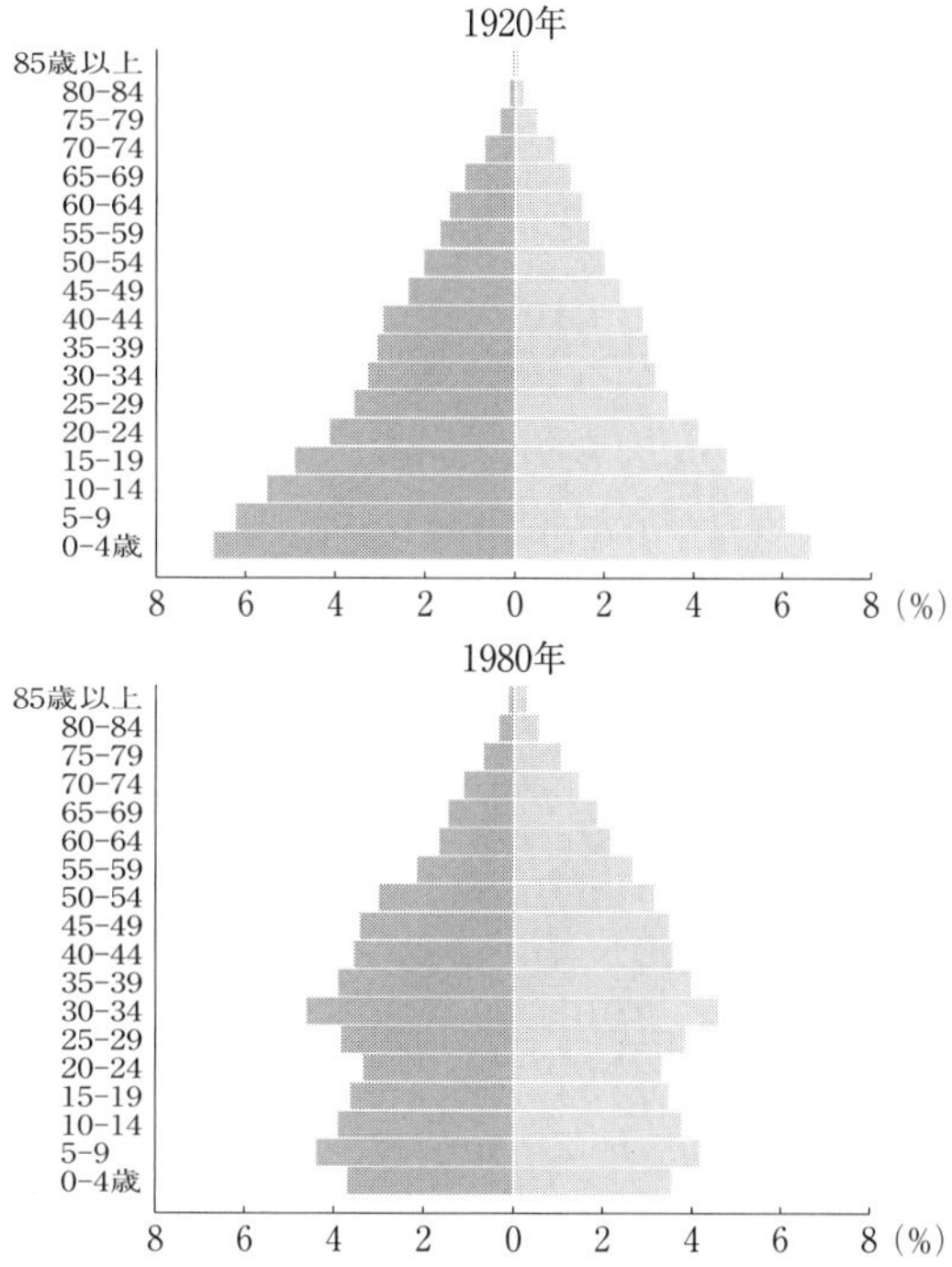

（出所）　総務省のホームページ（《http://www.stat.

前節で述べたように、日本の福祉国家化が進むのは一九七三年以降のことである。このとき日本の公的年金制度はどのような下部構造を前提にしていたのだろうか。

日本の六五歳以上人口が七パーセントを超えたのは、一九七〇年の国勢調査のときである。これ以降、日本は「高齢化社会」と呼ばれ、人口の高齢化が着実に進行することになる。しかし、一九七三年の「福祉元年」の時点における公的年金の設計のなかで、政府当局は人口の高齢化や出生率の低下について十分自覚的であったとは言えない。すでに出生率の低下と若年人口の減少が始まっていたとはいえ、図8-1からわかるように、当時は高齢者になるほど人口が減少していくというピラミッド型の人口構成をかろうじて保っていたからである。また高度経済成長の最終局面のなかにあって、高成長の復活を期待することもできた。

一九七〇年代の前半の世界経済はまだ、大量生産・大量消費のフォーディズムの時代のなかにあった。全国民的な規模での社会保険が成立するためには、比較的均質な労働者が大量に存在することが不可欠である。農業中心の社会では社会保険を安定的に運営することがむずかしい。六〇年代の急速な工業化と、これによって成立したフォーディズム的な蓄積体制がこの条件を満たした。製造業を中心とした大規模な労働者集団が生まれ、社会保険の形成が可能となった。この点はヨーロッパの福祉国家諸国の場合と同様である。

日本の場合、生産の領域において独自だったのは、「日本的経営」という労使関係であった。これは長期雇用、年功序列賃金、企業別組合によって特徴づけられた。さらにこの特徴は「企業中心社会」として八〇年代以降に強化されていった（大沢［一九九三］）。ここでは労働者の生活保障にとって企業が重要な役割を果たすことになるが、それだけでなく社会保障制度のなかにあっても企業が一定の役割を果たし、厚生年金基金などのように企業が国の役割を代行することもある[4]。

こうした企業中心社会のあり方は、再生産の領域を特徴づける家父長制のあり方とも関係する。企業は再生産領域における性別分業を前提として男性労働者を雇用した。社会保障の制度も男性稼ぎ主モデルを前提として設計された。一九八五年の改革における「第三号被保険者」の導入の意図は「女性の年金権の確立」であったが、実際には、専業主婦の優遇、すなわち男性稼ぎ主モデルの強化として機能した（大沢編［二〇〇四］、大沢［二〇〇四ａｂ］）。また、同モデルから逸脱した生活スタイルを採用する人びとに対する配慮は公的年金の制度のなかには存在しなかった。たとえば、育児と就労の両立は個人の責任で行われなければならなかった。つまり政府による作為と不作為の双方によって同モデルが強化されたのである。

一九八五年以降の日本の年金改革は「全般的な抑制のなかの部分的な拡大」として特徴づけることができる、ということをすでに述べた。その主要な原因の一つは、福祉国家の形成と危機が同時進行したことに求められる。しかし、九〇年代以降については、それだけに帰着させることができない。七〇年代前半の公的年金が前提としていた下部構造が大きく変化してきたからである。

下部構造の変化

人口構成の変化については言うまでもないだろう。一九七〇年に約七パーセントだった六五歳以上人口比率が九五年には一四パーセントを超え、日本は「高齢化社会」ではなく「高齢社会」と呼ばれるようになった。さらに二〇〇〇年の国勢調査では一七・三パーセントに達した。総務省統計局の推計によれば、二〇〇五年一一月一日現在、二〇・一パーセント（概算値）となっており、これはスウェーデン（一七・二パーセント）やドイツ（一八・八パーセント）よりも高い値である。日本は間もなく「超高齢社会」に突入した（二〇パーセントや二一パーセントがその基準とされるが、その数字自体に意味があるわけではない）。

六五歳以上人口の増加だけであれば、早くから予測されていたことであり、驚くべきことは何もない。問題は出生率の低下であり、合計特殊出生率に関する政府の予測が一貫して外れてきたということである。一九七六年の人口推計では、一時的に合計特殊出生率は低下するものの二一世紀初頭の現在までには回復して再び上昇し、二・一前後で安定すると予測されていた。しかし二〇〇四年の日本の合計特殊出生率は一・二九であった。新しい推計が発表されるたびにつねに下方修正してきたということは、推計のなかに希望的観測が入り込んでいたと批判されても仕方がない。一九七三年の年金改革では、①合計特殊出生率の回復だけではなく、②高度経済成長の持続も前提とされていたが、後者の前提も崩れたことによって、出生率の低下が年金財政に及ぼす影響は、当初想定されていた以上に深刻なものとなった。

生産の領域における下部構造の最大の変化は、均質で大量の組織された労働者の集団——社会保険制度を支えるうえで不可欠である——が解体してきたということである。七〇年代前半までは日本の産業構造が重化学工業中心であることによって、こうした労働者集団が存在することが可能だった。しかしポスト工業化の時代に入り、サービス経済化が進むにつれて、組織された労働者の割合が低下した。

また、一九七三年の年金改革では完全雇用と長期雇用の存在が暗黙の前提とされていたが、これら二つの前提も崩れ始めた。七〇年代八〇年代をつうじて日本の失業率は低かった。他国が高失業に悩んでいるときにも完全雇用を維持することができた。しかし一九九五年に完全失業率が三パーセントを超えたことによって、日本の完全雇用は終了した。

さらに、労働市場の流動化が進み、若年層を中心に転職割合が増加し、平均勤続年数が短縮された。長期雇用が減少しても、転職者が正規雇用にとどまる限り社会保険制度は直接的な影響を受けることは少ない。しかし労働者の生活保障における企業の役割は変化せざるをえず、このことが社会保障制度にも跳ね返ってくる。さらに問題は、長期雇用の減少が雇用形態の多様化を随伴しているという点である。日本の公的年金は長期雇用の正規労働者を前提としていたが、短時間労働、派遣労働、請負労働などの非典型雇用が増加して雇用形態の多様化が進んだ。社会保険制度が非正規労働者の増大に適応しておらず、このことが社会保険の最大の不安定化要因となっている。

再生産の領域でも男性稼ぎ主モデルが前提とする家族のあり方が変化した（山田［二〇〇五］）。男性被用者と無業の妻から成る世帯の数は八〇年代以降減少を続けた。一九八二年には共働き世帯が非共働き世帯の数を上回った。一九九一年には、農林漁業を除く世帯に限ってみても、共働き世帯が非共働き世帯の数を上回った。また若年世代ではシングルが増加しており、そもそも家族をつくらない人びとの数が増えている。これは大都市において顕著で、一九七五年当時の東京では三〇代前半の男性の有配偶率は七三パーセントだったが、二〇〇〇年には四四パーセントにまで減少している（二〇〇五年に四一パーセント）。三〇代後半でも八七パーセントから五九パーセントに減少している（同じく五五パーセント）。日本の場合、婚姻率が低下したのは、ヨーロッパのように同棲の数が増えたからではない。このように再生産の領域でも、公的年金が前提としていた下部構造が大きく変化したのである。

公的年金の危機

プロト福祉国家の時代における日本の公的年金は、資本蓄積のための条件を提供することによってシステム統合に寄与した。公的年金の積立金は旧大蔵省の資金運用部をつうじて財政投融資に回され、日本の経済発展に寄与した。また、公的年金は、支配の正当性のための平等主義イデオロギーと連動することによって、社会統合にも寄与した。皆年金は、皆保険や義務教育とともに普遍主義的な社会サービスの象徴だった（武川［一九九九b］）。ところが以上のような下部構造の変化によって、日本の公的年金は危機に陥った。

現在の公的年金は、経済成長のための資金源であるどころか、財政破綻の象徴として扱われている。また、雇用の非正規化が進んだことによって、公的年金の空洞化が進行している。国民年金で未納・滞納が増加している。それだけではない。現在では、厚生年金でも非適用者が増え、空洞化している（大沢［二〇〇四ａｂ］）。これらは日本の政治や経済がうまく機能しなくなってきているという意味で、システム統合の危機である。

他方、公的年金の正当性が失われ、社会統合も危ぶまれている。とくに若年層の間での公的年金に対する不信が強い。公的年金に対する不信の理由はいくつか考えられる。

一つは、年金の収益率が世代によって異なっているといった点である。すでに年金を受給している世代では、支払った総保険料に比べた年金の受給総額が相当高くなっているのに対し、若年世代では、支払った保険料に見合った分の年金が受け取れない、といったことが広く知られている。

しかし、問題はもう少し別のところにあると思われる。もちろん収益率の世代間格差に対する反発はありうるが、現在の年金受給者――親を経済的に扶養していた――と現在の中高年世代――仕送りの必要はない――を単純に比較することができないことは、簡単にわかる理屈である。それよりも重要なことは、年金改革に対する政府の態度である。人口予測を一貫して誤り、新しい人口推計が発表されるたびに少しずつ年金水準の切り下げを行ってきたことの結果として、公的年金が将来なくなってしまうのではないかといった漠然とした不安が生まれているのである。一九八五年以来同じことが繰り返されているわけであるから、今後も同じことが続くと考えるのはごく自然のことである。さらにもう一つ指摘することができるとしたら、それは年金改革に対する政府のアドホック（場当たり的）な説明である。政府は、年金の収益率の格差の指摘に対して、一方で、世代間の連帯だと説明しながら、他方で、政治的な理由から年金受給者の既得権には手をつけようとしない。すでに賦課方式の年金になっているわけだから、それぞれの時点で現役世代と年金世代の取り分を考えるべきであるが、実際には、賦課方式の考え方と積立方式の考え方を都合のいいように使い分けているのである。

このような公的年金の危機のなか行われたのが、二〇〇四年の改革であった。

4 変化への適応と二〇〇四年改革

二〇〇二年一月、国立社会保障・人口問題研究所が新しい人口推計を発表した。この推計のなかでは、平均寿命の伸びが五年前の推計から若干上方修正され、出生率の低下は大幅に下方修正された。合計特殊出生率に関する中位推計（出生率を中程度に仮定した推計）の水準は、一九九七年の高位推計（出生率を高めに仮定した推計）とほぼ一致する形となった。新推計の結果は、一九九七年の人口推計に基づいて実施された九九年の年金改革が、年金財政の観点から見るならば、きわめて不十分なものであったことを意味している。

このため厚生労働省は、二〇〇二年五月、新人口推計に基づく年金財政の見通しを発表した。一九九九年の財政再計算のときには、二〇二五年の最終保険料は総報酬ベースで見て二一・六パーセントであると見込まれていたが、この新しい人口推計に依拠すると、中位推計でも二四・八パーセントに達し、低位推計（出生率を低めに仮定した推計）で見ると、二七・五パーセントにまで達する。しかも新しい人口推計が出されるたびに出生率が下方修正されてきたという過去二〇年間の経験に照らすならば、低位推計の数値の方がもっともらしく見える。

年金改革を開始するため、厚生労働省は、二〇〇二年一二月、『年金改革の骨格に関する方向性と論点』（以下、『方向性と論点』と略）を発表した（厚生労働省［二〇〇二］）。公的年金の基本的骨格に関して、『方向性と論点』は、今後の選択肢として、①現行の制度体系、②基礎年金を税方式とする体系、③所得比例年金の民営化、④一本の所得比例年金と補足的給付を組み合わせた体系（スウェーデン方式）の四つの可能性があることを認めているが、①を選択するというのが厚生労働省の立場であった。その意味では、二〇〇四年の改革も一九八五年以来の小刻みに抑制を繰り返してきた改革の延長線上にある。

◐人口構成の変化への適応

しかし『方向性と論点』のなかには従来とは根本的に異なる制度設計の思想が含まれていた。それは「保険料固定方式」と「マクロ経済スライド方式」である。これら二つはスウェーデンの九〇年代の年金改革を参考に考案されたものである。

保険料固定方式は、年金の給付水準と拠出水準の決め方に関係する。従来はモデル年金の水準を月収六割のところに設定し、この水準を維持することを前提に、五年ごとの財政再計算によって、保険料の修正と給付内容の変更を行ってきた。この方式に従って、新しい人口推計が出されるたびに保険料率が引き上げられてきたわけだが、こうしたことを永遠に続けていくことはできない。そこで最終的な保険料率を法律によって固定し、拠出の範囲内で給付を行っていこうというのが保険料固定方式である。

このように保険料を固定したときに、給付水準を設定するための方法が、マクロ経済スライド方式である。現在の年金給付の水準は物価スライドや賃金スライドによって決まるが、新しい方式の下では、このスライドの部分に物価や賃金の水準だけでなく高齢化の要素も加味されることになる（当初案では労働人口の規模だけが考慮されたが、審議の途中で平均余命の伸びも勘案されるようになった）。年金額の調整は自動的に行われることになるから、年金抑制の政治問題化を回避することができる。

新規裁定年金は、従来、一人当たり賃金上昇率によって額が決まっていたが、この方式の下では、「公的年金被保険者数の変化率」と「平均的な年金受給期間の伸び率を勘案した一定率」が考慮されることになる。従来は平均賃金が上昇すれば年金額も上昇することになっていたが、この方式では平均賃金が上昇した場合でも、被保険者数が減少したり平均余命が伸びたりすれば、年金額はその分減額されることになる。他方、既裁定年金の場合は、物価上昇率に被保険者数と平均余命の変化を考慮して年金額の改定が行われる。

◐生産と再生産の変化への適応

保険料固定方式とマクロ経済スライド方式は人口構成の変化への対応であり、この領域における制度変更がいちばん目立っていたが、『方向性と論点』のなかには、生産や再生産の領域における変化への適応をはじめ年金危機への対応についての提案も含まれていた。箇条書きに記すと以下のとおりである。

①基礎年金の国庫負担の二分の一への引き上げ

②ポイント制の導入と年金個人情報の通知（信頼回復のため）
③育児期間に対する配慮
④年金資金を活用した次世代育成支援策
⑤短時間労働者に対する厚生年金の適用
⑥在職老齢年金制度の見直し
⑦第三号被保険者制度の見直し（四つの案を併記）
⑧国民年金の徴収強化
⑨公的年金の一元化
⑩総合的な社会保障のあり方

その後の各界での検討のなかで、二〇〇三年九月に、坂口厚生労働大臣（当時）による試案（「坂口試案」）が出された。坂口試案は『方向性と論点』と基本的には変わらないが、積立金を取り崩して、所得代替率を五四パーセント程度に保つというものである（『方向性と論点』では五二パーセントと試算）。さらに、坂口試案も踏まえて、二〇〇三年一一月には、厚生労働省案が発表された。その主な内容は以下のとおりである。

①保険料固定方式を導入し、最終保険料を年収の二〇パーセントとする。
②所得代替率は、積立金の取り崩しによって五〇パーセント以上を維持する。
③基礎年金の国庫負担を三分の一から二分の一に引き上げる。
④保険料引き上げの凍結を解除する。

表8-1　2004年の年金改革の審議経過

2003年	
11月17日	厚生労働省が年金改革案を発表
12月 3日	所得代替率を50%以上確保することに政府・与党が合意
2004年	
1月30日	厚生年金保険料率上限を18.3%にすることに与党が合意し，政府案が決定
2月10日	年金改革関連法案を国会提出
4月 1日	年金法案が審議入り
8日	民主党が年金改革の対案を提出
5月 6日	自民，公明，民主が年金制度一元化に向けた協議機関設置に合意
11日	年金改革法案が衆院通過
6月 5日	年金改革法案が参院通過

⑤厚生年金の保険料の上限を二〇パーセントとし、二〇二〇年度以降は固定する。
⑥現在の積立金一四八兆円を約一世紀かけて、一二二兆円（給付費の一年分）にまで取り崩す。
⑦マクロ経済スライド方式を導入する。
⑧在職老齢年金を七〇歳以上にも適用する。
⑨週二〇時間以上三〇時間未満の短時間労働者にも厚生年金の適用を義務づける。
⑩第三号被保険者の対象範囲を縮小する。
⑪夫婦間の年金分割の制度を導入する。

厚生労働省案が発表されて以後の審議経過は表8-1のとおりである。二〇〇三年秋まで、年金改革は厚生労働省の主導の下に進められてきた。政党の側で目立った動きはなかった。しかし、その後、政府案がまとめられるまでの期間、省庁間や利害団体間で調整が始まった。経済団体や財務省は最終保険料率の上限を引き下げることに成功した（二〇パーセント→一八・三パーセント）。逆に所得代替率については、世論の反発をおそれて若干引き上げられた。ただし、そのための財源は、積立金の取り崩しだった。またサービス業などの反対によって、週二〇時間以上の短時間労働者への厚生年金の適用も見送られた。二〇〇四年一月、政府案がまとめられ、二月に国会に提出された。六月には参議院を通過して、年金改革法が成立した。

5 結論

二〇〇三年の秋まで、年金改革は政治の不在のまま進められてきた。しかし政府案が固まるころから、にわかに政治的な注目を集め、国会審議中は、年金改革法が与野党の政治的取引の材料となった。そして二〇〇四年七月に実施された参議院選挙で、与党第一党の自民党は大敗北を喫した。改選議席一二一のうち、民主党が五〇議席獲得したのに対して、自民党は四九議席にすぎなかった。比例代表の得票数も民主党が二一一三万七四五七票だったのに対して、自民党は一六七九万七六八六票にすぎなかった。

しかし政治問題としての取り上げられ方は些末主義的だった。社会保険庁の広告に起用されたタレントが国民年金に未加入だったことから発して、政治家の年金未納問題がスキャンダルとなった。野党党首や政府の官房長官が年金の未納を理由に辞職した。またメディアが取り上げるのも所得代替率の水準や保険料率の上下に限られていた。マクロ経済スライド方式の導入の是非や、そこで用いられる指標の妥当性についてはほとんど議論にならなかった。小泉首相（当時）が国会でマクロ経済スライド方式について説明できなかったといった点がこのことをよく象徴している。また国会の審議の過程で、厚生労働省による情報操作が有権者の不信を招いた。非常にネガティブな意味で、年金改革が政治問題化したと言える。

しかしネガティブな意味であっても、公的年金が政治問題化したことの意味は大きいと思われる。日本の年金改革は、その改革のときどきには紆余曲折があるが、長期的に見ると驚くほど一貫している。イギリスやスウェーデンのようなドラスティックな年金改革というのを経験したことがない。一九七三年にいたる過程では一貫して小刻みに拡大が続いた。一九八五年以降は一貫して小刻みに抑制が続いている。これらはおそらく国家官僚制による年金政治の脱政治化の結果である。二〇〇四年の改革は従来のやり方から一歩踏み出したとも言える。これが一時的な現象か、終わりの始まりであるかは、いまの時点では定かではない。

二〇〇四年の改革は、日本の公的年金の下部構造の変化に適応するためのものであった。とはいえ、そのエネルギーは、マクロ経済スライド方式の導入に見られるように、もっぱら人口構成の変化への適応に注がれた。これによって年金財政の破綻の可能性は弱まった。しかし改革の過程で、短時間労働者の社会保険への包摂（inclusion）が見送られ、「第三号被保険者問題」の解決が見送られたことからもわかるように、この改革では、生産や再生産の領域における社会変動への適応は、事実上、断念されている。そして何よりも、参議院選挙の結果が明らかにしているように、公的年金の正当性の危機は解消されていない。

次の改革がこれまでと同様、現行制度の延長線上で行われるのか、まったく新しい年金体系が創設されることになるのかは、いまのところ不明である(5)。野党、労組、財界が現在とは異なる制度を提唱しているだけでなく、政府内部でも財務省は厚生労働省と異なる志向をもっている。今後、福祉が政治化してレジーム・シフトが起こるかもしれないし、脱政治化して旧来のレジームが維持されるかもしれない。しかし、いずれの場合であっても、生産と再生産の二つの領域における社会変動への適応を回避することはできないだろう。

（二〇〇六年三月）

注

（1）この点の定式化に関する最も重要な功績の一つはEsping-Andersen［1990］にあるが、彼が脱商品化と同格のものとして階層化という概念を導入している点は理論的混乱として却けられなければならない。上向法を採用した『資本論』が、商品の分析から始まって階級の分析で終わっていることからも示唆されるように、両者は論理的に独立とは言えない。階層化はある意味で商品化の関数である。

（2）今日の日本の公的年金の深刻な財政状況は、①高齢化に関する見通しの甘さと、②問題先送りの累積的な結果であるが、こうした「問題先送りの構造」は、このように年金制度の成立当初から存在していたのである。さらに高度成長期になると、年金の給付水準を引き上げるために積立金の取り崩しが始まり、日本の年金は、なしくずし的に賦課方式へと移行した。この移行が既成事実の積み重ねによって行われたため、日本の公的年金は首尾一貫した性格を失った。

（3）この問題をめぐっては、後に、障害無年金者から訴訟が起こされ、二〇〇四年三月に東京地裁（一〇月には新潟地裁も）が、障害をもつ学生無年金者を国が放置したことに対して、国の立法不作為の責任を認め、違憲判決を下した。その後、議員立法として提出された無年金障害者救済法案（「特定障害者給付金法」）が成立し、二〇〇四年一二月に公布された（二〇〇五年四月施行）。ただし、その後の裁判所の判断は揺れており、東京・新潟の控訴審では原告が逆転敗訴した。

（4）しばしば日本の社会支出の少なさの原因として、企業保障の充実が指摘されることがある。たしかにそうした側面のあることは否定できないが、この点を過大評価するのは危険である。日本では、企業による退職金制度が老後生活の保障において重要な役割を占めているが、かといって、その分、公的年金の水準が低く抑えられているわけではないからである。ヨーロッパの福祉国家諸国に比べて社会支出の水準は低いが、公的年金の所得代替率は必ずしも低くない。

（5）その後、二〇〇九年に政権交代があり、民主党政権が生まれた。選挙前の民主党は、上述の『方向性と論点』における四つのシナリオのうちの四番め（スウェーデン方式）に近い案を提唱していたが、二〇一二年現在、実現の見通しは立っていない。その意味では、まったく新しい年金制度ができあがる可能性は乏しい。

追　記

二〇〇四年一二月、ソウル市の韓国保健社会研究院において、日韓両国の社会政策学会による共同シンポジウムが開催された。私はそこで「二〇〇四年の年金改革――福祉政治の生成とレジームシフト?」という報告を行った。この報告を発展させた内容を、二〇〇五年三月、東京で開催された、福祉国家の日韓比較に関するワークショップにおいて発表した。そのときの原稿は、翌年刊行された李恵炅氏との共編著『福祉レジームの日韓比較』（東京大学出版会）に掲載された。本章の初出はこのときのものである。

二〇〇四年の年金改革によって、公的年金が「百年安心の年金」となったと宣伝された。おそらく百年という期間は、所得代替率を維持するために約一世紀かけて積立金の取り崩しを行うというところからきたものと思われるが、誇大な表現だった。そもそも積立金の取り崩しの前提となる基礎年金の国庫負担を二分の一に引き上げるための恒久財源が、二〇一二年現在、まだ見つかっていないからである。またマクロ経済スライド方式も実際に発動されたときに、どのような政治的混乱が引き起こされるか予断を許さない。実際、後期高齢者医療制度も国会の審議や法律の公布（二〇〇六年）のときには、それほど問題とされなかったが、二〇〇八年に施行されたときは、マスメディアで大騒ぎとなった。

現在の税と社会保障の一体改革のなかでは、消費税率が主要な争点であるが、公的年金も重要な論点である。その意味で、本章で指摘した「年金の政治化」は続いている。しかも、二〇〇九年の政権交代後、〇二年の『方向性と論点』（本書一六八頁参照）のなかで示された④スウェーデン方式を主張する民主党と、①現行方式を主張する自民党・公明党との間で決定的な意見の対立がある。そして政治的な膠着状況のなかで、年金問題に関して（政治化されたゆえにかえって）身動きがとれなくなっているというのが現状であろう。

公的年金の危機が叫ばれてから久しいが、議論の焦点はほとんどの場合、年金財政の収支均衡にある。もちろん公的年金においても収支相等の原則が貫かれなければならないが、それは必要条件であっても十分条件ではない。財政の安定化した公的年金の給付が、人びとの生活保障にとって十分であるか否かは、その絶対額よりも、医療や福祉などの社会サービスの整備状況によって決まるところが大きい。公的年金の危機を脱するためには、年金の給付と負担をいじるだけでは不十分なのであって、雇用も含む社会政策のパッケージをどう組み立てていくかということが不可欠である。言い換えると、年金だけ考えていたのでは年金問題は解決しない。

収支相等に加えてもう一つ重要な論点は、現在の年金制度が社会変動に適応できていない、という点である。これは本章のなかで述べたとおりである。現在の年金制度の原型ができあがったのは、一九六〇年代から八〇年代にかけてである。当時、生産の領域では日本に独特の労使関係に立脚した重化学工業が経済を牽引し、男性稼ぎ主型の核家族が再生産の領域でこれを支えた。ところが本章でも示唆したことだが、一九九〇年代以降、生産のグローバル化や再生産の個人化が進み、日本の社会構造は半世紀前から一世代前（約三〇年前）までのものとはまったく変わってしまった。ところが年金制度の骨格は変わらないままである（もちろん給付水準は変わった）。これではかりに収支相等が達成されたとしても、年金が生活保障の一翼を担うことはできない。

第9章

縮小社会における地域

——地域社会学と地域福祉学

本章の主題は、「縮小社会と地域社会の現在」というテーマのなかで、「地域社会学が何を、どう問うのか」について考えることである。[1] とはいえ「縮小社会」という言葉はそれほど熟したものではない。社会学の世界で用いられることが少ないだけでなく、一般の世界でもそれほど用いられているわけではない。そこで「縮小社会」という言葉が何を意味しているのか確認することから始めたい。

「縮小社会」という言葉の意味するところは、字義どおりにとらえれば、「何かの規模が縮小しつつある社会」ということになる。この場合の「何か」とは何か。日本社会に即して言えば、おそらくそれは「人口」ないし「経済規模」ということになると思う。この点については大方の合意が得られるだろう。したがって本章では「縮小社会」という言葉を「人口の減少しつつある社会」と「経済規模の縮小しつつある社会」という双方の意味で用いることにしたい。

本章の前半では、日本がいかなる意味において「縮小社会」であるかということを、人口減少・経済縮小といった観点から検討する。そのうえで、「縮小社会」の到来が日本社会にとって重大な影響を及ぼすことは間違いないが、それを予測不能な天変地異のごとく扱うことは誤りであることを明らかにする（第一節、第二節）。したがって「縮小社会」における地域社会学の課題も、従来とは異なるまったく新しいものに変わるというよりは、これまでの課題が継続することになるだろう、というのが本章の立場である。

ところで筆者は、現在の日本の地域社会の問題を解決するうえで、社会学と社会福祉学の連携、とりわけ地域社会学と地域福祉学の連携が必要だと従来から考えている。この点は、上述の理由からこれまでと同様に「縮小社会」においても当てはまると思う。したがって本章の後半では、地域社会学と地域福祉学の連携の意義と可能性について考察していきたい（第三節、第四節、第五節）。

1　人口減少社会の到来？

◯総人口の減少

二〇〇五年の「人口動態統計」（年間推計）によると、死亡数が出生数を約一万人上回った（厚生労働省の発表）。人口の自然減は一八九九年にこの統計を取り始めて以来、はじめてのことであったから、このニュースは衝撃をもって受けとられた。日本は「人口増加社会」から「人口減少社会」へと変貌を遂げた(2)。とはいえ、このことを何か予想外の未知のできごとが突然生じたかのように騒ぎ立てることは誤りである。

第一に、日本の合計特殊出生率が人口置換水準（日本の場合、二・〇七）を下回ったのは一九七〇年代半ば（七五年一・九一）のことであるから、いつの日か日本の人口が減少に転じることは三〇年以上も前からわかっていた既定の事実である。二〇〇五年の人口減少も、その到来が長らく確実視されていたことが、いまようやく訪れたということにすぎない。

第二に、これから人口減少が確実に進行することは間違いないが、その減少率が非常に小さいということにも注意すべきである。二〇〇五年の「人口動態統計」（年間推計）では約一万人の自然減はあったと言われているが、これは総人口に対して〇・〇一パーセントにも満たない値である。二〇〇六年一二月に国立社会保障・人口問題研究所が発表した「将来人口推計」によると、二〇一〇年代までの減少率は〇・二パーセント程度で推移し、二〇年代以降の減少率でも一パーセントを大幅に下回っている。要するに、人口減少は確実だとしても、その減少の速度は非常に緩慢なものである。国立社会保障・人口問題研究所の低位推計では、二〇五〇年ごろに総人口が一億人を切ることになっているが、日本の総人口が一億人を超えたのが、いまから約四〇年前（一九六七年）のことであるから、「人口減少社会」の到来というのは、これから四〇年かけて、徐々に四〇年前の状態に戻っていくということを意味する。いまから四〇年前の日本社会が、はたして総人口が少ないことを嘆かなければならないような社会だったかどうかは疑問である。

◯人口減少の経験

第三に、日本社会については、人口減少が突然現れた新現象だと見なすことができない。というのは、これまでの日本は、総人口（や大都市の人口）は増加していたものの、全国の多くの市町村は人口減少を経験してきたからである。たとえば、都道府県別の人口推移を見ると、以下の一七県は、一九八五年から二〇〇〇年までの一五年間に人口減少を経験した。

表9-1 人口減少市町村と人口自然減少市町村

（単位：%）

		1980年	1985年	1990年	1995年
人口減少市町村	全体	52.0	50.9	64.0	60.4
	都市的地域	18.4	17.4	30.4	32.2
	平地農業地域	31.4	33.7	51.5	46.4
	中間農業地域	62.9	62.5	77.2	72.7
	山間農業地域	88.5	82.8	88.6	85.3
人口自然減少市町村	全体	14.7	17.1	40.4	59.2
	都市的地域	0.5	0.6	6.3	14.0
	平地農業地域	2.2	3.1	24.8	53.1
	中間農業地域	17.4	22.7	51.7	76.0
	山間農業地域	36.9	39.0	71.4	86.5

（出所） 農林水産省のホームページ（《http://www.maff.go.jp/soshiki/kambou/kikaku/chousakai/nousonbukai/4kaisiryou/4-4.html》2008/01/13）。

青森、岩手、秋田、山形、新潟、和歌山、鳥取、島根、山口、徳島、愛媛、高知、佐賀、長崎、大分、宮崎、鹿児島

さらに、一九九五年から二〇〇〇年の間に人口減少を経験した県となると、四七都道府県のうち二二道県にのぼる。約半数の都道府県にとって、人口減少はすでに経験済みの現象なのである。

市町村別に見ると、この傾向はさらに顕著である（表9-1参照）。社会減による人口減少市町村は、一九八〇年の時点ですでに過半数に達しており、九五年には六割を超えている。山間部では、人口の減少した市町村は一貫して八割を超えている。自然減で見ても、九〇年代以降、人口減少市町村が増加し、一九九五年には全体で見て六割、山間部では九割近くとなっている。このように、中山間地域はすでに人口減少社会に突入しており、その減少率も、今後予想される日本の総人口の減少率をはるかに上回る大規模なものだった。

以上をまとめると、日本社会はすでに「人口減少社

会」という意味での「縮小社会」を経験済みであり、私たちの想像を超えたことがこれから始まろうとしているというわけではない、ということになる。ちなみに、二〇〇五年現在、世界の二五カ国・地域でも、すでに人口減少が生じている。

2 経済縮小社会の到来？

経済成長率の低下

経済的な側面から見た「縮小社会」の状況はどうであろうか。

日本経済に対する悲観的見通しを示すものとしてよく引き合いに出される指標の第一は、経済成長率の鈍化である。もちろん成長率が低下したとしても、それがマイナスにならない限りは、経済規模が縮小するということにはならない。その意味では、成長率の低下をもってただちに「経済縮小社会の到来」と結論づけることはできない。とはいえ資本主義経済は、たえず成長を続けていかなければ存立の危ぶまれるシステムである。このため成長率の極端な低下は、それ自体として問題となる。

図9-1は、一九五〇年代以降の日本の経済成長率の年次別推移を示しているが、これによって、日本経済の成長率がしだいに低下してきていることがわかる。一九五六～七三年度の年平均成長率が九・一パーセントであったのに対して、七四～九〇年度は三・八パーセントにまで下がっている。さらに、一九九一～二〇〇五年度になると、一・二パーセントにまで下がっている。経済規模が小さかったときに高成長率を誇った国が、経済規模が拡大するにつれて成長率を低下させていくことは、ある意味で当然のことで

図９－１　経済成長率の低下

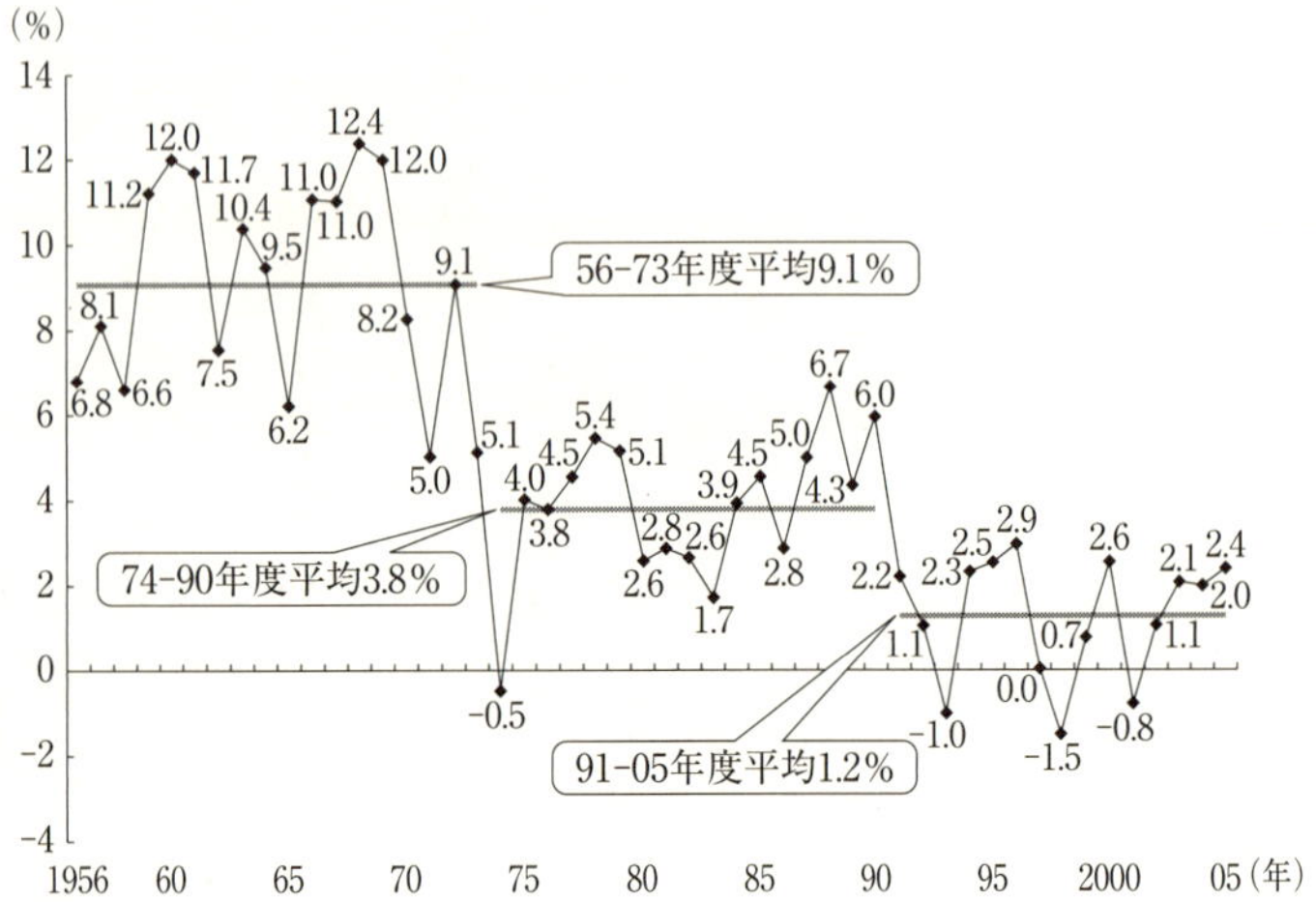

（注）　年度ベース。93SNA ベース値がない 1980 年以前は 63SNA ベース。95 年度以降は連鎖方式推計。国民経済計算確報および平成 8 ～ 15 年度遡及改定結果（2006 年 12 月 1 日公表）。平均は各年度数値の単純平均。

（資料）　内閣府。

（出所）　社会実情データ図録（《http://www2.ttcn.ne.jp/~honkawa/4400.html》2008/01/13）。

ある。また先進諸国の成長率は中進国の成長率よりは低いのが普通である。しかし日本の場合には、こうした一般的な傾向に加えて、経済政策の失敗（「失われた一〇年」）や人口減少にともなう労働力人口の減少といった二つの要因が加わることによって、成長率の低下がそうでない場合よりさらに進んでいくと考えられている。

これら二つの要因のうち、経済政策の失敗――いわゆる「失われた一〇年」が本当に「失われた一〇年」であったか否か――についての検証は、筆者の能力を超えるだけでなく、本章の主題からも離れるのでここでは行わない。労働力人口の減少についてのみ検討しておこう。

ある国の経済規模（GDPやGNI）は、一般に、労働者一人あたりの生産性が同

図9-2　生産年齢人口の減少（年齢3区分別人口の推移：中位推計）

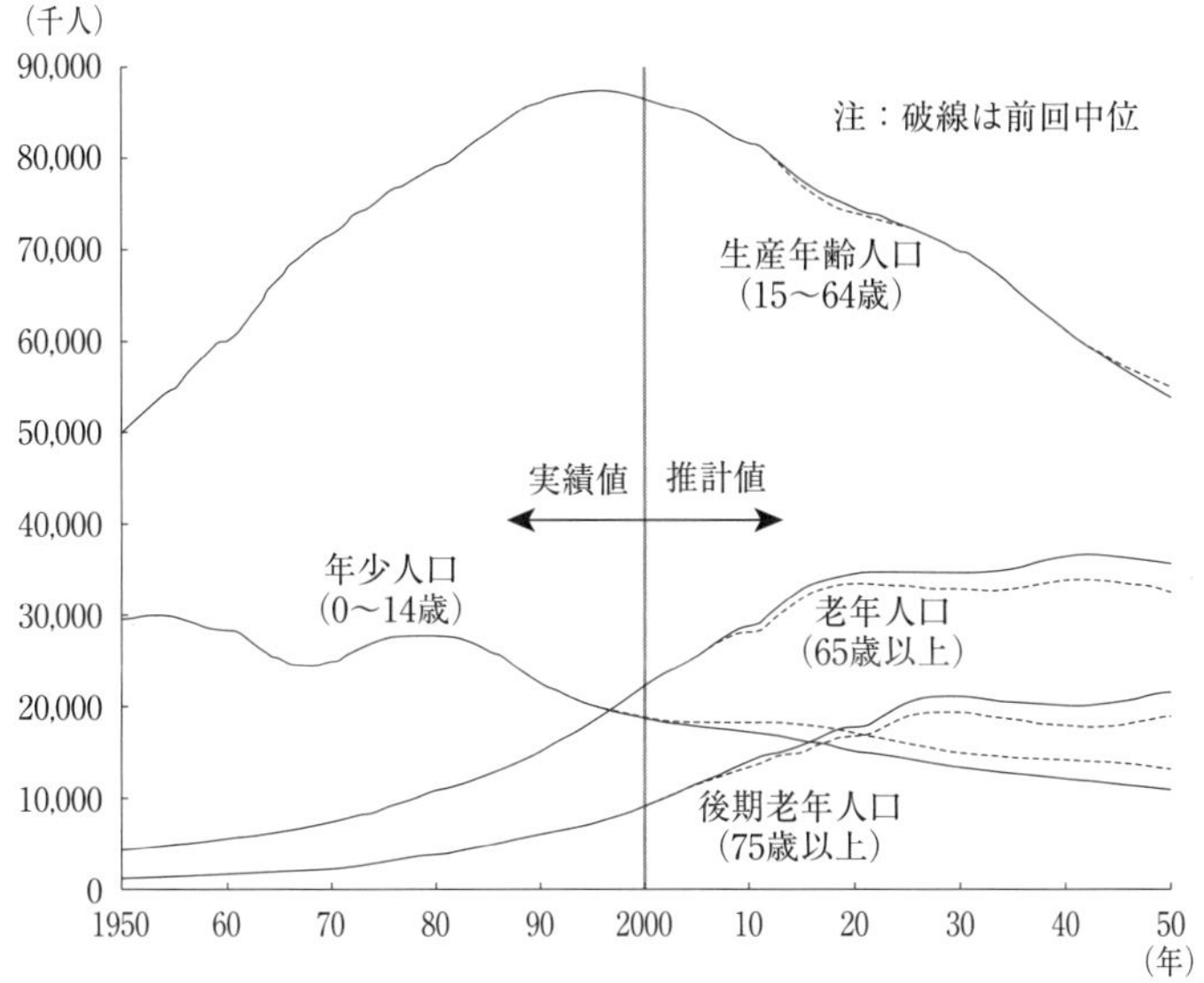

（出所）　国立社会保障・人口問題研究所のホームページ（《http://www.ipss.go.jp/pp-newest/j/newest02/3/z_3.html》2008/01/13）。

じであれば、労働力人口が多いほど大きくなる。図9-2は、年齢3区分（年少人口・生産年齢人口・老年人口）別の人口の推移を示したものであるが、このうち生産年齢人口（一五～六四歳）は、一九九五年の国勢調査における八七一七万人（六九・五パーセント）をピークに、総人口の減少に先立って、すでに減少の傾向に転じている。この傾向は継続し、「日本の将来人口推計（平成一八年一二月推計）」による中位推計では、二〇二七年に七〇〇〇万人を下回り、二〇三八年に六〇〇〇万人を下回り、二〇五〇年には五〇〇〇万人を切って、四九三〇万人（五三・六パーセント）となることが見込まれている。少子高齢化の進展によって、生産年齢人口が減少していくことは確実である。

労働力人口は、生産年齢人口が一定でも、

図９－３　労働力人口の推移

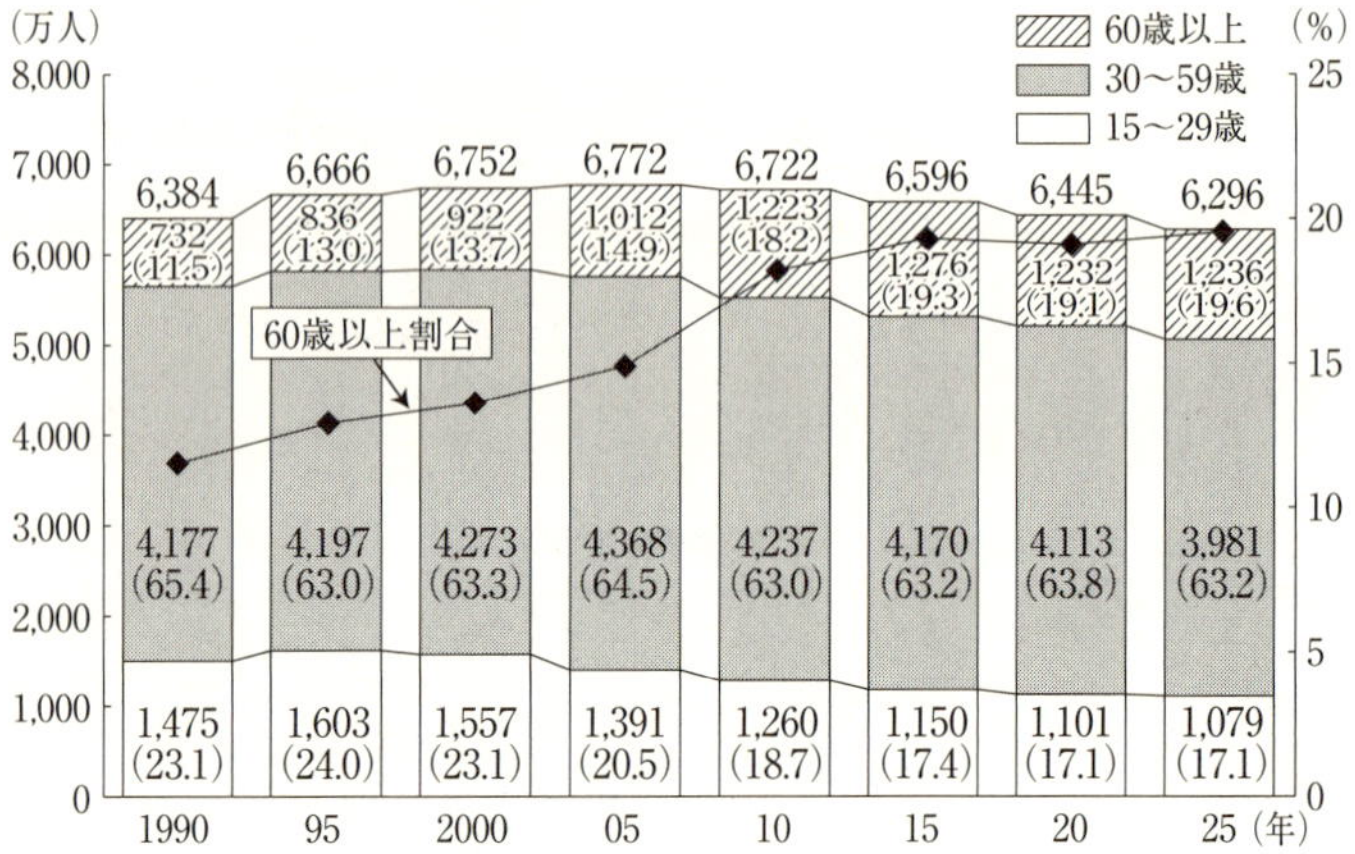

（出所）　国立社会保障・人口問題研究所のホームページ（《http://www.ipss.go.jp/syoushika/seisaku/html/121a2.htm》2008/01/13）。

労働力率の大きさによって異なってくる。また老年人口に属する人びとの間でも労働に従事している人はいる。このため労働力人口に関しては、生産年齢人口と別途考えなくてはならない。たとえば日本の生産年齢人口は一九九五年以来減少しているものの、総務省統計局の「労働力調査」によれば、労働力人口は二〇〇五年まで増え続けた（図９－３参照）。しかしそれでも、厚生労働省職業安定局の推計（二〇〇二年七月）によれば、日本の労働力人口は二〇〇五年に六七七二万人でピークに達した後、これ以降は徐々に減少していくことが予測されている。

❍労働力率の引き上げ

ここから二つのことが導き出される。一つは生産年齢人口の減少を相殺する程度に労働力率を引き上げていくことができれば、労働力人口の減少にともなう経済成長率の低下をある程度食い止めることができるということである。もう一つは、労働力人口が減少した

図9-4　女性の労働力率の推移

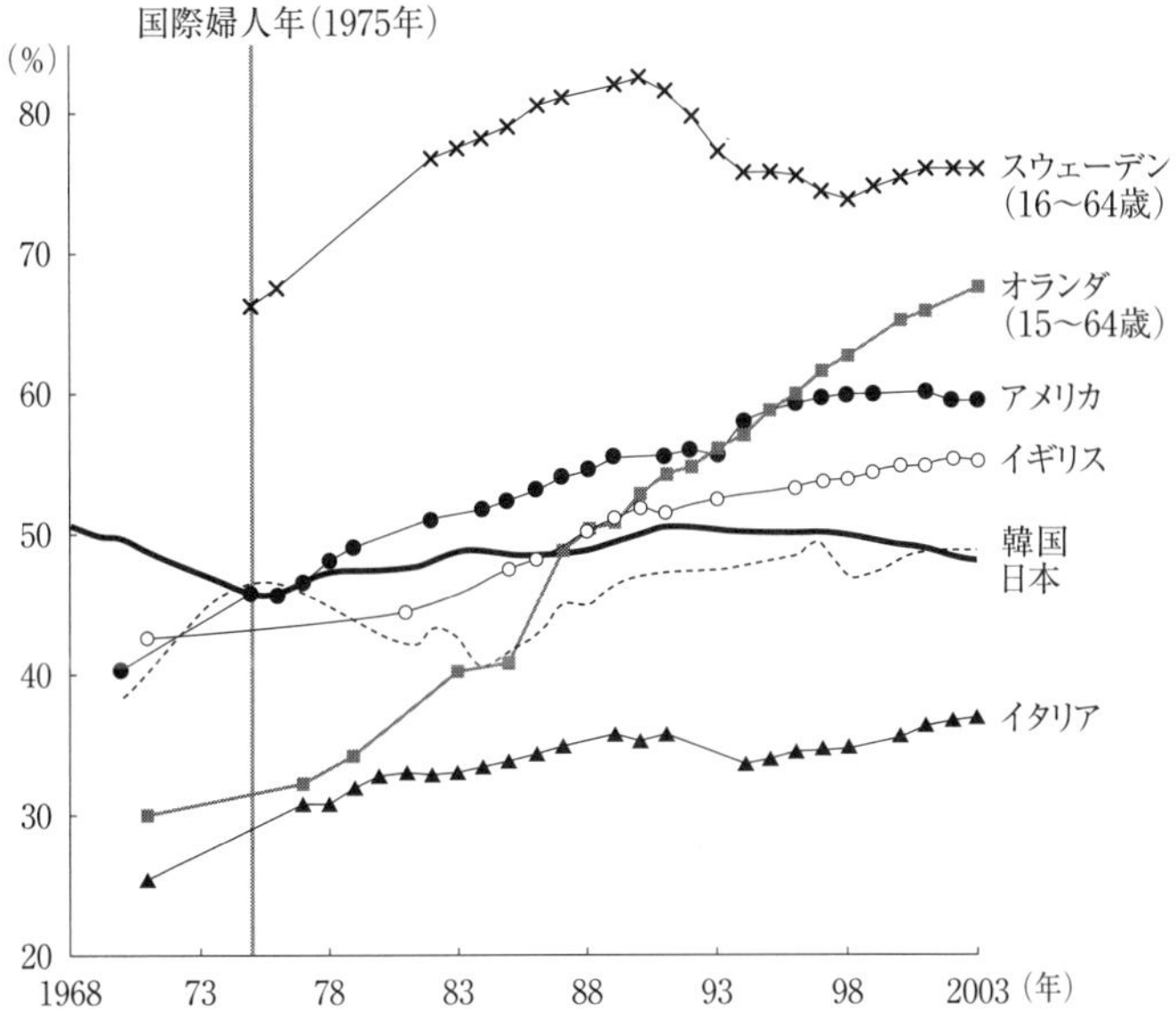

（出所）　厚生労働省のホームページ（《http://www.mhlw.go.jp/houdou/2005/03/h0328-7c.html》2008/01/13）。

としても、それを相殺することができる程度に生産性が上昇すれば、そのことによっても経済成長率の低下は回避することが可能だということである。

図9-4は女性の労働力率の推移の国際比較を示したグラフであるが、これを見ると日本の女性労働力率が他の先進諸国と比べてまだ低めであることがわかる。このグラフでスウェーデンとオランダは一五ないし一六～六四歳人口に対する労働力率を示しているため、一五歳以上人口に対する労働力率を示した他の諸国より過大評価となっているが、日本はアメリカやイギリスに比べても低い。日本の女性の労働力率の低さは、とりわけ三〇歳代以上の女性の労働力率が低いためである（図9-5参照）。したがって国内に存在する遊休労働力（とりわけ女性労働

図９－５　女性の年齢階級別労働力率

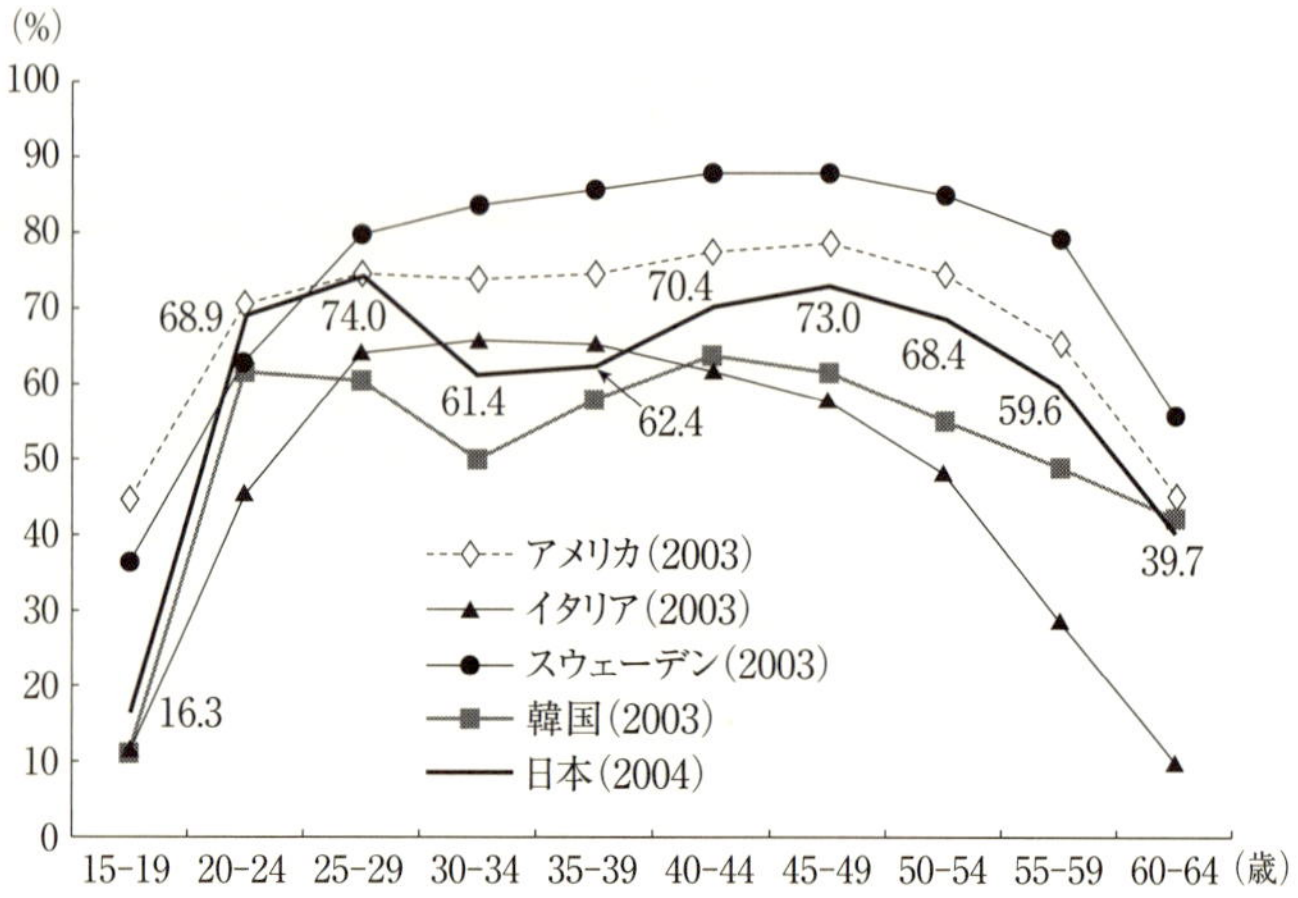

（注）　アメリカ，スウェーデンの，「15-19 歳」の欄は，「16-19 歳」である。

（資料）　ILO “LABORSTA”，総務省統計局「労働力調査」(2004 年)。

（出所）　厚生労働省のホームページ（《http://www.mhlw.go.jp/houdou/2005/03/h0328-7c.html》2008/01/13)。

を活用することができれば、生産年齢人口の減少にともなう労働力人口の減少をある程度相殺することはそれほど困難なことではあるまい。

厚生労働省の雇用政策研究会がまとめた報告書（『人口減少下における雇用・労働政策の課題』）によれば、女性の労働市場への参加率が高まれば、二〇〇四年から二〇一五年までの労働力人口の減少は一〇七万人であり、労働力人口全体のわずか一・七パーセントである。二〇〇四年から二〇三〇年までの間でも五三三万人であり、約四半世紀の間に八パーセントの減少となっている（同報告書一五頁）。

したがって経済が縮小するか否かの問題は、約一〇年間で一・七パーセント以上、あるいは約二五年間で八パーセント以上の生産性の上昇を日本経済に期待することができるかどうかということになる。この点については、経済学者の判断を俟つしかないが、一〇年間で一・七パーセント以上、二五年間で八パーセント以上の生産性の上昇という目標は、それほど過大なものではないのではないだろうか。

このように見てくると、経済規模から見た「縮小社会の到来」については十分対応可能な事態であるように思われる。人口減少については不可避であるとしても、経済縮小については不可避とは言えないのではないか。

3 社会福祉学の特徴

第一節と第二節での検討から言えることは、いわゆる「縮小社会」の到来によって、日本社会がこれまでとは何かまったく異なる問題に直面しなければならなくなる、すなわち「縮小」という事実によって現在とは不連続の新しい事態が発生するということではなくて、これまで問題となってきたことがこれからも問題として続くだろうということである。この点は地域社会学のあり方を考える場合にも当てはまると思われる。これまで地域社会学にとっての課題だったことは、これからも課題として引き継がれていくことになるからだ。本章の後半では、この点について考えてみたい。

ところで、このシンポジウムのなかで私に対して期待されている役割は、社会福祉学との関係において地域社会学のあり方についての考えを述べるということであろう。したがって社会学との相違に力点を置きながら社会福祉学の特徴を述べることから以下の議論を始めたい。とはいえ以下の知見は、社会福祉学会の正式な見解というのではなくて、あくまで社会福祉学会の一会員としての個人的な観察に基づくものである。

○政策と実践の二元論

社会福祉学という学問の特徴として指摘できる（と思われる）第一の点は、政策と実践の二元論である。社会福祉学における研究や教育の内容は、政策と実践に二分されることが多い。この場合の政策とは社会福祉（あるいは場合によっては社会保障）に関する公共政策のことを指しており、実践とは「社会福祉援助技術」（＝ソーシャルワーク）のことを指している。この区分が社会福祉学にとって重要な意味をもっているということは、社会学者には理解しにくいかもしれない。

この区分に類似したものとして、他の学問分野では、理論と応用、研究と現場、理論と実践などといった区分がよく用いられるが、社会福祉学における「政策と実践」という区分はこれらとは異なっている。というのは、社会福祉学における「政策と実践」というのは、研究方法の違いではなくて、研究領域の違いを指しており、そこでは「政策と実践」の双方の領域において、理論と応用、研究と現場、理論と実践といった区分が成り立つからである。最後の理論と実践という区分を（社会福祉学における）「政策と実践」の区分に当てはめると、「実践の理論」や「実践の実践」といった言い方が生まれ、これは部外者には奇異に聞こえるかもしれないが、「ソーシャルワークの理論」や「ソーシャルワークの実践」と言い換えると理解しやすい。ただ社会福祉学者の間では「社会福祉実践の理論」という言い方がされており、日本社会福祉実践理論学会[3]という学会も存在する。ちなみにこの学会の目的は「社会福祉実践及び社会福祉実践理論の研究並びに臨床教育を通じ、社会福祉実践の理論化と処遇実践レベルの向上を図り、ひいては社会福祉の発展に資することを目的とする」（会則第三条）となっている。

福祉実践に隣接する領域として医療（実践）があるが，医療の場合，医学の研究と医療政策の研究は（相互参照されることはあっても）それぞれ独立のものと考えられている。おそらくこの点は学問としての福祉と医療の最も異なる点の一つであろう。この点は現在の福祉実践の多くが，福祉サービスに関する社会政策を前提としてはじめて成り立っていることとも関連していると思われる。したがってアメリカのような国――日本のような意味での社会福祉学は存在しない――では，ソーシャルワークの研究のなかに占める政策研究の割合は小さいと言える。（日本の）教育学のなかでは，教育政策に関する研究の占めるウェイトは大きいから，この点で，社会福祉学は教育学に近いのかもしれない。

福祉実践と同じような内容をもつ言葉として，臨床や処遇といった用語がある。これらの用語も社会福祉学のなかで用いられることがあるが，社会福祉学者はこれらよりも実践という言葉の方を好んで用いているように思われる。臨床や処遇よりは，実践の方が運動論的なニュアンスがあり，ここに日本の社会福祉学の学問的性格が反映されているように思う。

❍実践の重視

社会福祉学の第二の特徴は，以上のように区別されたうえでの実践の重視である。日本の社会福祉学では，政策が実践と並ぶ研究領域になっており，これはアメリカのソーシャルワークと異なる特徴であると述べた(4)。ところが日本でも，近年，政策よりは実践の方が重視される傾向にあることは否めない。とくに社会福祉士の専門職化によって国家資格制度が導入されてからは，社会福祉教育のカリキュラムが標準化され、教育内容が援助技術中心のもの、すなわち実践を中心とするものへとシフトしてきている。過去には「資本主義における社会福祉の本質とは何か」といった類の体制論が社会福祉学の研究者の関心の的であったような時代もあったが、そのような時代からすると、実践の重視は進歩だとも言えるが、実践の重視が政策の軽視につながる懸念も拭えない。

社会福祉学における実践の重視の動きは、社会学にとってはある意味で歓迎すべき動きである。というのは、社会福祉学における実践の方法論は、ケースワーク（個別援助技術）・グループワーク（集団援助技術）・コミュニティワーク（地域援助技術）に区分されるのだが、これら三者のうち後二者は家族や地域など社会学の研究対象と重なっているからである。家族社会学や地域社会学など連字符社会学の知見は、社会福祉学の実践にとっても有用なはずである。

❍現場の優位

日本の社会福祉学の第三の特徴として、現場の優位という点も指摘することができる。実践が重視されることから、これはある意味で当然である。現場を抜きにして実践の研究を考えることはできないからである。また現場経験の有無が研究者としての評価を左右することも社会福祉学の世界では少なくない。とはいえ、ここから逆に、社会福祉学に固有な、研究者と現場との潜在的な対立構造が生み出されることにもなる。社会学者にはある種の現場コンプレックスがあるから、現場（や当事者）から研究（者）への批判があったとき、それは虚心坦懐に受け取られるか、そうでない場合であっても、少なくとも研究者がただちに現場（や当事者）に対して反批判を加えるということは少ない。ところが社会福祉学の場合には、学会などの場でも、現場（や当事者）がしばしば研究者を批判するし、研究者の方でもそれに対して反論を加えるということがある。法律や経済だと研究と実務は別と割り切れるのだろうが、社会福祉の世界には、なかなかそうはならない微妙な雰囲気があるように思われる。

❍クライアント別の学問分類

社会福祉学の第四の特徴はクライアント別の学問分類である。これまでの社会福祉学、とりわけ援助技術は、クライアント別に研究分野を分類することが多かった。政府の福祉サービスも、サービスを必要とする人びとをカテゴリー化し、カテゴリーごとにサービスの種類、受給要件、費用負担等々が決まっている。法律も「福祉六法」（生活保護法、児童福祉法、身体障害者福祉法、知的障害者福祉法、老人福祉法、母子及び寡婦福祉法）としてカテゴリー別に制定されている。学問の下位分類も、これに準拠してきたのである。したがって社会福祉学は、児童福祉、高齢者福祉、障害者福祉、母子福祉、公的扶助、司法福祉、等々と下位分類されるのが普通である。

もっとも、近年、社会福祉学のなかで、こうしたカテゴリー別福祉から地域に基盤を置いた福祉（community-based welfare）へと関心が移ってきているという事実にも注目する必要がある。このため社会福祉学と社会学、とりわけ地域社会学との協力関係が以前にもまして期待されるようになってきているのが現在の状況である。この点について、次に述べておこう。

4　地域福祉の主流化

◯社会学と社会福祉学との接点

社会福祉学のなかでは地域福祉が、社会学との親和性が最も大きな領域である。もちろんケースワーク（個別援助技術）やグループワーク（集団援助技術）は社会学の研究の対象となりうるし、社会学の知見を生かすことが可能である。しかしこれらの援助技術の場合は、社会学だけでなく心理学や教育学など他の多くの学問分野の知見が関係してくる。これに対して、コミュニティワークは、他の何にもまして、社会学、とりわけ地域社会学との関連が深い。地域福祉は、地域社会学の独擅場とは言わないまでも、他学問からのライバルの少ない研究対象である。

そして、この地域福祉という考え方が、すでに述べたように、近年、社会福祉学のなかで注目を集めるようになってきているのである。いちばん象徴的なできごとは、二〇〇〇年の法改正である。それまで社会福祉事業法として半世紀にわたって日本の社会福祉の骨格を規定してきた法律が、二〇〇〇年に、社会福祉法と名称を変えて生まれ変わった。そして名称変更があっただけでなく、内容も大きく変わった。

この法改正との関連でしばしば指摘されるのは、措置制度から契約制度への転換である。それまで福祉サービスは、措置権者（知事や市町村長など）による行政処分の結果にすぎなかったが、この改正によって当事者間の契約に基づいて提供されるものとなった。利用者の主体性を尊重する方向での改革である。

これに加えて、もう一つの大きな変化は、第七章で見たように、地域福祉の法定化である。それまで地域福祉という言葉は社会福祉関係の法律のなかには存在しなかった。ところが社会福祉法の成立によって事態が大きく変化した。たとえば「地域福祉の推進」が同法の目的の一つとして掲げられ（一条）、「地域福祉の推進」のための努力義務が地域住民や社会福祉関係者に課された。[5] さらに同法のなかに「地域福祉の推進」という章が設けられ、市町村社会福祉協議会は「地域福祉の推進を図ることを目的とする団体」と定められ、共同募金の配分は「地域福祉の推進を図るため」に行われることとなった。さらに市町村が地域福祉計画を、都道府県が地域福祉支援計画を策定することが決まった（第七章の表7-1を参照）。何もなかったところに、これだけのことが書き込まれるようになったのであるから、これは大きな変化である。[6]

◯主流化の諸側面

このように地域福祉が社会福祉のなかで重要な役割を占めるようになっていくプロセスのことを、ここでは「地域福祉の主流化」と呼んでおく（武川［二〇〇六a］）。地域福祉の主流化は、以上のような法改正以外にも、地域社会のさまざまな側面において観察することができる。

第一に、地域福祉は、現在、地域社会そのものが存続していくうえで不可欠な条件となっている。人口構成が若かった時代には地域住民のなかで福祉サービスを必要とする人の数は少なかった。住民の大多数は福祉サービスと無縁のままで一生を終えた。ところが平均余命が伸び、人口の高齢化が進んだ現在、福祉サービスを必要とする人の数が著しく増加した。このため地域社会のなかで医療や福祉サービスを利用することができないと、多くの高齢者（そして高齢者と同居する家族）はその地域に住み続けることができなくなっている。

　第二に、地域住民の間で地域福祉への関心が高まり、地域福祉活動の担い手が増えた。町内会や自治体などの地縁団体が伝統的に地域福祉活動を行ってきたことはよく知られているとおりである。また全国に二〇万人以上いる民生委員・児童委員による従来からの活動も地域福祉を支える柱である。これら世帯単位の地縁集団に加えて、近年では、「有償ボランティア」、ワーカーズ・コレクティブ、協同組合、NPOなど個人単位のネットワーク形成が地域社会のなかで進み、地域社会で大きな役割を果たしている。とくに、一九九八年にNPO法（特定非営利活動促進法）が成立して以来、NPO法人の認証数は飛躍的に増加した。

　第三に、各地の社会福祉協議会が中心となった地域福祉活動の拡充も見られる（全国社会福祉協議会［二〇〇七］）。地域の福祉力の向上に関する調査研究委員会（平野隆之委員長）のレポートは、こうした地域福祉活動を、①「当事者の情報が共有・蓄積される『出会いの場』」、②「具体的に福祉・生活課題を解決する『協働の場』」、③「（各種の課題の）解決に向けて話し合う『協議の場』」の三つに分類し、それぞれ以下のような活動が現在全国で取り組まれていると指摘している（全国社会福祉協議会［二〇〇七］三〇頁）。

①出会いの場……福祉教育、点検活動・マップづくり活動、福祉まちづくり等福祉に関わる啓発活動
②協働の場……ふれあい・いきいきサロン、見守り・支援活動、小地域ネットワーク活動、住民参加型福祉サービス、生活支援員によるサポート（地域福祉権利擁護事業）
③協議の場……ボランティア・市民活動団体の交流会・勉強会等の開催、地域福祉計画・地域福祉活動計画の策定における協議、日常生活圏域でサービスを調整する協議の場

第四に、地方自治体の地域政策が、教育から保健・医療・福祉の方へとシフトしてきた。日本が急速な工業化を経験した一九六〇年代七〇年代には、人口移動の激しさのため「過密過疎」が大きな社会問題となり、全国各地の自治体で「コミュニティ形成」が地域政策の課題となった（この点については地域社会学者が重要な役割を果たした）。そこでは学校教育や社会教育が重要な施策だった。来住者（新住民）は子どもをつうじてはじめて地域とのつながりをもつことができるからであり、公民館の建設も「コミュニティ形成」にとって不可欠だった。ところが一九八〇年代以降、人口の移動ではなくて人口の高齢化が地域社会にとっての重要問題となり、「介護」が新たな社会問題として認識されるようになった。このため保健・医療・福祉が地方自治体の地域政策のなかで、大きな比重を占めるようになってきたのである。

第五に、地方自治の世界でローカル・ガバナンスへの注目が集まるようになっている。そこには二つの背景が考えられる。一つは、九〇年代以降の一連の地方分権改革である。これによって地方分権が一定程度進んだ。もう一つは「ガバメントからガバナンスへ」という動きである（中邨［二〇〇三］、澤井［二〇〇五］）。政府の統治機能の低下にともなって、政府と非政府組織との間の関係を従来のような垂直的なものから水平的なものへと改めて、政府と非政府組織が対等な立場で協力しながら統治機能を回復しようという考え方が生まれた。このようなガバナンスの考え方は地方分権が進むなかで地方政府に対しても適用され、ローカル・ガバナンスが叫ばれるようになった。地域福祉活動は地域住民の参加によって成り立つものであるから、地域福祉は、ローカル・ガバナンス以前のローカル・ガバナンスであったと言える。

5　地域社会学と地域福祉学

さて、以上のような地域福祉の主流化という状況のなかで、地域社会学と地域福祉学はどのような関係を結ぶことができるだろうか。すでに述べたように、地域福祉（学）は、他のいかなる学問分野にもまして地域社会学の研究の貢献可能な分野である。地域社会学の何が地域福祉学の何に対して貢献可能か。地域福祉学を政策と実践に区分し、地域社会学を理論と実証に区分しながら、この点について考えてみよう。

◯地域社会学の理論的な貢献

第一に、地域社会学の理論研究が地域福祉学に対して貢献しうるのは、コミュニティの概念の彫琢である。これは地域福祉学の政策に対しても実践に対しても当てはまる。今日社会福祉に限らず多くの分野で、「コミュニティに基づいた」（community-based）ということが鍵概念となっている。医療（community-based health care）然り、リハビリテーション（CBR: community-based rehabilitation）然り、住宅供給（community-based housing）然り、精神衛生（community-based mental health）然り、まちづくり（community-based development）然り、教育（community-based education）然りである。こうした領域横断的に用いられるコミュニティの概念を明確化することができるのは、おそらくコミュニティの学としての地域社会学を措いて他にないだろう。地域社会学の存在理由の一つは、コミュニティに関する研究成果をあげることにあるとも言える。ところが地域社会学のコミュニティに関する知見が、地域福祉学をはじめとするコミュニティ関連の学問分野において必ずしも生かされていないというのが現状である。たとえば、現在の地域福祉学の教科書を開けてみると、いまだに奥田理論に基づくコミュニティ概念が政策や実践の指針として掲げられているのである。奥田理論の歴史的意義を認めることは吝《やぶさ》かでないが、まさか地域社会学がこの点に関して三〇年以上まったく進歩していないということではないだろう。コミュニティの概念に関する地域社会学の最新の成果の発信を期待したいところである。

◐地域社会学の実証研究への期待

第二に、地域社会学の実証研究が地域福祉学に対して貢献しうる点については、地域福祉学の実践と政策に分けて考えることができるだろう。

実践の場面でみると、ソーシャル・サポート、ソーシャル・キャピタル、住民参加などに関する実証研究は、地域福祉実践にとって有用である。地域福祉における実践は、地域住民の自主的な活動の連絡調整と統合を図る過程である。したがってミクロの水準における社会関係がどのような特徴をもっているかということを知ることが、この実践を効果的に進めるうえで不可欠の知識となる。地域福祉学における実践研究では、事例研究やその経験的一般化をつうじてコミュニティワークの技法が累積されているが、これらを体系化するためには、地域社会学における実証研究の成果が役立つものと思われる。

政策の場面でも、地域社会学の実証研究は有用である。現在、医療現場で始まった「根拠に基づく医療」（EBM: evidence-based medicine）の考え方が公共政策の決定の領域にも適用され、政策決定も根拠に基づくことが求められるようになってきた。おそらく地域福祉の政策においても同様であろう。地域社会学の実証研究は、このような政策決定の根拠（エビデンス）を提供することが期待される。たとえば、地域福祉に関する計画を策定するときにたえず問題となるのは、圏域の設定という問題である。どのような規模の圏域を設定したときに福祉サービスの供給は最も効果的となるのか、福祉サービスの種類によって、たとえば高齢者のための福祉と障害のある人のための福祉とでは圏域の大きさが異なるのか同じなのか、といった点が明らかになっていないと圏域を設定することはできない。ところが、この種の問いに対して答えてくれる根拠（実証研究）が存在しないと、地域福祉計画における圏域の設定は前例や経験に基づくことになってしまう。空間的な距離という変数が人びとのコミュニケーションに対してどのような影響を及ぼすか、といった点に関する研究は本来地域社会学が最も得意とする研究分野であろう。この種の研究成果が出されることを期待したい。

◯地域福祉学の貢献

反対に、地域福祉（学）の地域社会学に対する貢献が期待される点もある。第一に、地域社会学にとっては、地域福祉実践の現場そのものが研究対象である。もちろんミクロの水準における相互行為はすべて社会学の研究対象であるという意味で、地域社会学の研究対象である。しかしそれだけでなく、地域福祉が主流化した現在では、地域福祉活動は地域における社会過程の重要な一部を構成するから、地域の社会構造に関する研究を行う場合にもこれを無視することはできないだろう。第二に、地域福祉学は、地域社会学のアイデンティティに関係する論点を提供するように思う。というのは、社会学のなかではコミュニティの概念が拡張して理解されるようになっているが、こうした状況に対して地域福祉の存在は一石を投じるからである。近年、「地図にないコミュニティ」の存在が浮かび上がってきており、コミュニティが空間から切り離されて理解される傾向もある。ところが、地域福祉（学）は人間の身体性や実在の空間・場所を強調する。というよりは、それらを抜きにしては考えることができない。仮想的なコミュニティでは福祉サービスやケアは問題となりえないからである。地域福祉は地域社会学に対して、人間の身体と結びついたローカリティというものをどうとらえるべきかという課題を突きつけているように思う。

以上からわかるように、地域社会学と地域福祉学は相互に協力関係を築くことができるし、また、そうすべきである。もう少し一般化すると、社会学と社会福祉学は地域福祉を媒介にして協力関係を築くことができる、ということである。「縮小社会」における地域社会学は、これまでと同様、あるいはこれまで以上に、地域福祉（学）とのつながりをもつべきであるというのが本章の結論である。

（二〇〇八年五月）

注

（1）本章は、地域社会学会第三三回大会（二〇〇七年五月に金城学院大学で開催）のシンポジウム（「縮小社会と地域社会の現在――地域社会学が何を、どう問うのか」）における報告に基づいている。

（2）総務省統計局の『統計年鑑平成二三年版』（三五頁）によると、日本の人口のピークは二〇〇四年の一億二七七八万七〇〇〇人で、〇五年には減少したが、〇六年と〇七年は若干増え、〇八年以降は減少を続けている（《http://www.stat.go.jp/data/nenkan/pdf/yhyou02.pdf》2011/11/15）。

（3）同学会は、二〇〇九年七月に、日本ソーシャルワーク学会へ改称された。

（4）一般に、社会政策の発達とソーシャルワークの発達はどちらかというと逆相関の関係にあり、たとえば、スウェーデンのような社会政策の発達している国では、アメリカほどソーシャルワークが発達していない。反対に、アメリカのようにソーシャルワークの発達している国は社会政策の発達が遅れているように見受けられる。

（5）社会福祉法の四条は次のようになっている。「地域住民、社会福祉を目的とする事業を経営する者及び社会福祉に関する活動を行う者は、相互に協力し、福祉サービスを必要とする地域住民が地域社会を構成する一員として日常生活を営み、社会、経済、文化その他あらゆる分野の活動に参加する機会が与えられるように、地域福祉の推進に努めなければならない。」

（6）ちなみに社会福祉法の成立後、同法改正との因果関係は定かではないが、国家公務員I種の採用試験における従来の「社会」が「人間科学II」（教育・福祉・社会系）へと再編され、それまでの「社会福祉概論」という出題分野は「地域福祉論」へと変更された。二〇一二年に「人間科学I」と「人間科学II」の試験区分は統一されて「人間科学」となったが、地域福祉論の出題分野は維持されている。

追記

本章のもとになった報告がなされた当時（二〇〇七年）は「人口減少」が話題となっていて、地域福祉学会でも「縮小社会」がシンポジウムのテーマとして掲げられた。二〇〇五年二月に総務省が、〇四年一〇月一日現在の国内の男性人口が戦後はじめて減少した、と発表して以降、人口減少が現実味を帯びるようになったからである。注で補足したように、実際には、二〇〇四年に総人口がピークを迎えた後の数年は若干の増減があり、減少が続いているのは〇八年からである。一九九〇年代末、「Y2Kバグ」（二〇〇〇年問題）が叫ばれた。二〇〇〇年を境に、西暦年が下二桁でしか処理されていないコンピュータが誤作動を起こして、世界中が大混乱に陥るのではないかという懸念からだった。実際には、用意が周到になされたためか、さしたる混乱は生じなかった。

人口減少についても、未知との遭遇のように、あまり騒ぎすぎるのもいかがなものかという思いもあって、本章の前半は鎮静化の論調となった。ただ、現在の時点で考えると、経済成長や労働力率の水準については楽観的にすぎたかもしれない。リーマンショックの結果、二〇〇八年度と〇九年度は、マイナス成長を記録した（二〇一〇年度はプラスに転じたが、一一年度には名目でマイナス、実質でゼロ成長だった)。さらに、労働市場や労働環境も社会の変化にうまく適応できていない。このため労働力率の引き上げにも成功していない。とはいえ、というか、ますます本章で述べたように、生産性の上昇や労働力人口の維持を図ることが重要となってきている。

第10章 ローカル・ガバナンスと地域福祉
——地方自治の学校

1 ローカル・ガバナンスとは

地方自治の世界では、現在、第三章、第九章で見たように、ローカル・ガバナンス(1)という考え方が注目を集めている。この言葉をはじめて聞いた人にはそれが何のことを意味しているかわかりにくい。そこでウェブ上でこの言葉がどのように定義されているかを調べてみると、地方自治関係者は、各種ホームページのなかで、ローカル・ガバナンスを以下のように定義していた。

・パートナーシップ、協働により育成された市民、NPO、企業等の多元的な主体が、行政と対等の立場に立ち、地域や公共の課題に対応するために、一定のルールの下、各々が社会的役割と責任を担っていくという、多元的主体による社会の統治秩序形成機能の発揮である。(2)

・公共政策の立案や公共サービスの提供などの活動を行政、市民、NPO、企業などの多様な主体が参画し、協働して行うこと。(3)

・ガバナンスとは、住民やNGO、NPO、企業といった民間セクターが行政と対等の立場に立って行政運営を行うという行政の新しいあり方を意味します。その地方行政版がローカル・ガバナンスです。(4)

・ローカル・ガバナンスとは、一言でいえば多様な人たちがかかわって地域を元気にする手法です。(5)

・「住民を主役に据えて行政や議会との新しい関係を築き、より良い自治の運用秩序を目指す運動」と捉えており、重要なことは、住民相互による水平的調整機能を高めることである。(6)

・①地域的に共有された優先順位と政府計画とを一致させる政策協調、②地域の木目細かいニーズへの適応、③政策の企画立案・履行・評価の場面における市民と企業の参加、そして④政策効率の向上を追求するための統治のあり方を意味する。(7)

以上の引用の共通する部分を取り上げると、ローカル・ガバナンスとは、行政と市民が対等な立場に立ったうえで協力し合いながら地域の問題を解決していくことである。この点が以上の諸定義の最大公約数であろう。ここでいう市民のなかには、地域住民だけでなくNPOや企業を含む地域内のさまざまな諸団体が含まれることになる。また上述の定義のなかには、ローカル・ガバナンスを公共政策の立案や実施に限定して用いているものもあるが、とくにそうした限定を付す必要はないと思われる。

2 ローカル・ガバナンスの背景

ガバメントからガバナンスへ

さて、このような意味をもつローカル・ガバナンスが近年の日本の地方自治のなかで注目されるようになってきた背景には第三章で見たように、いくつかの事情が存在する。

第一は、一九八〇年代末から「ガバメントからガバナンスへ」といった動きがあったことである。これは日本に限ったことでなく、国際的な現象である。中邨章によると、ガバナンスという概念が国際的に注目を集めるようになったのは、一九八八年にガイ・ピーターとコリン・キャンベルによって『ガバナンス』と呼ばれる学術雑誌が刊行されて以来のことである（中邨［二〇〇三］一六頁）。

この「ガバメントからガバナンスへ」というスローガンの背後には、ガバメント（政府）の機能が低下しつつあるといった認識がある。中邨は、その原因の一つを経済のグローバル化に求めている（中邨［二〇〇三］）。彼はこの点を次のように説明する。

従来、政府、ことに中央政府は自治体と異なる重要な機能をもつと考えられてきた。中央政府は旅券や査証を発行し、人口の流れをコントロールしてきた。また、関税という方法で商品の流れを規制してきたのも中央政府である。ところが、近年の経済活動は、従来の政府の枠組にはおさまりきらない規模と速さを誇るようになった。むしろ、最近の経済は政府の規制を無視する行動をとる例が多い。……（国際的な金融の）圧力に対して政府は

いずれの国においても「統治」能力を欠いた。政府の後退がいわれる理由は、そのあたりに起因する。(中郵[二〇〇三]一九頁)

要するに、経済のグローバル化のなかで、以前と比べて、各国政府は国内政策に対する裁量の幅を狭められるようになり、各国政府はグローバルな動きの制約から逃れられなくなったということである。

政府機能の低下のもう一つの原因として、中郵が指摘しているのは、情報技術の発展である。とくにインターネットの発達は広大なサイバー空間をつくりだしたが、各国政府はもはやこれを統制することができなくなっている。たとえば、「個人がアメリカのバーチャル書店と交渉し書物を手に入れる商取引に、日本政府が関与することはほとんど不可能」(中郵[二〇〇三]一九頁)であり、日本で認可されていないサプリメントもインターネットをつうじてアメリカの薬局から購入することができる。また政府が従来のような形で情報を独占することもむずかしくなっており、北朝鮮のような例外もあるが、現在ではかつてのような独裁的な政治体制を維持することができなくなっている。

このようなグローバル化や情報技術の発展によって、従来の政府機能が低下してきており、この問題を打開するために注目されたのがガバナンス(統治)という概念である。ガバメント(政府)の下では、国と地方の関係や、政府部門と民間部門との関係は垂直的なものだった。国は地方の上位に立ち、政府部門は民間部門の上位に立っていた。政府が十分に機能していたときは、それでとくに問題はなかったし、また、このような上下関係が成り立つような情報の格差が国と地方や政府と民間の間に存在した。ところが中央政府の力が従来に比べて弱くなり、従来果たしていたような役割を果たせなくなってくると、そもそもこうした上下関係を維持することはむずかしくなる。このため国と地方の関係や政府と民間の関係も垂直的なものから水平的なものへと変化し、政府が果たしてきた機能を補完するためには、中央政府以外の協力が必要となってくる。このため統治はこれまでのように中央政府の独占物ではなくなり、自治体や非政府部門と分有されるものへと変わる。ガバナンスの訳語はもともと「統治」であったが、日本語の統治だとこうした水平的関係の意味をうまく表現できないため、最近では「協治」や「共治」が訳語として用いられるようになっている。

ローカル・ガバナンスは、もともと国（中央政府）に対して言われていた、以上のようなガバナンスの考え方を、自治体（地方政府）に対しても当てはめていこうとするところから生まれた。

◯地方分権改革

第二の事情は、一九九〇年代以降の地方分権改革である。これは日本に固有なものである。

第二次世界大戦以前の日本の地方制度は、明治政府が廃藩置県によってつくりあげたもので非常に中央集権的な性格をもっていた。占領期の戦後改革のなかで、地方制度についても民主化が進み、日本国憲法は、地方制度を「地方自治の本旨」（住民自治と団体自治）に基づいて組織・運営することを定めた。その意味で、戦前よりは戦後の地方制度の方が分権化されたはずだった。ところが実際には、国が補助金や機関委任事務などの手法をつうじて地方を統制する仕組みが維持され続けたのである。こうした戦後地方制度の「形式分権・実質集権」といった性格を改めるために始められたのが地方分権改革である。

社会福祉の世界でも事情は同様だった。一九八〇年代までの福祉行政は国の機関委任事務がその大半を占めており、福祉行政は市町村が主体的に行うものというよりは国の下請的な性格が強かった。また、機関委任事務以外の福祉行政も国の補助金を受け取って実施するために国の統制が強く及んだ。一九八六年には、それまでの国の機関委任事務が団体事務へと変更され、国の権限が市町村に及ばないようにするための工夫がされたが、実際には「形式分権・実質集権」の慣行が続いた。しかし一九九〇年に、社会福祉八法の改正が行われ、事態が若干改善された。この改正で、従来、補助金の補助要綱などで定められていたにすぎない在宅福祉サービスが、第二種社会福祉事業として位置づけられた。また、高齢の人や障害のある人のための福祉の分野では、在宅福祉サービスを提供する権限や施設入所のための措置権などが都道府県から市町村へと委譲された。これによって在宅・施設双方の福祉サービスの提供が市町村へと一元化され、福祉サービスにおける市町村の役割が強化された。

こうした分権化の動きは社会福祉の世界に限られるものではなく、地方制度の全体に及ぶ。というより、社会福祉行政における分権化は、地方制度全般における分権化の流れのなかの一部である。一九九五年には、地方分権推進計画の策定や地方分権推進委員会の設置を定めた地方分権推進法が制定された。この法律によって地方分権推進委員会が発足し、五次の勧告を出した。これらの勧告に基づいて「地方分権推進計画」が策定され、これを実施に移すため、一九九七年には地方分権一括法が成立した（二〇〇〇年施行）。このなかで「形式分権・実質集権」の温床と目されてきた機関委任事務が廃止された。さらに二〇〇二年以降、①補助金の廃止・縮減、②地方交付税の総額抑制と簡素化、③国から地方への税源の移譲をめざして、いわゆる「三位一体改革」が進められた。これら一連の改革によって、日本の地方制度は分権化の一歩を踏み出したのである。

地方分権改革のなかでは、国と地方との上下関係や統制関係が問題となっていたが、考えてみれば、地域社会のなかでは、行政も、地域住民にとってみれば、地方公共団体にとっての国と同じようなものである。住民にとって行政は、地方にとって国がそうである以上に、「お上」であり、行政と住民の間にも上下関係や統制関係が依然として残っていた。地方分権改革も論理的に突き詰めて考えると、地方自治体と地域住民との間での分権にまで行き着く。国が地方に対して権限を委譲するのが正しいとすれば、自治体が地域に対して権限を委譲するのも正しいことになる。そこで登場してきたのがローカル・ガバナンスの考え方である。

◗平成の大合併

第三は、地方分権改革の流れのなかで出てきた「平成の大合併」である。市町村合併にさいして主張されたのも、ローカル・ガバナンスである。たとえば、二〇〇三年に出された地方制度調査会の報告書(『今後の地方自治制度のあり方に関する答申』)は、ローカル・ガバナンスという言葉は使っていないが、次のように述べている。

> 基礎自治体は、その自主性を高めるため一般的に規模が大きくなることから、後述する地域自治組織を設置することができる途を開くなどさまざまな方策を検討して住民自治の充実を図る必要がある。また、地域における住民サービスを担うのは行政のみではないということが重要な視点であり、住民や、重要なパートナーとしてのコミュニティ組織、NPOその他民間セクターとも協働し、相互に連携して新しい公共空間を形成していくことを

目指すべきである。（地方制度調査会［二〇〇三］三―四頁）

合併後、総じて規模が大きくなる基礎自治体内において住民自治を強化する観点や、住民に身近なところで住民に身近な事務を住民の意向を踏まえつつ効果的に処理するという観点から、基礎自治体の事務のうち地域共同的な事務等を処理するため、下記4(1)の地域自治組織（仮称。以下同じ）の制度を活用することが考えられる。（地方制度調査会［二〇〇三］八―九頁）

ここでいう「4(1)の地域自治組織」とは「基礎自治体内の一定の区域を単位とし、住民自治の強化や行政と住民との協働の推進などを目的とする組織」のことを指している(8)。

こうした指摘を踏まえて、行政学者の真山達志は「合併後の新しい市や町」においては「ローカル・ガバナンス」によって「新しい住民自治の模索」を図ることが必要で、それができないと、「せっかく合併をして規模を大きくしても単に今までのものを足し合わせただけということになってしま」うと主張している(9)。市町村合併は市町村の財政力を強化するという意味では、地方分権の趣旨に沿っているが、他方で、市町村が大規模化することで地域住民との距離が広がるという矛盾を本質的にはらんでいる。この矛盾を調停するために登場したアイデアがローカル・ガバナンスであった。

3　日本に固有な地域福祉

ところで日本でローカル・ガバナンスが台頭してきた時期というのは、後で述べるように、社会福祉の世界で、地域福祉が主流の位置を占めるようになってきた時期と重なっている。これは偶然だろうか。私は、これは単なる偶然の一致ではなくて、第九章でも述べたように、ローカル・ガバナンスと地域福祉というものが必然的に結びついているからだと考えているのだが、そのことについて論じる前に、地域福祉というものが、日本の地域社会に根ざした、日本に固有のものであるという点について確認しておきたいと思う（武川［二〇〇六a］）。地域福祉は、日本の地域社会に根ざしたものであるからこそ、主流化してきたのだとも言えるからである。

日本の社会福祉学の世界ではカタカナ言葉が非常に多い。私は、一九八八年に、あるシンポジウムで次のように発言したことがある。

私はもともと社会学の出身で、社会福祉の世界のことを勉強するのはだいぶたってからです——社会福祉の世界をみてまず感じたのは、カタカナの言葉、概念が蔓延しているということです。ニードもそうですし、ソーシャル・ポリシーとか、ソーシャル・アドミニストレーションとか、非常に長い片仮名の言葉が入っています。三浦先生の『社会福祉経営論』をかつて読んだことがあるのですが、そのなかでニードに関して書いてあるページを開くと、非常に目がチカチカする。それはどういうことかというと、一ページの中にひらがなと片仮名しか入っていなくて、漢字がないのです。非常に読みにくいという印象だけが残っています。（京極ほか編［一九八八］八二—八三頁）

二〇年以上たった今日、こうした事態は改善されただろうか。たとえば、地域福祉に関する比較的新しい放送大学の教科書の索引のア行のところを見ると次のようになっている。

アドボカシー、アドボケイド・プランニング、アリス・アダムス、井岡勉、委託金、インクルージョン（積極的統合）、インターグループ説、インナーシティ、インフォーマル・サポート、インフォーマル・ネットワーク、ウルフェンデン報告、右田紀久恵、運営適正化委員会、運動計画、運動論的アプローチ、エーデル改革、エドワード・デニスン、エルバーフェルト・システム、エンパワーメント、大阪府方面委員制度、大橋謙策、岡村重夫、岡山県済世顧問制度、岡山博愛会、小河滋次郎、オクタビア・ヒル、恩賜財団同胞援護会、オンブズパーソン制度、オンブズマン制度（牧里［二〇〇三］一九六頁）

カタカナ表記にせざるをえない外国人の人名のことは割り引いて考えたとしても、外来語の割合がかなり高いことは現在も二〇年以上前と変わっていないようである。

一九八九年、当時の小泉純一郎厚生大臣の下で厚生省のなかに用語適正化委員会が設置され、カタカナ語の言い換えが行われた。これによってニーズは需要や要望などに置き換えることになったが、あまり定着しなかったようだ。一九九七年に小泉氏が再度厚生大臣になったとき、用語適正化委員会を復活させて、カタカナ語の日本語化を行うよう指示を出した。その結果、厚生行政の文脈では、ショートステイが短期入所生活介護、デイケアが日帰り介護となるなど、福祉サービスの名称の日本語化がある程度進んだ。しかし社会福祉の研究や教育の世界では、カタカナ語の氾濫があまり問題だとは考えられていないようで、事態の改善はまったく進んでいない。

日本の社会科学は、近代化の過程で先進国からの輸入学問として始まったところがあるから、社会福祉学に限らず、多くの学問分野で当初は外来語が専門用語として用いられることがある。しかし他の学問分野は明治以来、外来語を日本語化するための努力をしてきたのである。ソサエティは苦心惨憺のうえ社会と訳され、これが定着した。ディマンドも需要と訳され、これが定着した。同様の例は枚挙にいとまがない。最近でも、医療の世界だと、日本語化の努力がたえず行われ、翻訳がむずかしいと思われたインフォームド・コンセントも「説明と同意」として、エビデンス・ベースト・メディスン（EBM）も「根拠に基づいた医療」として日本語化された。ところが社会福祉学の場合には、その種の努力はほとんど行われていない。

このような外来語中心の日本の社会福祉のなかにあって地域福祉は数少ない例外の一つである。いわば国産概念である。このことをよく表しているのは、地域福祉に一対一で対応する英語がなかなか見つからないということである。たとえば杉岡直人は次のように指摘している。

> 「地域福祉」に対応する英訳を求めて各種の事典（辞典）をみても、community development、community care、community work、community welfare、community-based social services とまちまちである。「地域福祉」という用語そのものに対応する適当な英訳が存在しないことは通文化的に対応できない内容を含んでいることであろう。（杉岡［二〇〇一］三〇頁）

私は個人的には、community-based welfare というのが日本の地域福祉にいちばん近いのではないかと考えているが、それはさておき、ここで杉岡は地域福祉が「通文化的に対応できない内容を含んでいる」ということを否定的にとらえているように見受けられる。しかし私はむしろそれは地域福祉の国産概念たる由縁であり、このことを積極的にとらえたいと思う。

一対一で地域福祉に対応する外国語が存在しないということは、英語（や欧米系の言語）の場合だけでなく、東アジアの漢字文化圏の場合も同様である。たとえば、韓国語にも「地域福祉」のハングル表現（지역복지）という言葉はあるが、それは日本の地域福祉と意味を異にしているため、日本の地域福祉に言及するとき、韓国では「地域社会福祉」（지역사회복지）という表現を用いることが多いようである。また中国には社区福利という言葉があって、これが日本の地域福祉に近い意味をもっているが、まったく同じというわけではない。重なる部分もあるが、それぞれはみ出す部分もある。社区は自然村と行政村の双方の意味を兼ね備えており、日本語の地域とはやや異なる。社区福利服務（地域福祉サービス）の内容も、日本の場合よりかなり広範囲に及ぶようである（沈編［二〇〇六］）。

以上から推察されるように、地域福祉は、日本の社会福祉の世界では珍しい土着の概念であって、日本独自の意味合いをもっている。それはちょうど、コミュニティケアの考え方がイギリスの文化に根ざしたものであるのと似ている。

4　地域福祉の発展段階

地域福祉は社会福祉の世界では稀有な国産概念であるというだけでなく、二一世紀の日本の社会福祉のなかで主流の位置を占めるまでになっている。ここにいたるまでには、地域福祉を定着させるためのさまざまな努力がなされてきた。それらは大体において次のような三つの段階に分けて考えることができるだろう（日本の地域福祉の源流は戦前の方面委員制度やセツルメント活動にまで遡ることができるが、ここでは現在の変化を際立たせるために、あえて戦後の時期に限定する）。すなわち一九八〇年代末までの「社協主導の段階」、八〇年代末から九〇年代にかけての「行政化の段階」、二〇〇〇年以降の「地域福祉の主流化の段階」である。

●社協主導の段階

一九八〇年代末までは社会福祉協議会が中心になって地域福祉の定着が図られた。もちろん地域福祉実践の場面においては、社協以外の団体や個人も重要な役割を果たしているが、政策に焦点を置いて考えると、社会福祉協議会の役割が非常に大きい。そして一九八〇年代末までの時期は、社協の努力によって、地域組織化活動（コミュニティ・オーガニゼーション）の普及が試みられた。

地域福祉の概念は、戦後日本の各時期に生まれた要素が積み重ねられていってできあがっていると私は考えているが、地域組織化は、日本の地域福祉を考えるさいの第一の要素である（武川［二〇〇六ａ］）。また、一九七九年には『在宅福祉サービスの戦略』が全社協から出され（全国社会福祉協議会［一九七九］）、それまでの施設中心の福祉から在宅中心の福祉への転換が提案された。その後、国も在宅福祉サービスの拡充に力を入れ、現在では、福祉サービスの重要な部分となっている。それと同時に、在宅福祉は、日本の地域福祉の概念を構成する第二の要素となった。

さらに一九八三年になると、社会福祉事業法が改正され、市町村社協が法制化された。これに呼応して、翌一九八四年には、同じく全社協から『地域福祉計画』の構想が打ち出されている（全国社会福祉協議会

［一九八四］）。それだけでなく、地域福祉の推進に関して研究面でのバックアップを図るため、一九八七年には、全社協の協力の下、日本地域福祉学会が発足している。

◐行政化の段階

このように一九八〇年代末までは社協主導の形で地域福祉の推進と制度化が図られたわけだが、これに対する転機となったのが、八九年に東京都が打ち出した「三相計画」の構想と、九〇年の社会福祉関係八法の改正である。

前者は、これまでのように社協だけではなく行政も地域福祉の推進にコミットしていくことを鮮明にしたという意味で重要である。一九八八年、東京都社会福祉審議会は「東京都におけるこれからの社会福祉の総合的な展開について」のなかで、「地域福祉推進計画」について提言をした。この答申の基本的な考え方は、現在の社会変化に対応した都市型社会システムを構築するためには、社会福祉に関しては現在の行政計画だけでは不十分であり、「東京都、区市町村、住民の多様な福祉活動などの各レベルで、それぞれの地域の特性に沿った形で目標を設定し、その目標に向かって協働する新たな地域福祉の計画が求められている」というものであった（東京都地域福祉推進計画等検討委員会［一九八八］一〇頁）。この答申がこうした「新たな地域福祉の計画」として提唱するのが、いわゆる「三相」の計画であって、それは、①東京都が策定する地域福祉推進計画、②「区市町村地域福祉計画」、③社協が策定する「地域福祉活動計画」から成り立っていた(10)。要するに、社協だけではなくて行政が地域福祉に関する計画づくりをすることが提案されているのである。

これに対して、一九九〇年の社会福祉関係八法改正では、社会福祉事業法の改正のなかで地域福祉を重視する姿勢が打ち出された。第九章で述べたように、地域福祉という言葉自体は、二〇〇〇年の社会福祉法の成立まで法律の用語としては存在していなかったが、事実上、地域福祉を指すと思われる表現が社会福祉事業法のなかに盛り込まれたのである。すなわち同法の三条で、「福祉サービスを必要とする者」に対しては、「地域において必要な福祉サービスを総合的に提供される」ことを求めることが記された。これは国が地域福祉の方向に一歩踏み出したことを意味する。

また、八法改正のなかで市町村に策定が義務づけられた老人保健福祉計画の存在も大きい。福祉サービスの提供の権限が市町村に一元化されたことと相俟って、社会福祉の世界では「地域への配慮」についての合意が形成されていく。

「三相計画」は地方公共団体が、社会福祉事業法の改正は国が、それぞれ地域福祉の方向へ舵を切ったという意味で、地域福祉の「行政化の段階」の始まりだった。これ以降、地域福祉の名を冠した行政計画を策定したり、行政施策のなかに地域福祉を標榜したりする地方自治体の数が増えてきた。

このように社協だけでなく行政が地域福祉を取り上げるようになったため、社会福祉のパラダイム転換が生じたと見る研究者もいる。たとえば、古川孝順は、「地域福祉は、福祉理論構成のための『アリーナ』（戦場）としての意味をもつようになってきている」と述べて、こうした変化が社会福祉におけるパラダイム転換の一例であることを示唆している（古川［一九九七］二二八頁）。三浦文夫は、地域福祉の「行政化の段階」に行われた社会福祉基礎構造改革について、「今後の社会福祉の展開それ自体を地域福祉の推進としている」と述べている（三浦ほか［一九九九］三二頁）。

◯地域福祉主流化の段階

このように戦後日本の地域福祉は、社協主導の段階、行政化の段階を経て、現在、「地域福祉の主流化の段階」に入ったと言える。地域福祉の主流化は、直接には社会福祉の世界で地域福祉が前面に躍り出てくることを意味している。しかし、それだけにとどまらない。狭い意味での社会福祉の世界を超えて現在の日本社会に広がる現象である。この点は、第九章ですでに述べたが、ここでは次の五点として再整理しておこう。

第一は、法律の世界における地域福祉の主流化である。二〇〇〇年に社会福祉事業法が改正されて、社会福祉法となった。この法改正によって、それまで社会福祉関係の法律のなかには存在しなかった地域福祉が法定化された。

第二は、地域社会における地域福祉の主流化である。人口の高齢化によって、地域に基盤を置いた（コミュニティ・ベーストの）保健・医療・福祉は、当該地域が存続するために不可欠な条件となっている。このことは、とりわけ高齢化の進んだ中山間地において当てはまるが、都市部も例外ではない。人口減少の続く地方都市はもちろん、大都市においても同様である。

第三に、地域住民の間での地域福祉の主流化である。地域福祉が地域社会の存立要件となるに及んで、地域住民の間でも地域福祉への関心が高まり、地域福祉活動の担い手が増えた。

第四は、社協活動における地域福祉の主流化である。平野隆之は地域福祉活動の累積が市町村の地域福祉計画を必然化したと主張しているが（野口・牧里編［二〇〇七］一一―一七頁）、ここ二〇年くらいの間に、各地の社会福祉協議会が中心となって小地域を基盤にした地域福祉活動が拡充した（全国社会福祉協議会

［二〇〇七］）。

とくに「ふれあい・いきいきサロン」は「元気だけれども閉じこもりがちの高齢者や虚弱高齢者等を対象に、身近な地域で気軽に出かけられる場所を住民が主体となって作ろうと取り組み始められた」もので、各地の社会福祉協議会が関係するものだけで、二〇〇三年の時点で、すでに全国三万七〇〇〇カ所にのぼっているという。

第五は、地方行政における地域福祉の主流化である。日本が急速な工業化を経験した一九六〇年代七〇年代には、全国各地の自治体で学校教育と社会教育をつうじた「コミュニティ形成」が地域政策の課題となったが、現在では、保健・医療・福祉が地方行政のなかで最大の関心事となったのである（もちろん教育が軽視されているわけではない）。

5　ローカル・ガバナンスの学校としての地域福祉

以上で見てきたように、ローカル・ガバナンスが日本で注目されるようになった時代というのは、地域福祉が主流化する時代でもあった。これは偶然の一致ではなく、両者の結びつきには本質的なところがあるように思われる。

第一に、すでに述べたように、地域福祉が、地域社会や地域住民や地方行政のなかで主流化してきているため、地域福祉が現在の地域における諸問題のすべてであるとまでは言えないまでも、最大の課題の一つであるということは言える。したがって、ローカル・ガバナンスによって達成する内容が何かということを考えてみると、それは地域福祉に関するものが大きな部分を占めるのである。また、一見、地域福祉とは関係ないように見えるものであっても、何らかの形で地域福祉とかかわってこざるをえないような現状が、現在の日本の地域社会にはある。

第二に、地域福祉の手法とローカル・ガバナンスの手法には重なる部分が大きい。地域福祉は伝統的に地域住民の自主性や主体性を重んじ、住民参加や住民自治を重視してきた。「自治型地域福祉」という言い方がされたこともあった（右田［二〇〇五］）。コミュニティワークなどは広い意味での住民参加のための技法とも言えるだろう。社会福祉法のなかに定められた地域福祉計画もその策定にあたって住民参加が法的に義務づけられているし、そもそも地域福祉活動が住民参加の一形態である。地域福祉計画の策定にさいしては、地域住民が地域の課題を発掘して自主的に解決するために、小地域単位の住民座談会・懇談会やワークショップなどが重要な役割を果たしている。

以上のような理由から、ローカル・ガバナンスと地域福祉は密接不可分な関係にあると言える。ローカル・ガバナンスの内容は地域福祉であり、地域福祉の方法はローカル・ガバナンスであるといったところがある。あるいは、地域福祉はローカル・ガバナンスという言葉が出現する以前からローカル・ガバナンスとしての実質を備えていた、というところだろうか。その意味で、日本の地域福祉はローカル・ガバナンス以前のローカル・ガバナンスである。

このような地域福祉とローカル・ガバナンスとの結びつきを示す恰好の例として、最後に、愛知県高浜市における「地域内分権」の実験の例を紹介して本章を終わりたい。

榊原美樹によると、「高浜市は、一九八九年に就任した森貞述市長のもと、『福祉のまちづくり』を打ち出し、それを住民参加により進めてきた」。二〇〇一年には全国社会福祉協議会のモデル事業として地域福祉計画づくりを行い、その後、地域福祉を切り口にまちづくりを進めてきた。そして、「現在、小学校区への『地域内分権』という新たなしくみを取り入れることで、つぎのステージへの展開を模索している」（牧里ほか編［二〇〇七］三二頁）。

高浜市構造改革推進検討委員会が二〇〇五年三月に発表した『高浜市が目指す「持続可能な自立した基礎自治体」』では、この「地域内分権推進の考え方」について次のように記している。

市民に身近なサービス分野で、地域住民の連携により担うことが、より地域の発展につながるサービスについては、市から地域へ権限と財源を委譲する。

そして、地域においては、小学校区における各種団体を包括するコミュニティ組織を構築し、市から権限と財源の移譲を受けた事業を地域の責任において自主的・主体的に展開していく必要がある。一方、行政においては、地域をリードし、小学校区におけるコミュニティ組織の推進に努めるとともに、ときには黒子となって、地域の自主性・主体性を高めていく必要がある。

また、このような組織が構築されれば、地域住民同士の結束が強くなり、高齢者、障害者、子ども達をはじめ、すべての地域住民が互いに支え合いながら暮らすことのできる、高浜市が目指す「地域共生のまちづくり」の推進につながるものと考える。

そのためには、港小学校区において発足した「高浜南部まちづくり協議会」の平成一七年四月からの事業展開を確実なものとし、その成果を基に、平成二二年度の計画期間終了時までに、他のすべての小学校区に広げていく必要がある。(11)（高浜市構造改革推進検討委員会［二〇〇五］一八頁）

ここでいう「小学校区における各種団体を包括するコミュニティ組織」は、市の作成した資料によると、各小学校区で「まちづくり協議会」という名称で組織された。この協議会は、町内会、婦人会、PTA、いきいきクラブ（老人クラブ）、おやじの会、キッズクラブ、保育園の保護者会、消防分団、公民館、ボランティア団体、企業などから成り立っている。協議会を設立するに先立っては、地域住民による「勉強会」が組織され協議会に関する意見交換と合意形成が行われる。そのうえで準備委員会を設立し、地域課題を抽出する。抽出される地域課題としては、生活環境、健康づくり、子ども育成、防犯・安全、防災・減災、等々がある。そして、拠点施設などハード面の検討を行い、事業化する課題を選定する。協議会には理事長、副理事長、理事、監事など三〇〜四〇人程度の役員と、常勤・非常勤、有償・無償のスタッフから成る事務局が置かれる。住民税の一パーセントや寄付金を積み立てた「まちづくりパートナーズ基金」から「地域内分権推進事業交付金」が支出され、これが協議会の自主事業の財源となっている。地域内の課題解決のためのプロジェクトを自主事業として行うほかに、行政から権限と財源を委譲された事業もあり、そこには防災訓練、介護予防教室の開催、公園管理、拠点施設の管理などが含まれる。

上記報告書でモデルとされている「高浜南部まちづくり協議会」は二〇〇五年三月に発足し、翌四月から事業を開始した。同年一一月にはNPO法人の資格を取得している。ちなみに同協議会が二〇〇六年度に実施した事業には、以下のようなものがある。

①チャレンジド（障害をもった人）の自立支援に関する事業

チャレンジドが運営に携わる喫茶店・パン工房

チャレンジドの雇用推進のためのシンポジウム

②介護予防に関する事業

栄養診断、低栄養予防教室

健康体操教室

高齢者男性を対象とした料理教室

認知症講習会ほか

③子どもの健全育成に関する事業

子どもの居場所づくり事業

親子ふれあい教室

④地域の防災・防犯に関する事業

防災訓練・防犯パトロールほか

⑤公共施設の管理などに関する事業

公園管理事業

ふれあいプラザの管理運営事業

以上の例示からもわかるように、南部まちづくり協議会の実施事業には地域福祉と関係するものが多い。その意味では、ローカル・ガバナンスの実例としてのまちづくり協議会の活動も地域福祉の周囲を旋回していると言えよう。他方、事業の内容だけでなく、協議会の設立に関しては、協議会より前に行われた地域福祉計画のモデル事業での成功体験が役立っていると思われる。地域福祉計画づくりをつうじて培った地域住民や行政職員の力量の大きさがあるからこそ、まちづくり協議会も可能となったのではないか。その意味で、地域福祉はローカル・ガバナンスの学校でもある。おそらく地域福祉において何を学ぶかということが、ローカル・ガバナンスの成否につながるのではないか。

（二〇〇八年三月）

注

（1）本文中に述べた理由からカタカナ書きは避けたいところだが、ローカル・ガバナンスの定訳はいまのところない。ガバナンスは協治や共治と訳されることがあるが、地方協治という言葉が使われている例を見たことがない。したがって本章でもローカル・ガバナンスの用語を採用する。
（2）三菱総合研究所のホームページ（《http://www.mri.co.jp/REGION/NO53/jisyuken/jisyuken.html》2008/01/18）。
（3）三菱総合研究所のホームページ（《http://www.mri.jp/REGION/NO52/gyosei/gyosei01.html》2008/01/18）。
（4）武蔵野大学のホームページ（《http://www.musashino-u.ac.jp/event/radio/take12.html》2008/01/18）。
（5）三重県のホームページ（《http://www.ygu.ac.jp/logos/》2008/01/18）。
（6）三重県のホームページ（《http://www.pref.mie.jp/KIKAKUK/HP/ooyake/02keii/h16kentokeii/h16iinkai/2iinkai/225siryo5.pdf》2008/01/18）。
（7）国立情報学研究所のホームページ（《http://research.nii.ac.jp/kaken-johogaku/reports/H16_A06/A06-00-1.pdf》2008/01/18）。
（8）この地域自治組織は後述の中国の社区に近いと思われる。
（9）秋田県のホームページ（《http://www.pref.akita.jp/sityoson/gappei/torikumi/seminar/mayama.pdf》2008/01/18）。
（10）ただし一九八九年七月に出された最終答申では「区市町村地域福祉計画」が「区市町村福祉計画」に、「地域福祉活動計画」は「住民活動計画」に名称変更されている。
（11）二〇一一年一一月現在、すべての小学校区（高浜南部、吉浜、翼、高取、高浜）で五つの団体がまちづくり協議会として活動している（高浜市のホームページ《http://www.city.takahama.lg.jp/grpbetu/seisaku/shigoto/machi-kyo/index.html》2011/11/16）。このうち一つの団体がＮＰＯ法人となっている。

追　記

二〇〇〇年代の初頭に、全社協（全国社会福祉協議会）のプロジェクトに参加して、地域福祉に関して発言することが多くなったとき、突然、私が地域福祉の研究を始めたと驚いた人（とくに関西の地域福祉研究者）は少なくなかったようである（東京の人間が地域福祉を云々するとは！）。当時の私自身の主観的な思いも、社会福祉法の改正を機に新領域に挑戦するというところがあった。しかし、後からわかったことだが、主観的にはともかく客観的には、私の地域福祉との研究上のつながりは意外と古かった。

一九八〇年代末に東京都福祉局からの委託で、高齢者に対する福祉サービスの必要量を推計したことがある（このときの報告書は、福祉指標研究会『福祉指標の開発に関する調査研究』として東京都福祉局が一九九〇年三月に発行）。推計の方に気を取られていて当時はあまり意識していなかったが、じつはこのプロジェクトの発端は、「社会福祉の総合的展開にあたって、地域福祉を基盤にした福祉サービスの総合化が求められており、それを具体化するものとして『地域福祉計画』の策定が必要である」という東京都社会福祉審議会の答申であった。本章のなかでもふれた「地域福祉の行政化」の段階の端緒となった答申である。受託した当人はあまり地域福祉を意識していなかったが、スポンサーの方は、あくまで地域福祉を推進するための委託研究だった。

また一九九〇年の社会福祉関係八法改正によって、社会福祉事業法のなかに「地域等への配慮」の条項が挿入され、これに対応して、九一年に、全社協が地域福祉活動計画のマニュアルを作り始めた。これにも参加した。社会計画論が専門だからとの理由での参加要請だったと思うが、このときも計画の方に気を取られていて、それほど地域福祉を意識していたわけではなかった。しかし現在、社協の地域福祉活動計画は、行政の地域福祉計画と並んで地域福祉を推進するための車の両輪だと考えられている。

二〇〇〇年の社会福祉法成立の直前に、これもまた全社協が、同法で法定化されることになる地域福祉計画に関するプロジェクトを開始した。一九九一年のマニュアル作りの経験を買われて（？）、私は、このプロジェクトにも参加することになった。その後、地域福祉について発言する機会が多くなったことは冒頭でふれたとおりである。このとき（つまり二〇〇〇年代前半）に話したり書いたりしたものは、編著『地域福祉計画――ガバナンス時代の社会福祉計画』（有斐閣、二〇〇五年）と『地域福祉の主流化』（法律文化社、二〇〇六年）としてまとめた。

本章の初出となった原稿は、雑誌『地域福祉研究』からの依頼で執筆した。上記二つの著書で、地域福祉について私が言いうることは、ほとんど尽きていたので、ここでの内容は、従来からの見解の総括と、二〇〇六年以降の研究の若干の進展を示すものにとどまった。ただし日本の地方自治にとってローカル・ガバナンスが緊要であり、地域福祉はローカル・ガバナンスの要《かなめ》であるとの考えはいまでも変わっていない。重要なことは何度繰り返されても良いだろう。

なお、本章の発表後、地域福祉とローカル・ガバナンスを考えるうえで重要な仕事が相次いで発表された（野口［二〇〇八］、平野［二〇〇八］、山本［二〇〇九］、永田［二〇一一］など）。

第11章 ベーシック・インカム
――ピースミールとユートピアの弁証法

1 ピースミールからユートピアへ

科学哲学者のカール・ポパーは『歴史主義の貧困』のなかで、ピースミール(1)の社会技術という考え方を提唱した。彼によればそれは次のような特徴をそなえている。「漸次的技術者に特徴的な接近法は、次の点にある。すなわち彼は、『全体としての』社会に関するなんらかの理想――おそらくその一般的福祉といったこと――をいだいているかも知れないのだが、全体としての社会を設計し直す方法があるとは信じない。」(Popper［1957］p.106)

ポパーにとって批判されるべきは、このピースミールの社会技術に対置されるユートピアの社会技術であった。彼は社会学者のカール・マンハイムを念頭に置きながら、ユートピアの社会技術を次のように批判した。「ユートピア的社会技術は、明確なプランあるいは青写真にしたがって、『社会全体』を改造することを目指している。つまり『さまざまな要署を占拠し』、『国家が社会とほとんど同一化するところまで……国家権力を』拡張することを目指し、さらにそれらの『要署』から、発展する社会の未来をかたちづくる歴史的諸力を統御することを目指すのだ。それは、当の発展を阻止するか、あるいは発展のコースを予見して社会をそのコースに適合させるか、のいずれかによるという。」（Popper［1957］p.107）

今日、社会政策をめぐる議論においてはピースミールの社会技術が優勢である。学者による「机上の空論」や「青臭い議論」は政策決定者から露骨な形で嘲笑の的とされるか、そうでない場合でも敬遠されるのが関の山である。研究者も為政者がめざす改革の方向に沿って発言するときには為政者の意思を超えた大胆な政策提言を行うこともあるが、現実の政治が向かっている方向とは異なる方向の政策提言を行うときには、自分が空理空論を述べているのではなくて現実主義者であることを示す必要があるため、ピースミールの対応をしがちである。

これはある意味でやむをえないことである。革命の時代であれば、まったく新しい社会政策が採用されたり、旧来の社会政策が全面的に廃止されたりするということもあるだろう。また政権交代が生じたときや社会が急速に変化しているときには、従前の社会政策が大幅に変更されるということもありうる。しかし平時においては、いわば「イナーシャ（慣性の法則）」が作用するから、現に存在している制度を大きく変更することはむずかしい。そこには人びとが既存の制度に慣れ親しんでいるからという理由だけでなく、現在の制度に既得権をもつ勢力が急激な変化に抵抗するといった理由もある。平和な時代にあって可能なのは、ピースミールの変化であってユートピアの改革ではない。

しかし現実の改革がピースミールであるということと、それを支える思考がピースミールであるということは別のことがらである。現実の政策の動きがピースミールであるからといって、政策に関する思考もピースミールであるべきだということにはならない。むしろ現実がピースミールにしか動かしえないからこそ、思考においてはラディカリズムが追求されるべきだとも言える。

というのは、ピースミールの思考では政策の直近の効果だけに目が奪われるため、その政策が中長期的にどのような効果を生むか、副作用や意図せざる結果をもたらすことはないか、などといったことまで考える余裕がなくなるからである。また現実の変化だけでなく思考までがピースミールになってしまうと、実際に生じた（あるいは生じている）変化を適切に評価することができなくなる。aという政策もbという政策もそれがピースミールである限りにおいては、一見してわかるような大きな違いを見出すことは困難である。しかし長期的にはaとbとの間では決定的な相違が出てくる可能性もある。

その意味で、ピースミール改革の成否を握るのはピースミールというよりはむしろユートピアの思考である。ピースミールの改革が支離滅裂《ランダムネス》の結果に陥ってしまうのを防ぐためにこそ、その構想は原理的な思考によって支えられる必要がある。

現実の改革がピースミールに行われているとき、実現可能性の乏しい政策についての思考実験をすることは、現実主義者から空理空論の誹《そし》りを受けることになるかもしれない。しかし実行可能性についてあえて捨象して、ラディカルな思考を追求してみることは、ピースミールの改革にとっても有益であろう。

第一に、まったく新しい政策に関する思考実験は、ピースミールの思考によっては見出すことの困難な、現行の政策の抱える問題点を、より鮮明な形で浮き上がらせることができる。ピースミールの改革案も、新しく発見された問題を織り込むことによって、そうでなかった場合に比べて改善される。

第二に、ラディカルな思考は、ピースミールの改革案に対する評価基準を提供することができる。思考実験を重ねることによって生成された新しい政策と現実に行われている政策との間には当然のことながら距離が存在する。ピースミールの改革案がこの距離を縮める方向にあるのか拡げる方向にあるのかということを判断することによって、ピースミールの思考のなかに留まっていたのでは知りえない政策間の優劣について評価することが可能となる。

第二章で述べたように、二〇世紀的前提に立つ社会保障制度の抱える諸問題を照射し、現在のピースミールの改革に対する評価の基準を提供するものとして、ベーシック・インカムの構想が現在注目されている。以下、本章では、この構想を検討していこう。

2　ベーシック・インカムとはどのような公共政策か

◯ＢＩとは何か

ベーシック・インカムとは、市民権をもった個人としての人間すべてに対して、無条件で保証される一定額の所得のことを指しており、ＢＩと略称される。イギリスでは「市民所得」（Citizen's Income）ないしＣＩと呼ばれることが多い。日本語に訳すと「基本所得」や「基礎所得」となるが、まだ定訳となるまでにはいたっていない。ベーシック・インカムとカタカナ書きをすると非常に長くて煩瑣となるため、本章では、以下、主としてＢＩという略称を用いることにする。

ＢＩの実現をめざして現在活躍中のグループとして、ＢＩＥＮ（Basic Income Earth Network）というベルギーに本拠地を置く団体がある。ＢＩを一言で定義すると上述のとおりだが、ＢＩＥＮはＢＩの定義についてもう少し詳しく、次のように説明している。

ベーシック・インカムとは全員に対して無条件で、すなわち資力調査や就労要件なしに与えられる所得である。それは現在多くのヨーロッパ諸国で存在する最低所得保証とは、三つの重要な点で異なっている。

・それは世帯に対してではなく個人に対して支払われる。

・それは他に所得があるかないかとは無関係に支払われる。

・それは働いていなくても支払われるし、提供された仕事に就く意思がなくても支払われる。

（ＢＩＥＮのホームページ《http://www.basicincome.org/bien/aboutbasicincome.html》2009/01/25）

この定義を参考にしながら、ＢＩの特徴をもう少し敷衍しておこう。

ＢＩは、いまのところ政府あるいは準政府機関によって運営されることを想定している。このため、①ＢＩは公共政策のなかでどのように位置づけられるのか、②もしＢＩが実現した場合、現行の制度のどの部分がＢＩによって置き換えられるのか、といった点について知っておく必要があるだろう。したがって最初にこれら二つの点について確認する。まず、ＢＩが公共政策の体系のなかでは社会政策の領域に属し、社会政策のなかでは社会保障ないし所得保障のための政策であることを明らかにする（本節）。次いで、ＢＩが従来の所得保障政策とは、どのような点で異なった特徴をもっているかということについて明らかにする（次節）。

所得保障としてのBI

政府の政策の全体を公共政策と呼ぶとすると、公共政策はいくつかの分野に分類することができる。おそらく、①警察や消防など社会の秩序を維持するための最小限の公共政策、②経済の安定や発展をめざした公共政策としての〝経済政策〟、③市民生活の安定や向上をめざした公共政策としての〝社会政策〟といった公共政策の分類をすることは許されるだろう。BIはこの三分類のなかで考えるならば、社会政策の一種である。

人びとの生活は多様な側面から成り立っているから、社会政策の領域も多様な分野にまたがる。どこまでが社会政策の範囲かといった点については意見が分かれるところであるが、現在では、雇用（労働市場や労使関係）、所得保障、ヘルスケア（保健や医療）、福祉サービス、住宅、教育などを対象とした公共政策が〝社会政策〟として考えられることが多い。とはいえBIはこれらすべての社会政策と関係するわけではなく、とりわけ所得保障の領域に関係する社会政策である。したがってBIは社会政策のうちでも所得保障政策の一種と見なすことができる。

所得保障とは、人びとの経済生活の安定のために行われる社会政策である。人びとが窮乏や貧困に陥ることを予防するための措置（防貧）と、窮乏や貧困に陥った人びとを救済するための措置（救貧）とから成り立っていて、いずれも現物給付ではなく現金給付の形態をとる。このため「所得維持」（income maintenance）と呼ばれることがある。イギリスのように社会保障を現金給付に限定して考える国では、社会保障は所得維持に等置される（日本の社会保障は医療や介護などのサービスも含んでいるので、所得保障には限定されない）。

所得保障のうち防貧のための制度は、社会保険と社会手当から成り立っている。退職や障害などの保険事故に遭遇したときに支給される公的年金は前者の典型であるが、失業や育児休業のときに支給される雇用保険も社会保険による所得保障の一種である。社会手当は一定の要件にある人びとに支給される現金給付で、社会保険料ではなくて税金が財源となっている。家族手当（児童手当や子ども手当）、介護手当、住宅手当などが社会手当の例である。

救貧のための所得保障の制度は、通常、公的扶助と呼ばれ、日本では生活保護がこれに当たる。公的扶助の財源も社会手当と同じように税金であるが、公的扶助は厳格な資力調査（ミーンズテスト）をともなうという点では、社会手当と異なっている。

◯BIによる社会保障の置換

BIは、これら所得保障に関する社会政策のうちのどの部分に関係するのだろうか。BIが提唱されるときは、たいていの場合、社会保険・社会手当・公的扶助から成り立つ既存の所得保障システムがBIによって置き換えられることが念頭に置かれている。すなわち社会保険料の拠出実績に応じて給付が受けられるとか、必要判定を行ったうえで給付が受けられるとか、資力調査を行ったうえで給付が受けられるということではなくて、毎月・毎週といったように定期的に一定の金額が全員に対して与えられるというのがBIの基本的な考え方である（自公政権時代の麻生内閣のときに導入された「定額給付金」[2]が、全員に対して毎月支給されるというイメージである）。したがってBIが導入されると、老齢年金や生活保護や児童手当など既存の社会保障給付はすべて廃止されることになる。当然のことながら公的年金の社会保険料も廃止されることになる（ただしその分の増税がありうる）。

もっともBIを一挙に導入することはむずかしいので、過渡的な形態として、可能なところからBI的な給付を導入しようという現実主義的な考え方もある。たとえば、子どもを対象にした児童手当を所得制限なしで一般財源から支給しようとか、高齢者を対象にして老齢年金を資力調査なしで一般財源から支給しようといった構想がそれである。この種の給付を増やしていくと、最終的にはBIとして統合することができるからである。

これらのBI的な給付は、既存の社会保障制度のなかで考えると、社会手当（ないしデモグラント）と同じものである。したがってBIは、既存の社会手当（ないしデモグラント）を普遍化したもの、言い換えると、社会保険や公的扶助をすべて社会手当（ないしデモグラント）によって置き換える構想だということになる。実際、南アフリカではかつてILOの助言の下でBIの実現があともう一歩というところまで迫ったことがあったが（牧野［二〇〇六］）、同国は多くの社会手当の制度を有していて、このことがBIを受け入れる素地をつくっていたものと思われる。

◯BIと税制

現行の所得再分配のための制度には、社会保障と税制の双方がある。BIの構想は、社会保障のなかの所得保障の部分をBIによって置き換えるというものであるが、税制に対しては、どのようなインプリケーションがあるだろうか。

BIの財源に関してはこれまでさまざまなものが提案されてきている。累進課税の所得税を想定する論者も多いが、両者の間に必然的な関係があるわけではない。(3) 論理的には累進税率を財源としたＢＩも考えることができるし、（現行の日本の社会保険料率のように）定率の財源を前提としたＢＩを考えることもできる（というのは、ＢＩは最終所得の平等をめざしているわけではないからである）。資産や消費に対する課税によってＢＩの財源に充てることも可能である。そしてこの場合の税率は累進的であっても逆進的であってもよい。環境税や法人税をＢＩの財源と考える構想もある。このようにさまざまである。しかし実際には、多くの場合、個人所得に対する累進課税、相続税、定率の消費税などをＢＩの財源として暗黙のうちに前提としていることが多いように思われる。というよりＢＩがどのような税制とも両立するので、ＢＩのための税制はこうあるべきだとの議論がしにくいという事情があるのではないか。

とはいえ、既存の所得税制のなかに存在する各種の控除制度については、ＢＩの導入によってこれらを廃止するといった議論が有力である。というのは、一般に「租税支出」(tax expenditure) と呼ばれるこれらの各種控除は、ＢＩの構想と矛盾するからである。たとえば、児童扶養控除は子どものいる世帯に対する間接的な給付であるが、これは子どものいる納税者だけが恩恵をこうむる仕組みであって、所得税を免除される低所得世帯にとってはメリットがない。また一定額の税金が後から戻ってくる税額控除と違って、所得控除の場合には、税率の高い高所得者ほど多くの恩恵をこうむることができるといった逆進性もある。これらの点は、一定の金額を全員に対して無条件に与えるというＢＩの理念に矛盾する。ＢＩと租税支出は論理的に両立しがたいのである。

他方、各種控除の廃止論には、もう少し現実主義的な理由もある。廃止にともなう税収の増加をＢＩの財源として用いることができるからである。租税支出の総額、すなわち各種控除制度の存在による税収の減少は相当な額に上ると考えられている。たとえば、上村敏之の推計によれば、日本の場合、二〇〇六年の所得税の税収が総額一四兆円であるのに対して、租税支出の方は、基礎控除を除外した総額が八兆円に、基礎控除も含めた総額が一〇兆円に上っている（上村［二〇〇八］八頁）。(4)

◯BIと社会サービス

BIが、公共政策の体系のなかでは、社会政策のうちの所得保障政策の一種であるということは、社会政策に対してもう一つの重要なインプリケーションをもつ。それは、あまり注意が喚起されることはないが、BIの構想のなかでは、現金給付以外の社会サービスのあり方について語られることが少ないということである。BIは（支給額が十分に高ければ）アメリカのような私的医療保険制度とも両立するし、（支給額がそれほど高くなくとも）日本やドイツのような社会保険による医療保障とも両立するし、スウェーデンやイギリスのような公共医療サービスとも両立する。介護サービスについても同様である。その意味でBIは、社会サービスの供給形態とは無関係に導入することが可能である。

とはいえBIが人びとの生活保障にとって実質的な意味をもつためにはどれくらいの額が必要かということは、所得保障以外の社会政策がどの程度充実しているかということに依存する、ということにも注意を喚起すべきである。社会サービスが充実している国ではBIの金額は少なくてすむだろうし、反対に社会サービスが存在しない国では相当高額なBIが支給されない限り、BIは当初の目的を果たすことができないだろう。その意味で、BIについて語るときには、医療や福祉サービスをはじめとする社会サービスのあり方についても語る必要がある。

3　ベーシック・インカムとはどのような社会保障か

以上から明らかなように、ＢＩは、公共政策の体系のなかでは、所得保障のための社会政策の一種として位置づけられる。それでは、ＢＩは、どのような点で他の所得保障政策と異なっているのだろうか。この点について検討しておこう。

この点を考えていくうえで、ＢＩＥＮによるＢＩの定義を参照するのが有益である。ＢＩＥＮの定義では、既述のとおり、次の三つの点で、ＢＩは既存の最低所得保証のための政策とは異なることが指摘されていた。改めて示したうえで、解説していこう。

①それは世帯に対してではなく個人に対して支払われる。
②それは他に所得があるかないかとは無関係に支払われる。
③それは働いていなくても支払われるし、提供された仕事に就く意思がなくても支払われる。

(1)　個人単位

◯世帯単位から個人単位へ

これらのうち第一の点は、ＢＩが個人単位の給付であることを示している。

二〇世紀の半ばに西欧諸国で（第四・四半期には日本でも）福祉国家が成立したとき、夫が外で働き妻が家事に専念するという「男性稼ぎ主モデル」に立脚した家族形態がこれらの国においても主流であった。このため当時の所得保障制度は、そうした家族形態を前提にして設計され、世帯単位で給付された。いずれの国でも女性は夫に扶養されるものだという伝統的観念が強かったから、女性は老後も夫の生存中は夫の年金によって生活を営むべきであり、夫が死亡して寡婦となった場合には夫の遺族年金によって生活を営むべきだと考えられていた。税制では、子どもに対する扶養控除だけでなく、配偶者に対する扶養控除が設けられることも少なくなかった。

しかし二〇世紀の後半には雇用者の世帯においても女性の労働力率が上昇したため、夫が外で働き妻が家事に専念するという典型的な「男性稼ぎ主モデル」が当てはまる世帯の割合がしだいに減少し始めた。とはいえ女性が労働市場のなかでは周辺的な位置に置かれるという状況は依然として続いたから、「男性稼ぎ主モデル」そのものが衰退したというわけではなく、修正された形で継続したと言った方が正確である。このため世帯単位の制度が存続する一方で、個人単位の制度の導入も始まり、（日本の場合でいえば）両者が併存する形となった。

❍個人化の政府方針

わが国では一九八五年に基礎年金の制度が導入され、それまで世帯単位で設計されていた厚生年金のうちの定額部分については、基礎年金として個人化された。それまではサラリーマンの妻が離婚した場合、老後に無年金者になってしまう可能性があったが、基礎年金制度の確立によって、そうしたリスクは減少した。一九八五年の改革でも報酬比例部分には手がつけられなかったが、二〇〇四年の年金改革のさいには、離婚時の年金分割制度が導入され、厚生年金についても部分的に個人化された。

一九九四年に発表された社会保障制度審議会社会保障将来像委員会第二次報告では、家族や労働市場の変化に対応して、「社会保障も世帯単位中心のものから、できるものについては個人単位に切り替える必要がある」と述べ、これを踏まえて同審議会が九五年に内閣総理大臣宛に提出した勧告（『社会保障体制の再構築』）でも、「現在の社会保障制度には、妻を夫の扶養者と位置づけるような、従来の女性の役割を反映した仕組みが残されているが、このような仕組みについても真に男女平等の視点に立って見直していかねばならない」と述べられた。その後も、社会保障制度の個人化についての政府の方針は継続した。二〇〇一年に発表された小泉内閣の『骨太の方針』のなかでは「世帯単位が中心となっている現行制度を個人単位の制度とする方向で検討を進め、女性の就業が不利にならない制度とする」と宣言されている。

個人化の方針を掲げるということと、それが着実に実行に移されているということは別のことがらである。日本の場合、現在はまだ世帯単位の制度と個人単位の制度が併存しているという状況が続いている。とはいえ、小泉内閣の閣議決定が撤回されていないのであれば、社会保障制度や税制は可能な限りで個人単位化していくというのが、政府の基本方針となっているはずである。

家族の個人化とBI

ＢＩはこのような社会保障における個人化の政府方針と方向性を同じくするものである。その意味では、ＢＩと現行の社会保障制度がめざしているところの違いは、程度の違いにすぎないとも言える。両者の間に本質的な相違があるわけではなく、ＢＩの方が政府の個人化方針よりもより徹底しているということである。したがって、ＢＩの個人単位という特徴は、ある制度がＢＩであるか否かということにとっての必要件ではあるが、十分条件というわけではない。社会保険と公的扶助から成る既存の社会保障制度についても、完全な個人単位の制度として設計することができるからである。

とはいえBIは個人単位化が徹底している分、給付が個人単位化されることのメリットはそれだけ大きい。そのうちの最も重要な点は、BIが家族形態に対して中立的な制度であるということである。[5] 既存の（日本の）制度は（修正された形であれ）男性稼ぎ主モデルという特定の世帯類型を優遇している。このモデルに合致する世帯はさまざまな所得控除や社会給付を受け取ることができるからである。ところが個人化が徹底したBIの場合は、シングルであるかカップルであるかという点で扱いが異なるということはないし、家族を形成している場合も、どのような形態の家族であるかという点で扱いが異なるということはない。もちろん一人暮らしをするよりは複数の人間で共同生活をする方が、住居費や光熱費などの生活費が節約されるという面はある。したがってBIをもらって一人暮らしをするよりは、BIを持ち寄ってパートナーと暮らす方が経済的には有利である。しかしそれは、現行制度のように男性稼ぎ主モデルに立脚する家族を形成すると追加的な給付が得られるというのとは違う。現行制度と違って、制度そのものが特定の家族形態の形成を応援しているというわけではないからである。家族の多様化や個人化といった社会変動が家族社会学者から共通して指摘される今日（落合［二〇〇四］、山田［二〇〇五］、岩上［二〇〇七］）、BIはそうした社会変動へ適応した社会保障の仕組みだと言うことができる。

（2） 無条件性

BIENによる上述の定義は、資力調査がないという第二の点と、就労要件がないという第三の点でも、

ＢＩが他の最低所得保証プログラムとは異なると主張している。この定義のなかでは、資力調査と就労要件の二つを区別している。しかしこれらは二つとも無条件性というＢＩのより上位の特徴から導き出されるものである。その意味で、ＢＩの特徴は個人単位と無条件性といった二つに要約することができる。次に、この無条件性について検討しておこう。

●ＢＩと市民権

これまでの社会保障は何らかの受給資格を設定して、これに合致する者に対してのみ給付を行ってきた。受給資格に関する要件の第一は、市民権に関係するものである。社会保障制度の発足の当初は、国籍がすべての要件に先立って存在した。フランスの社会保障制度はフランス人のためのものであり、日本の社会保障制度は日本人のためのものであった。ところがその後、内外人平等の理念が各国で浸透し、社会保障制度を利用することができるための条件は、多くの国で国籍から（正規の）居住へと変化してきた。現在では外国人であっても合法的に居住していれば、社会保障制度の多くを（すべてではない）利用することが可能となっている国が多い。市民権の内容が「形式的市民権」（国籍）から「実質的市民権」（居住権）へと変化してきたのである（Brubaker［1992］）。

ＢＩと既存の社会保障制度とでは、前提としている市民権の内容に関する定義が異なっているかもしれない。しかし市民権をもった人びとだけがその制度を利用することができるという点では、両者の間に決定的な違いがあるわけではない。しばしば強調されるＢＩの無条件性というものも、この点に関しては例外であることに注意する必要がある。したがって、この特徴は、市民権の保有という条件を充たしている者に対しては無条件に給付される、と言い換えた方が正確である。ただＢＩの場合には、市民権の保有ということ以外には給付の条件が設定されないので、既存の社会保障制度以上に、市民権の定義に対して敏感とならざるをえないところもある。

◯社会保障を受給するための条件

既存の社会保障給付には、市民権の保有以外にも、さまざまな受給資格の要件が存在する。そのうち最も重要なのは、受給者が当該の社会保障給付を必要とする状態にあるか否かということである。社会保険であれば、受給者はあらかじめ決められた保険事故（老齢、遺族、障害、等々）に遭遇していることが証明できなければ、給付を受け取ることができない。社会手当であれば、これを受け取るためには受給者が特定のカテゴリー（子どもを扶養している、障害をもつ、高齢者を介護している、等々）に属しているということが明らかとなっていなければならない。公的扶助の場合には、給付の申請者が経済的な困窮の状態にあることが明らかにされなければならない。

以上のような必要判定のほかにも、別の条件が加わることもある。社会保険の場合は、給付を受けるためには、制度への加入手続きをしたうえで保険料を一定期間以上きちんと納めて資格期間を充たしていなければならない。これは給付を本当に必要としているか否かということによって受給の資格を判断する必要原則の考え方とは異なるものであって、社会保険制度へどれくらい貢献したか（あるいは拠出したか）という貢献原則の考え方に由来するものである。社会保険の場合は、いかに給付が必要な状況であっても（たとえば失業したとしても）、被保険者でなければ給付を受け取ることはできないし、たとえ被保険者であったとしても、拠出の実績がなければ（たとえば、雇用保険料を払っていなければ）、必要な給付を受け取ることはできない。

これに対して、社会手当の場合は社会保険とは異なる。貢献原則に由来する条件はないからである。社会手当は納税の実績とは無関係に受給することができる。たとえば、児童手当は所得税を免除されていても受け取ることができる。その代わり、必要原則に由来する条件は、社会手当にも存在する。たとえば、子どもがいる（ために追加的な家計支出が必要となるという）ことが示されなければ、児童手当（子ども手当）を受け取ることができない。また高所得世帯は子どもの養育にともなう費用を自弁することができるので児童手当は必要ないということになれば、日本の家族手当制度のように所得制限が加わる場合もある。

公的扶助も社会手当と同様に、貢献原則に由来する受給の条件はなくて、あるのは必要原則に由来する条件だけである。しかし社会手当の場合とは異なって、公的扶助の受給には厳格な資力調査《ミーンズテスト》が施されるのが普通である。この点が、ＢＩＥＮによるＢＩの定義のなかでは槍玉に挙げられているのである。

さらに既存の社会保障制度のなかでは就労（に関する）要件が加わることも少なくない。社会保険の受給資格に制度への加入や資格期間が設けられている場合は、そもそも社会保険制度は就労が前提となっているということである（就労していなければ職域保険に加入することはできない）。その意味では社会保険にも就労要件が存在する。社会保険のなかでも失業保険の場合は、従来から、単に職がないというだけでなく求職活動を行っていて就労の意思があるということを証明しなければ、失業保険を受けることができなかった。というより、失業の定義のなかに求職活動が含まれていたのである。近年ではさらに、ワークフェアの考え方が強まるなかで、公的扶助のなかに就労要件を課す動きも出てきている（第六章を参照）。すでに述べたように、クリントン政権時代のアメリカで行われた福祉改革では、公的扶助（ＴＡＮＦ）の受給者は受給後二年以内に就労が義務づけられ、就労の義務を果たさない受給者に対しては扶助の支給が打ち切られることとなったのである。

◯必要原則と貢献原則の否定か

今日の先進諸国の社会保障制度のなかでは、資力調査《ミーンズテスト》と就労要件が受給資格のなかでは最大の争点となっており、これを全面的に否定するところにＢＩの最大の特徴がある。これら二つの要件は、もう少し抽象的な水準でいうと、必要と貢献という分配の正義（公正）に関する原理から導き出されるものである。社会保障の受給はこれを必要とする人だけに限定するからこそ既存の制度では所得制限や資力調査《ミーンズテスト》が給付の条件として浮かび上がるのである。また社会への貢献のある人に社会保障の給付を限定するために、既存の制度では受給資格に資格期間や就労要件が課されることになる。したがってＢＩが必要原則や貢献原則から導出される資力調査《ミーンズテスト》と就労要件を否定するということは、必要原則と貢献原則といった分配における公正の原理そのものを否定することにもつながる。必要に応じた分配、貢献に応じた分配というのは、旧約聖書の時代や古代ギリシャの時代にまで遡ることのできる、人類の歴史のなかでは最も古くから存在する公正の原理である。その意味で、ＢＩの無条件性は、社会保障制度におけるかなり革命的な変化である。

4 ベーシック・インカムはなぜ擁護されるのか

現在のところ先進諸国でもＢＩに対する支持が社会保障改革の主流派になっているわけではない。いずれの国でもワークフェアに対する支持の方が強い（埋橋［二〇〇七］）。とはいえＢＩは、少数派であるとはいえ政治的党派を超えた支持を集めているのも事実である。特定の政治イデオロギーの支持者だけがＢＩを擁護しているというわけではなく、それぞれ異なる理由からではあるが、左派の論客のなかにも右派の論客のなかにもＢＩを擁護する人びとがいる。ＢＩを擁護する議論は、いくつかのタイプに分類することができる。それらを簡単にまとめておこう。

◯社会的市民権とＢＩ

第一のタイプは、市民権との関連でＢＩを正当化する議論である。つまり、ＢＩは市民権（とりわけ社会的市民権）を保証するうえで現行の社会保障よりも優れている、というものである。あるいは社会的包摂の手段として、ＢＩは他の所得保障よりも優れている、と言い換えてもよい。これは最も一般的な観点からの議論だと言える。このようなＢＩ擁護が生まれるのは、その背後に現行の社会保障制度が現在の社会変動にうまく対応できず、社会的排除が放置されているとの認識があるからであり（第五章参照）、ＢＩがこの問題を解決することができると考えられるからである。

◯社会変動とＢＩ

第二のタイプは、現代社会の変動との関係で、ＢＩを正当化する議論である。たとえば、貧困や不平等など現代社会の社会的排除は、①労働市場の柔軟化や、②家族の個人化の結果として生成されたものである。その背後にはグローバル化や個人化といった趨勢的な社会変動が存在する（第五章参照）。ＢＩの無条件性と個人単位といった特性がこれらの社会変動に適応するうえで効果的だということになる。また貧困や不平等とは直接には関係ないが、③地球環境問題との関係でＢＩを正当化する議論も少なくない（Fitzpatrick［1999］pp.203-231）。ＢＩが経済成長至上主義を緩和すると考えられるからである。

さらに重要な社会変動は、完全雇用の終焉である。ゲッツ・Ｗ・ヴェルナーのベーシック・インカム論を記した著書に寄せられたある人の序文のなかでは、「すでにだいぶ前から、経済学者や社会学者のなかでも先見の明のある人たちは、就労希望者全員に稼得労働を提供するという意味での完全雇用はもはや保証しえないことに注目している」と述べられている（Werner［2006］p.6）。このような社会では、完全雇用を前提とした従来の社会保障は機能しないので、それはＢＩによって置き換えられるべきだというのがヴェルナーの主張である。

◯テクノクラティックな議論

第三のタイプは、テクノクラティックな（制度設計に関する技術的な）議論である。

これまでにも現行の社会保障制度に対しては、技術的な批判が加えられてきた。たとえば、現行の社会保障制度は、(a)失業・貧困の罠（稼得収入が増えると、社会保障給付が減らされて総所得が減少してしまうという問題）があるために勤労意欲《ディスインセンティブ》の喪失を招いている。(b)厳格な資力調査《ミーンズテスト》のために受給者がスティグマを感じて申請しなくなる。このため捕捉率《テークアップ・レート》が低くなり、漏救が生まれる。給付が必要な人に給付が行き渡らず、効果という点から見て制度に欠陥がある。(c)制度が複雑であるために、(c1)一般市民にとって制度を理解することが困難になっているとともに、(c2)制度の管理コストが高くつき効率的でない。

　これらの欠陥は、現行制度が給付に関して各種の条件を課していることにともなって発生するものである。したがって、無条件に給付されるＢＩは、こうした現行制度の欠陥とは無縁である。すなわち(a')ＢＩは受給者の収入の有無や多寡とは無関係に定額給付されるため、失業・貧困の罠は発生のしようがない。(b')普遍主義的な給付であるため受給者がスティグマを感じることはない。また(c')各種条件のテストをする必要がないから制度は簡素なものとなる。このため、(c1')一般市民にとっても制度の理解が容易であり（社会保険労務士やケースワーカーなどの仕事は不要となるかもしれない）、(c2')制度の管理コストも安く済ませることができる。（少なくとも所得保障に関する部分については）社会保険料の徴収コストをゼロにすることができるし、所得制限を実施することにともなう行政コストも発生しない。(6)

5　ベーシック・インカムは財政的に不可能なのか

○財政的な反対論

　このように考えてくると、ＢＩは費用負担の問題を考えなければ、良いこと尽くめのようにも見える。しかし市民権をもった人全員に対して無条件に支給されることから、はたして、そのような社会保障給付が財政的に可能なのだろうか、という疑問がわいてくる。BIを導入するためには大増税が必要となるか、そうでない場合には、非常に貧弱なBI、したがってほとんど効果のないBIしか支給することができないのではないだろうか。とくに日本の場合は、一九八〇年代のいわゆる「増税なき財政再建」以来、財政赤字に対する強迫観念が続いている。実際財政赤字の対国民所得比が諸外国に比べて極端に大きい。このため、追加的な財政支出に対しては財政当局だけでなく、マスメディアをはじめ各界の人びとが反対する可能性が大である。もちろん国民の多くも増税に対しては警戒的である。増税を公約に掲げて選挙に勝利した政権は見当たらない。

したがって、BIの導入にはどれくらいの財源が追加的に必要となるか、ということを知っておく必要がある。この点については、これまでいくつかの試算が試みられてきている。そのうちの三つの例を紹介しておこう。

◯フィッツパトリックによる試算

第一の例は、イギリスの政治学者トニー・フィッツパトリックによる試算である（Fitzpatrick［1999］pp.45-47）。彼は一九九五／九六会計年度における公共支出のうち、既存の社会保障制度のために支出されている項目を次のように列挙している。

- 社会保障費　八〇八億ポンド
- 社会保障制度の管理費　三六億ポンド
- 奨学金総額　二二億ポンド

・所得控除による歳入減　三五五億ポンド
・私的年金に対する租税支出　二〇一億ポンド
・住宅に対する租税支出　九六億ポンド

これらを合計すると一五一八億ポンドとなり、これをイギリスの人口約五五〇〇万人で割ると、一人あたり年間二七六〇ポンド、一週間に約五三ポンドという計算になる。二〇〇九年一月現在は円高で、一ポンド約一二五円程度であるから、週六〇〇〇円程度である。ただし二〇〇八年半ばごろまでは一ポンドが二〇〇円を超えていたから、そのレートで考えると、週一万円以上ということになり、月四万円強である。これは現行の租税と社会保障の負担を前提として増税をしない場合の支給金額であるから、増税があれば、BIの支給額はこれよりも多くなる。月四万円をあまりにも慎ましやかなものと見るか、十分な給付と見るかは意見の分かれるところかもしれない。とはいえBIの導入のために必要な財源が想像を絶するというほどのものでないことは確かだ。

❍小沢修司による試算

第二の例は、比較的早くからBIを提唱している日本の財政学者・小沢修司によるものである（小沢［二〇〇八］一九四—二二五頁）。小沢は「月額八万円で比例所得税率五〇パーセント」というBIを提案している。彼によると、生活保護の生活扶助に相当する金額（一人月額八万円）をBIとして導入するためには、年間で一一五兆円の財源が必要となる（二〇〇二年度当初予算での見積もり）。これに対して、二〇〇八年度の所得総額は二五七・五兆円であり、BIをまかなうために必要な税率は四五パーセントとなる（二〇〇二年度の時点での推計より低い）。四五パーセントという所得税率は法外なもののように見える。公共サービスや社会サービスに関する財源がここでは考慮されていないから、実際の税率はもっと高いものとならざるをえない。しかし小沢によれば、ＢＩの導入によって社会保険料の負担が減るから、多くの世帯では可処分所得が増えることになる。たとえば、年収四〇〇万円の四人家族の場合、可処分所得は六一三万四五〇〇円から七五三万六〇〇〇円に増える。その意味では、「現実的には十分に受け入れられる提案である」と彼は主張する（小沢［二〇〇八］一九五頁）。

◐中谷巌による還付金付き消費税の提案

第三の例は、元ネオリベラリストの経済学者・中谷巌による提案である（中谷［二〇〇八］三二八―三三四頁）。彼は「貧困大国・日本」の汚名を返上するために「還付金付き消費税」の構想を提唱している。中谷は基礎年金の財源を税方式に、しかも消費税にすることを提案する。消費税にすれば未納や滞納による無年金や年金の減額を防止することができるからである。また「消費税方式ならば、社会保険庁がこれまで（恐るべき非効率さで）やってきた未払い者に対する督促、台帳管理、支給基準の査定事務など一切の無駄な作業は不要になる」からでもある（中谷［二〇〇八］三三九頁）。ただし、消費税は透明性の高い安定した財源であるが、逆進性もあるから、この逆進性を相殺する必要がある。逆進性を和らげるための最初の手段として考えられるのは、低所得者に消費税を事後的に還付したり、生活必需品の税率をゼロにしたりするといった方法である。しかしこういった方法では行政の事務量が増加し、徴税のコストも引き上げることになる。そこで中谷が提案するのが、彼のいう「還付金付き消費税」である。彼はこの制度についいて次のように説明している。

たとえば、消費税二〇パーセントになったとき、年収二〇〇万円の人たちの消費税負担は四〇万円となるわけだが、この税率アップと同時に「全国民に均しく毎年四〇万円ずつ還付する」という制度を導入するのである。（中谷［二〇〇八］三三〇頁）

中谷の「還付金付き消費税」はもともと基礎年金の財源として提唱されているが、この消費税の還付金はそれだけ取り出せば、個人単位で無条件に支給されるという意味でＢＩとまったく同じである。また「還付金」の金額を増額し、基礎年金や児童手当を廃止すれば、「還付金付き消費税」は完全なＢＩへと脱皮を遂げることになる。政府の意思決定に関与したことのある経済学者の提案だけに、その実現可能性については説得力がある。

フィッツパトリックの試算は、税率を引き上げずに現行税制の下で可能なことを示した試算である。国民の租税・社会保険料負担額という点に限って見れば、現在と同じである。小沢の試算は、比例税率五〇パーセント（ないし四五パーセント）の個人所得税を財源とするＢＩについてのものであった。全員が自分の所得の半分を税金として納付することになるため、なかなか合意を得ることがむずかしいが、多くの人にとっては可処分所得が増えることになるので、最終的には合意を得ることが可能だという見通しに立った提案である。中谷の提案は、詳細な試算に基づいたものではないが、年間四〇万円のＢＩが支給されることになるので二〇パーセントの消費税率も受け入れられるだろうというものである（北欧諸国の付加価値税はすでに二五パーセントとなっている)。いずれの提案も実際に有権者が受け入れるか否かはわからないが、少なくとも納税者に対して法外な負担を追加的に強いるものでないことは確かである。

6 働かずに生きることが許されるのか

就労忌避の懸念

以上の例示から、BIの導入が財政的に不可能な空理空論だとは言えない、ということがわかる。しかし財政的に可能だとしても、次のような疑問も生じる。なるほど増税なしにBIを導入することはできるかもしれない。しかしBIが導入されて、何の条件もなしに一定の収入が全員に保証されるようになると、誰も働かなくなってしまうのではないか。そうなると、そもそもBIを支給することもできなくなってしまうのではないか。

このような疑問に対するBI擁護論者の回答は次の二つのタイプに分かれる。一つは、批判者と同じ前提(人間は収入を得るためだけに働く)に立って、「支給されるBIが贅沢な暮らしができるくらいに高額であるならば、たしかに誰も働かなくなってしまうかもしれない。しかしその額が、やっと最低限度の生活を送ることができる程度のものであれば、多くの人はより豊かな暮らしを求めて働き続けるだろう」というものである。この場合は、勤労意欲を殺ぐことのない水準のBIがどれくらいになるかということが争点となる。

他の一つの回答は、「人間の労働は稼得だけが目的ではないので、かりにBIが支給されたとしても、多くの人びとはさまざまな理由から働き続けるだろう」というものである。労働は経済学的に見れば、賃金を獲得するための手段にすぎない。しかし心理学的あるいは社会学的に見れば、賃金を稼得するためだけのものではない。労働は人びとの生活にメリハリを与え、人間の生活を単調さから救う。職場は他者とのコミュニケーションの場であり、アイデンティティの源泉でもある。そして何よりも、人間は働くということをつうじて自分が社会に役立っているということを実感するのである。このため失業者は、たとえ生活に困ることがなくても、しばしば生理的ないし心理的な不調に陥るのである。たとえＢＩによって最低生活が保証されるようになったとしても、多くの人びとは仕事を続けるだろう。それだけでなく、これまでできなかった仕事――たとえば、社会的に有意義ではあるがそこからは十分な収入が得られないためにこれまでできなかった仕事――に、新たに着手するかもしれない。

　社会保障の創設期には、多くの国で、以上と類似の議論が起こった。社会保障制度は惰民を生むとの懸念である。しかし実際にはそのようなことは起こらなかったということをその後の歴史が証明している。それどころか、人びとは以前にもまして働くようになり、先進諸国における一九六〇年代の経済的繁栄を支えたのである。したがって、ＢＩが導入されたら人びとが働かなくなるというのは杞憂だというわけである。

❍働かざる者食うべからず

　とはいえ、たとえ多くの人びとがＢＩの導入によっても働き続けるとして、なかにはＢＩを支給された途端に働くことをやめてしまう人間が、例外的に出現するかもしれない（ただしＢＩが導入されなかったとしても、まったく働かない人間はいる、あるいはどのような社会でもそのような人間はいる、ということにも注意しなければならない)。こうした人びとの存在を他の人びとが許すことができるか否かというのは、BIを制度として導入することができるか否かを決する試金石である。BIが財政的・技術的に導入可能であって、また導入後にも多くの人びとが働き続けるとしても、少数の働かない人びと、あるいはフリーライダーの存在が人びとの集合意識を侵すのであれば、有権者からBIの導入に対する支持を集めることはむずかしい。

フリーライダーの禁止を謳《うた》った「働かざる者食うべからず」という格言は、新約聖書にまで遡る。「テサロニケの信徒への手紙二」のなかでは、怠惰を戒めて、次のように記されている。

実際、あなたがたのもとにいたとき、わたしたちは、「働きたくない者は、食べてはならない」と命じていました。ところが、聞くところによると、あなたがたの中には怠惰な生活をし、少しも働かず、余計なことをしている者がいるということです。そのような者たちに、わたしたちは主イエス・キリストに結ばれた者として命じ、勧めます。自分で得たパンを食べるように、落ち着いて仕事をしなさい。そして、兄弟たち、あなたがたは、たゆまず善いことをしなさい。(日本聖書協会『聖書　新共同訳』「テサロニケの信徒への手紙二」三章一〇～一三節)

この規範は洋の東西を問わず現代人にもあまねく共有されている。これは互酬性(reciprocity)の規範に由来する。つまり、ある人が他の人から何かをしてもらったならば、その人はその厚意に対して返礼をしなければならない、という規範である。この規範はわれわれの日常生活のなかでも貫かれている。たとえば、お世話になった人に対して感謝の気持ちを込めてお中元やお歳暮を贈るという習慣は、互酬性の規範の現れである。ＢＩに即して言えば、社会からＢＩを受け取るのであれば、社会に対してお返しをしなければならない。多くの人は、有給か無給であるかは別として、社会的に有意義な活動をすることによって、社会の厚意に報いることになる。ところがフリーライダーはそれをしない。これは多くの人びとが共有する規範を犯す許しがたい行為である。したがって少数の例外であるとはいえフリーライダーを誘発するＢＩは導入すべきでないということになる。言い換えると、かりにＢＩの導入が財政的に可能であったとしても、それは道徳的に好ましいことではないということになる。

われわれの社会では互酬性の規範は絶対的である。このためＢＩの擁護者はこの難問《アポリア》の解決に苦心してきた。ここではフィッツパトリックと田村哲樹の整理に従って、この問題に関する五つのタイプの議論をみておこう（Fitzpatrick［1999］69ff、田村［二〇〇八］九二頁以降）。

❍道徳的反対論への反批判

第一は、働く人と働かない人は、フリーライダーという観点から見ると五十歩百歩だという議論である。われわれが享受する財やサービスは、それらを生産する人びとがいないと存在しないから、現在の労働の成果だということができる。しかしそれと同じ意味で、それらは自然と過去の労働の産物でもある。人間は自然の資源（土地、原材料、エネルギー、等々）を利用しなければ、生産活動を行うことができない。また工場や機械などの生産手段は過去の人間の労働が結晶化されたものであるが、これらを利用しなければ現在の労働者もやはり生産活動を行うことができない。現在の生産物はまったくのゼロの状態から生産されるわけではなくて、過去の労働の遺産と現在の自然を前提にしてはじめて生産されるのである。その意味で、現在の働いている人間も、過去の人間の労働と自然の資源に対してはフリーライダーである。現在の働いている人間のこうしたフリーライダーが認められるのであれば、現在働いていない人間にもこの部分（過去労働と自然）に対するフリーライダーは認められるべきだということになる。

第二は、働いている人間は、働いていない人間の働く場を奪っているのだから、働いていない人間に対しては（BIという形で）その補償をしなければならないという議論である。ある仕事を手に入れることができたということは、その背後に、その仕事を手に入れることのできなかった多数の人間が存在することを意味する。また使用者の立場から見れば、現在雇っている人間を雇い続けるよりも、もっと安い賃金で働いてくれる人間を新たに雇った方が利益になるかもしれないが、さまざまな理由からそれがむずかしいということもある。それは解雇規制があって雇用が保護されているからかもしれないし、職業紹介がうまく機能していないからかもしれない。この場合、現に雇われている人間は、自分の賃金ともっと安い賃金でも働こうとする人の賃金との差額を独り占めしていることになる。しかしこの差額分については、働いている人と働くことのできない人との間で共有すべきものとの考え方もありうる。そうだとすると、働いている人の雇用機会を奪わなかったフリーライダーにもこの共有分を享受する権利（すなわちBIに対する権利）があることになる。

このタイプの議論は、完全雇用が実現されている状態のときにはあまり説得力がないが、現在のように、不完全雇用が慢性化しつつある（欧州の場合はすでに慢性化している）状態のなかでは説得力がある。そして雇用者と失業者の間だけでなく、正規雇用と非正規雇用との間でも同じ議論が成り立つ（もちろん、そうした区別自体が不公正だとの議論もある)。

第三は、フリーライダーをフリーライダーでない人から区別するのはむずかしく、またフリーライダーでない人びとに対してだけBIを支給するというのも非常に費用のかかる仕事であるので、フリーライダーは必要悪として容認するという議論である。フリーライダーの識別と排除は、ある意味で資力調査《ミーンズテスト》や所得制限以上に労力を要する仕事であるから、費用対効果を考えると、しない方が賢明だということになる。

第四は、フリーライダーの存在をむしろ積極的に評価する議論である。フリーライダーがいるということは、われわれの社会が画一主義的に統制された社会でなく、多様性《ダイバーシティ》を容認する自由な社会であることの証しであるので、フリーライダーの存在を目の敵にする必要はない。それどころか社会はその内部に多様性を含んでいた方が外部環境の変化にうまく適応できる。これは進化の法則であろう。その意味では、一定程度のフリーライダーの存在は社会が環境の変化に適応して生き延びていくためにはむしろ望ましいということになる。

第五は、フリーライダーに対して貢献を求めるのであれば、政府に対しても貢献を求めなければならないが、政府に対してそれが求められていない以上、フリーライダーに対してだけそれを求めるのは公正ではないという議論である。政府がフリーライダーに対して就労を要求しようとするのであれば、政府には、彼ら彼女らに雇用の機会を提供したり、ワーキングプアにならずにすむような賃金水準を設定したりする責任がある。ところが現実にはそうした責任を果たせないでいる。したがってフリーライダーだけを非難するのは一方的だということになる。

7 ユートピアからピースミールへ

ここ二十数年の間に、日本社会は「働くということ」が当たり前の社会から、必ずしも当たり前とは言えない社会へと変貌を遂げた。ここでいう「当たり前」ということの意味は、働こうと思えば働く場所があったということであり、働くことができれば安定した生活を送ることができたという意味である。ところが現在の日本社会では、働く場所をなかなか見つけることができず、幸運にも働くことができたとしても、その稼ぎだけでは生活に困ることがあるという状況になっている。

従来の各国の社会保障制度は「働くということ」が当たり前であるということを前提にして設計されたものであった。人びとは労働の対価として賃金を獲得し、そこから税金と社会保険料を支払い、それによってさまざまなリスクをプールした。完全雇用が達成されている限りにおいて、この制度はうまく機能した。しかし不完全雇用が慢性化するなかで、社会保障制度から排除される人びとが増え始めた。

そうしたなかで、九〇年代以降の社会政策の国際潮流は、再び「働くということ」を強調するものへと変化した。ワークフェアと呼ばれるものである。これまでの福祉国家は労働力の脱商品化を推し進め、労働と所得とのつながりを弱める方向へと行きすぎたので、労働力を再商品化して、労働と所得のつながりを再び強めようというのがワークフェアの趣旨である。

他方で、ワークフェアが労働力の再商品化を進めようとしているまさにそのときに、労働力の脱商品化をさらに徹底して、労働と所得のつながりを切断してしまおうという、ワークフェアとは正反対の考え方が生まれた。本章で紹介してきたＢＩの構想がそれである。「働くということ」が当たり前でなくなっているときに、古典的な働き方への回帰をめざすのがワークフェアの考え方であるとしたら、「働くということ」そのもののあり方を根本から変えてしまおうというのがＢＩの考え方である。

ＢＩは、まだどこにも存在しないという意味ではユートピアである。このユートピアに関しては、本章で紹介したように、それなりの思考実験が繰り返されてきた。

ＢＩのメリットについては、制度設計の技術的な観点、マクロの社会変動への適応手段としての観点、社会的市民権の実現手段としての観点などから、すでに論点は出尽くした（第四節）。これらＢＩ構想が指摘する現行社会保障制度の抱える問題点は、ＢＩ構想に批判的な現行制度の擁護者であっても、それらの解決を避けて通ることのできない問題群である。その意味で、ユートピア（ＢＩ）はピースミールの社会技術（社会保障改革）にとっても無縁でない。

また、ＢＩの財政的な可能性については、すでに何人かの経済学者が給付と負担の程度について試算を行っている（第五節）。これらの試算を見ると、ＢＩの導入の是非をめぐっては財政的なものよりも、それ以外のものに左右される可能性が大きいことがわかる。つまり社会的価値（とりわけ公正としての正義）に合致するか否かという問題である。

ＢＩの副作用――たとえば勤労意欲《ディスインセンティブ》の喪失――についての理論的な検討も行われている（第六節）。ＢＩに限らなければ、ディスインセンティブに関する実証研究も行われている。

社会的価値に基づく、ＢＩへの最も根本的《ラディカル》な批判は「ＢＩが互酬性の規範を侵犯する」というものである。これについても、哲学的な議論のレベルでの思考実験はすでに行われている（第六節）。所得保障とフリーライダーをめぐる論争も、よく考えてみるとBIだけに当てはまることではなくて、現行の所得保障制度にも当てはまるものである。そこでの批判と反批判の論点は、生活保護の不正受給をめぐって繰り返される煽情的な応酬の分析にも役立つものである。この点でもユートピアとピースミールはつながっている。

しかし以上の思考実験の結果は、必ずしもすべてが経験的データに裏づけられているわけではない。とくにBIの導入がディスインセンティブを生む結果になるか否かということについては、いずれの可能性についても確たる経験的な証拠があるわけではない。また、BIは必ずしも互酬性の規範を犯すわけではない、という点に関する哲学者の議論についても、一般の人びとがこの議論をどれくらい受け入れることができるのかということについて、人びとの社会意識に関する調査データが存在するわけではない。

このような現状を考えると、BI構想については、現在、思考実験の段階から経験調査の段階に入るべき時期に来ているのではないかと思われる。ただし、BIを導入する場合の工程表についても、その副作用や費用効果については十分な検討がなされているとは言えないので、この点についての思考実験はまだ必要だろう。いずれにせよ、BIに関してもユートピアとピースミールとの、あるいは思考実験と経験調査との往復運動《ディアレクティーク》が不可欠である。

（二〇〇九年一二月）

注

（1）ピースミール（piecemeal）という言葉は、『リーダーズ英和辞典』（研究社）では「少しずつの、漸次の、断片的な、ちぐはぐな」といった訳語が与えられている。「つぎはぎ的な」とか「ばらばらの」といった訳語が用いられることもある。ここではポパーに固有な表現ということでカタカナ書きのままにしておく。

（2）子ども手当がバラマキで定額給付金はバラマキでないという理屈はわかりにくい。

（3）フィッツパトリックはＢＩの種類について、①給付額が十分か否か、②給付の条件がどの程度ついているか、といった観点から図11－1のような分類を行っている。これは給付の側面から見た分類であるが、この図に対しては、③財源が何か（所得税・法人税・消費税・相続税・環境税等々）、④税率の種別（比例税率・累進税率）といった新たな次元を付け加えた分類表を作成することもできるだろう。給付と財源の組み合わせの良し悪しはあるだろうが、論理的には、同じ完全ＢＩでも、比例税率の個人所得税によるもの、累進税率の消費税によるもの、環境税によるもの等々を考えることができる。

（4）ただしこれらの数値には医療保険や介護保険の社会保険料控除も含まれているため、ＢＩの導入にともなう所得控除の廃止による税収の増加がまるまる八兆円や一〇兆円に及ぶというわけではない。

（5）もう一つの重要な点は、ＢＩが労働市場の柔軟化や個人化といった社会変動にもうまく適応した社会保障になりうるという点である。ＢＩは柔軟化した労働市場の副作用を緩和することができるし、多様な働き方を所得保障の面から支えることができるからである。

（6）『日本経済新聞』によると、「一万円の徴収に必要な経費は、国税庁で一三六円であるのに対し、社会保険庁では八一〇円である」という（橘木［二〇〇五ａ］一六七頁）。また、麻生内閣で提案された定額給付金の支給に所得制限を設けることに対しては、膨大な事務コストがともなうことから市町村が反対したことは記憶に新しい。

図 11－1　BI の類型

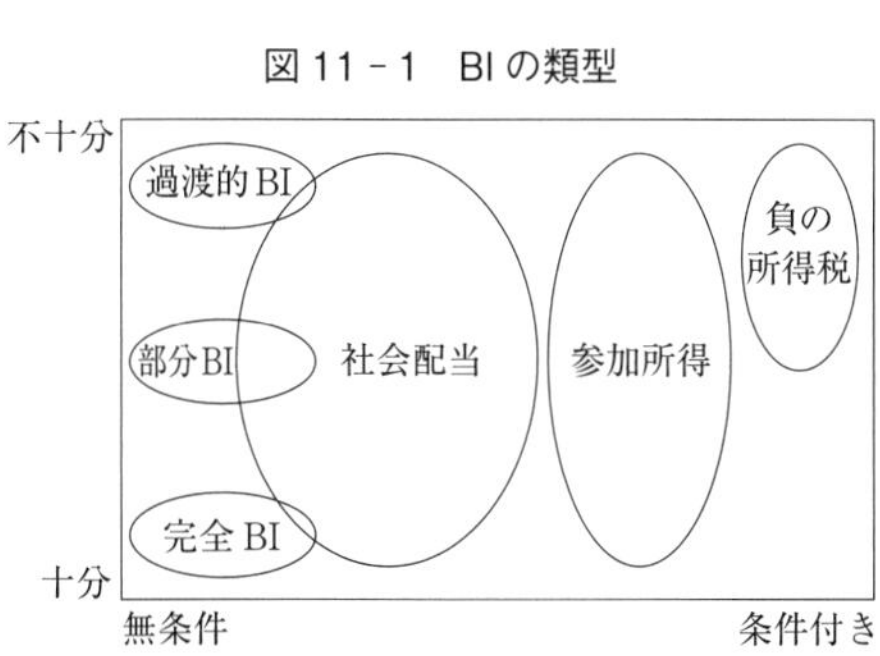

（出所）　Fitzpatrick [1999] p.43。

追 記

本章のなかで取り上げたフィッツパトリックの『自由と保障』を大学院の演習のテキストとして取り上げたのは二〇〇一年度の夏学期だったが、そのときはＢＩが、こんなに早く、日本でも一般の注目を集めるようになるとは思わなかった（現在は、ＢＩへの支持を公言している政治家もいる）。当時は、テキストを一緒に講読した学生のなかにも、ＢＩは自分たちとは無関係な夢物語のように考えていた人も少なくなかったように思う。ところが現在のような状況である。二一世紀に入ってからの一〇年間における社会の変化が、いかに大きかったかということを物語っている。

本章は、ＢＩへの関心の高まりのなかで、二つの編著（武川編［二〇〇八］、橘木編［二〇〇九］）のために書いた論文を合わせて一つにしたものである。ＢＩに関する論点をいちおう体系的に整理したつもりである。

日本国内では比較的早い時期にＢＩへ言及したこともあって、私は数人の方からＢＩに対する態度表明を迫られたことがある。「いったいおまえはＢＩ支持者なのか否か」と。それに対する私の答えは、ＢＩは所得保障の一つのツールにすぎないので、単体でその良し悪しを判断することはできない、というものであった。本章のなかでも書いたことだが、他の社会政策（とりわけ医療や福祉などの社会サービス）との関連を抜きにして、ＢＩの内容を評価することはできない。これは言い換えると、ＢＩは社会政策全体としてのパッケージのなかで考えなければ意味をなさない、あるいは、ＢＩには「良いＢＩ」と「悪いＢＩ」がある、ということでもある。

もう一つ留意すべきは、ＢＩはそれが導入されれば社会政策の課題がすべて解決されるというような万能薬ではないので（この点は多くの人びとから指摘されてきた）、ＢＩとは独立にさまざまな社会政策が追求されなければならない、という点である。とくに現在の日本では、労働市場においてペイ・エクイティ（同一価値労働同一賃金）やＷＬＢ（仕事と生活の調和）が実現されていないことが多くの社会的排除を生んでいるわけだから、これらを抜きにしてＢＩを論じても、あまり生産的ではないように思う。

上記二編著の後、武川（二〇一一d）で、日本でのＢＩの動向やこれらの点についても論じたので、興味のある方は参照していただければ幸いである。

とまれ、ＢＩは、社会政策における普遍主義の問題（現行制度との関連で言えば、税制における人的控除と社会保障給付との統合、社会保障給付における資力調査〔所得制限や資産調査〕の是非など）を考える場合の重要な論点を提供していることはまちがいない。

第12章 高福祉高負担の社会意識
――福祉国家の可能性

1 福祉と国民負担

◯福祉の重視と国民負担率の抑制

日本の政治のなかでは〝福祉〟という言葉に対して全員一致の支持が集まる。各種世論調査の結果でも〝福祉〟に関係することがらは概して好意的に受け取られる。また選挙ともなれば革新系の政治家はもちろんのこと、保守系を自認する政治家も「福祉の充実」を訴える。

これはアメリカやイギリスなどの国とは異なる光景である。これらの国では右派の政治家が「福祉は人間をだめにする」といった類の発言を公然と行うし、福祉サービスの受給者が「依存階級」や「不正受給者」のレッテルを貼られて非難されることもある。

もちろん日本でもそうした煽情的なジャーナリズムが存在しないわけではない。しかし少なくともタテマエの世界では、〝福祉〟が否定的な響きをともなうことはないし、負のイメージとして受け取られることも少ない。選挙のとき各候補者は「福祉切り捨て」といったレッテルを貼られて得票を失うことがないよう注意深く行動する。

ところが他方で、日本には「国民負担の抑制」という考え方も根強く存在する。「国民負担」は一九八〇年代ごろからしだいに人口に膾炙するようになった言葉である。〝国民負担〟はそれだけ取り出して考えると、国民がさまざまな局面において引き受ける負担というような一般的な意味に解することができるが、政府（とりわけ財務省）がこの言葉を用いるとき、それはきわめて限定的な意味となる。政府が言う「国民負担」とは「国民負担率」に表れた限りでの〝国民負担〟のことを意味しており、「国民負担率」とは国税と地方税を加えた「租税負担」と、社会保険料などの「社会保障負担」とを合算した額の、国民所得に対する比率のことを指している。また「財政赤字」も国民の負担であるとの理由から、財政赤字の国民所得に対する比率を「国民負担率」に加えて「潜在的国民負担率」という言い方がなされることもある。

「国民負担率」や「潜在的国民負担率」といった指標に表された負担だけが〝国民負担〟でないことは明らかである。医療や福祉サービスを利用するさいの自己負担や、統計数字には表れない家族によるケアの負担、家族ケアの従事にともなう機会費用（もしケアに時間をとられることがなかったならば、働きに出ることによって得られたであろう収入の損失）なども、国民にとっての負担であることは間違いない。ところが「国民負担率」や「潜在的国民負担率」でもって、すべての〝国民負担〟を代表させてしまおうとする考え方が、現在の日本では強い影響力をもっている。

この「国民負担率」を一定の範囲に抑えようという方針は、わが国では八〇年代以降の歴代内閣によって受け継がれてきた。これは政府の方針であるだけでなく、マスメディアによっても強く支持されてきている。ふだんは政府に批判的な新聞も、「国民負担率」については自社の社説のなかで政府を叱咤激励するのが普通である（武川［二〇一〇］）。

◯課題の設定

国民が利用できる福祉サービスは充実していれば充実しているほどよい、というのが一般的な考え方である。税金や社会保険料などの負担は少なければ少ないほどよい、というのもまた一般的な考え方である。しかしまったく負担なしに福祉を充実させることはできないし、公的な福祉サービスを充実させようとすれば税金や社会保険料の負担の増加は不可避である。もちろんムダをなくせば負担を減らすことはできるが、ゼロにすることはできない。要するに、高福祉と低負担はトレードオフの関係にある。

ごく稀に「高福祉低負担」といった主張を掲げる人もいるが、他の条件が一定であるとの前提に立てば、この主張は論理的に成り立たない。また「中福祉中負担」といった主張がなされることもある。この主張は論理的に成り立つが、この主張も高福祉と低負担のトレードオフを前提にしている。

この「高福祉高負担か低負担低福祉か」という問題について人びとがどのように考えているかということを、社会調査のデータを用いながら検討するのが本章の課題である。使用するデータは福祉社会のあり方に関する研究会が行った「福祉と生活に関する意識調査」（通称SPSC調査）である[1]。この調査は二〇〇〇年四月に全国の満二〇歳以上の男女五〇〇〇人を対象として実施された。

最初に〝高福祉高負担〟に対する支持の割合を検討し（本節）、次に〝高福祉高負担〟の支持者の特徴を明らかにし、最後に、社会政策のどの分野での〝高福祉高負担〟が求められているのかを分析する。

2　高福祉高負担か低負担低福祉か

トレードオフ関係にある〝高福祉〟と〝低負担〟のうちどちらを優先させるべきか、という問題に関する人びとの考え方を探るため、私は、次のような質問項目の調査をこれまで実施してきた。

問　A、B二つの対立する意見のうち、しいて言うと、あなたはどちらの意見に近いでしょうか？

　Aの考え……税金や社会保険料などを引き上げても、国や自治体は社会保障を充実すべきだ。

　Bの考え……社会保障の水準がよくならなくとも、国や自治体は、税金や社会保険料を引き下げるべきだ。

◐高福祉高負担の国民意識

Aが〝高福祉高負担〟の考え方を示し、Bが〝低負担低福祉〟の考え方を示している。これまでに実施したSPSC調査を含む調査の結果をまとめたのが表12‐1である。この表では「Aに近い」と「どちらかといえばAに近い」の合計を〝高福祉高負担〟、「Bに近い」と「どちらかといえばBに近い」の合計を〝低負担低福祉〟として示してある。

この表からわかるように、いずれの調査でも〝高福祉高負担〟を支持する人の割合は五割から六割となっており、〝低負担低福祉〟を支持する人の割合よりも多い。二〇〇〇年から二〇〇五年の全国調査に限ってみると、〝低負担低福祉〟を支持する人びとの割合はしだいに減ってきており、その分、判断に迷う人の割合が増えている。とはいえ多数派はつねに〝高福祉高負担〟であり、この傾向は他の世論調査によっても支持されている。わが国の場合、多くの人びとは、税金や社会保険料が高くなっても、社会保障を充実すべきだとの考え方を抱いているのである。

表 12－1　高福祉高負担と低負担低福祉への支持割合

（%）

	高福祉高負担	低負担低福祉
文京区（1997 年）(2)	58.1	32.1
杉並区（1998 年）(3)	63.0	29.7
東京 23 区（1998 年）(4)	54.7	45.3
大阪市（1998 年）(5)	59.9	40.1
全国（2000 年）(6)	54.7	44.3
全国（2002 年）(7)	52.1	38.9
全国（2005 年）(8)	59.2	31.2
全国（2010 年）(9)	68.2	31.0

低負担低福祉の政府方針

とはいえ、表12－1に掲げられた調査が実施された期間における日本政府の方針は「国民負担率の抑制」で貫かれていた。たとえば、小泉内閣の「骨太の方針」の二〇〇二年版の社会保障に関する部分では、「社会保障制度の改革に積極的に取り組み、……国民負担率の上昇を極力抑制していく必要がある」と述べられている。またその二〇〇三年版では「潜在的国民負担率で見て、その目途を五〇パーセント程度としつつ、政府の規模の上昇を抑制する」と述べたうえで、社会保障制度改革について「社会保障給付費ののびを抑制し、国民負担率の上昇を極力抑制する」となっていた。

このように「国民負担率の抑制」はわが国の国是となっているかの感があるが、二一世紀に入ってから、この抑制方針はさらに強化された。海部内閣のときの新行革審（臨時行政改革推進審議会）の最終答申（一九九〇年）以来、政府は国民負担率をおおむね五〇パーセント以内に抑えるという目標を掲げてきたのであるが、一九九〇年代における五〇パーセントとは財政赤字を含まない五〇パーセントであった。ところが二一世紀に入ってからの五〇パーセントは、「財政赤字」を含む「潜在的国民負担率」の五〇パーセントである。財政赤字の分だけ社会保障負担と租税負担の上限が引き下げられたことになる。

以上からわかるように、「高福祉高負担を望む」という国民の意識と「国民負担率を抑制する」との政府の方針が併存している、というのが現在の日本社会の姿である。

◯国民負担率の現状

ところで政府が抑制しようとしている国民負担率というのは、日本の場合、どの程度の水準にあるのだろうか。この点を国際比較のなかで確認しておこう。

国民負担率という指標は海外ではあまり用いられることがない。このため国民負担率に関する数値は多くの場合、日本の財務省の推計に基づいている。図12-1は、最近の主要先進諸国の国民負担率の値を比較したものである。この図を見ると、日本の国民負担率（四〇・一パーセント）はアメリカ（三四・五パーセント）より高いものの、スウェーデン（七〇・七パーセント）、フランス（六二・二パーセント）、ドイツ（五一・七パーセント）、イギリス（四八・三パーセント）などの西欧諸国よりは相当低い水準にあることがわかる。

財政赤字の対国民所得比を含めた潜在的国民負担率の場合も同様である。アメリカ（マイナス五・一パーセント）は日本（マイナス三・四パーセント）よりも財政赤字の対国民所得比が大きいため、日米間の差は国民負担率の場合よりも潜在的国民負担率の場合の方がやや小さくなるものの、それでもアメリカ（三九・六

図 12－1　国民負担率の国際比較

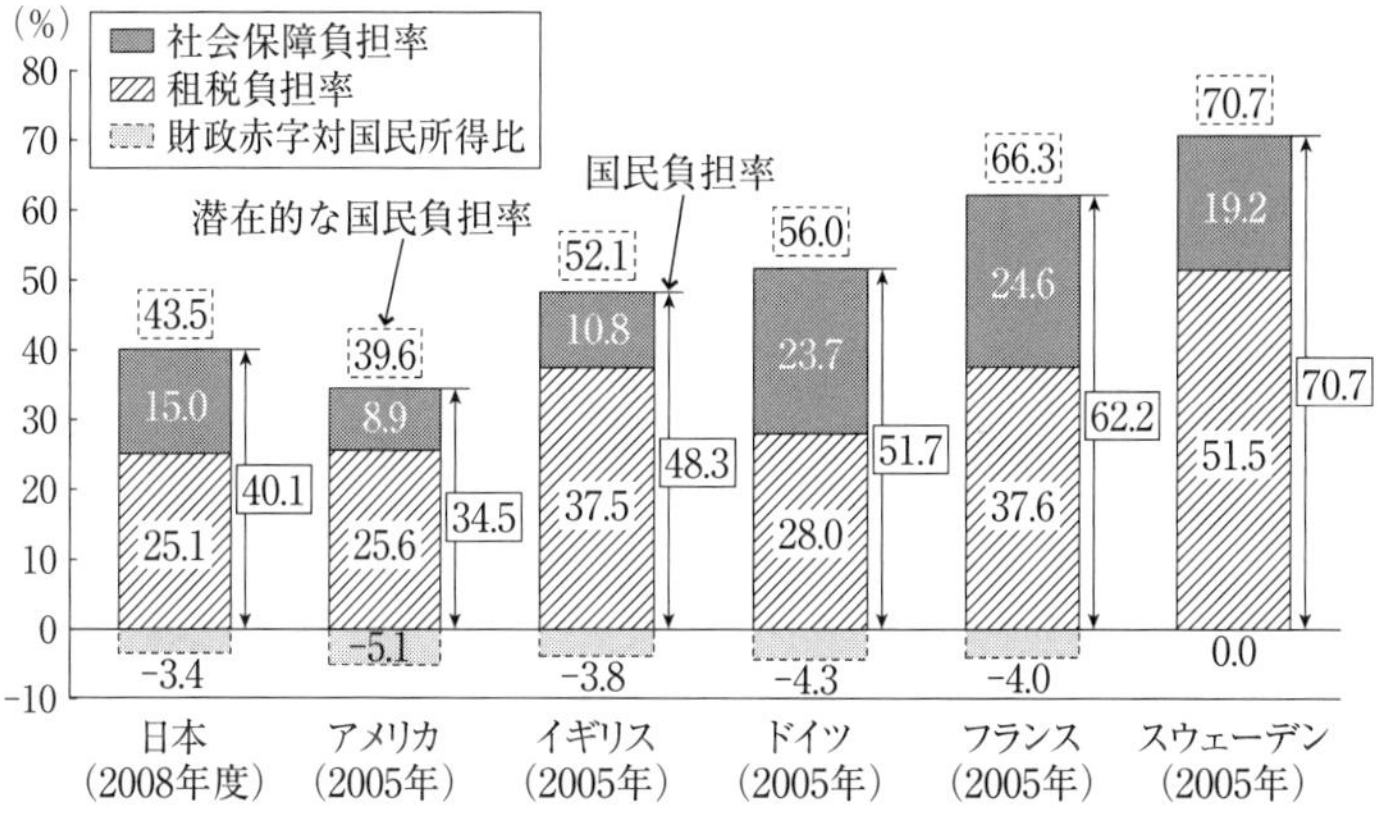

（注）　1. 日本は 2008 年度（平成 20 年度）見通し。諸外国は 2005 年実績。
2. 財政赤字の国民所得比は，日本およびアメリカについては一般政府から社会保障基金を除いたベース，その他の国は一般政府ベースである。

諸外国出典：National Accounts（OECD），Revenue Statistics（OECD）など。

（出所）　財務省のホームページ（《http://www.mof.go.jp/jouhou/syukei/siryou/sy1801o.htm》2009/02/24）。

パーセント）よりは日本（四三・五パーセント）の方が高い。しかし財政赤字がゼロのスウェーデン（七〇・七パーセント）を筆頭に、フランス（六六・三パーセント）、ドイツ（五六・〇パーセント）、イギリス（五二・一パーセント）などの西欧諸国は軒並み日本より高い。

「国民負担率」や「潜在的国民負担率」の抑制が叫ばれ続けているものの、これら二つの指標に関する日本の数値はいまのところ相当低い水準にある。

一九八〇年代には日本の国民負担率が低いのは人口構成がヨーロッパに比べて若いからであり、高齢化が進めば西欧諸国並みに増加するのではないかと考えられたこともあった。

たしかに、高齢化が相当進んだと一般には考えられていた一九九〇年の時点でも、日本の六五歳以上人口比率は一二・一パーセントで、スウェーデン（一七・八パーセント）、フランス（一四・〇パーセント）、ドイツ（一五・〇パーセント）、イギリス（一五・九パーセント）よりも低かった。しかしその後の十数年の間に日本はこれらの国々の高齢化の水準を追い越し、二〇〇五年には二〇・二パーセントに達している。上述の国のうち現在二〇パーセントを超えている国はなく、スウェーデンでも一七・二パーセントである。いわゆる「人口ボーナス」（高齢化率が低いために得られる利点）という要因があったとはいえ、日本の（潜在的）国民負担率は低い水準にあったということである（いまでは「人口ボーナス」はなくなり、「人口オーナス〔重荷〕」が強調されている）。

このように日本の（潜在的）国民負担率の水準は西欧諸国に比べれば相当低い。にもかかわらず、政府は（潜在的）国民負担率を抑制しようとしている。ということは日本の政府の方針はアメリカ流の〝低負担低福祉〟の方を向いているということである。他方、各種の世論調査では〝高福祉高負担〟に対する支持の方が〝低負担低福祉〟に対する支持よりも強いことがわかっている。国民の意識の方は政府の方針とは反対に、ヨーロッパ流の〝高福祉高負担〟の方を向いている。

3 誰が高福祉高負担を支持しているのか

国民の多数は〝低負担低福祉〟より〝高福祉高負担〟を支持していると述べたが、その支持に対する強さは一様ではない。〝高福祉高負担〟に対する支持率は国民各層によって濃淡がある。この点について、

表12－2を用いて検討しておこう。表12－2は、上述のSPSC調査のデータを用いて、属性別に〝高福祉高負担〟と〝低負担低福祉〟の支持割合を見たものである。この表によって、〝高福祉高負担〟を支持しているのが誰かということを知ることができる。

表12－2　属性別にみた高福祉高負担と低負担低福祉への支持割合

（%）

	高福祉高負担	低負担低福祉
性　別		
男	59.1	40.9
女	51.7	48.3
年　齢		
20代	47.8	52.2
30代	54.4	45.6
40代	56.9	43.1
50代	57.2	42.8
60代	55.8	44.2
70代以上	57.1	42.9
学　歴		
義務教育終了	44.5	55.5
高卒	56.3	43.7
短大卒	58.1	41.9
大卒	66.4	33.6
大学院卒	78.3	21.7
職　業		
専門	69.8	30.2
管理	66.4	33.6
事務	56.2	43.8
販売	54.5	45.5
サービス	48.4	51.6
運輸	57.6	42.4
熟練	54.7	45.3
非熟練	44.3	55.7
農業	46.8	53.2
年　収		
350万円未満	49.1	50.9
350万～1000万円	58.9	41.1
1000万円以上	61.7	38.3
住宅の所有形態		
持家	56.6	43.4
賃貸住宅	48.0	52.0
給与住宅	61.2	38.8

一般に、高福祉の受益者の方が、そうでない人びとよりも高福祉に対する支持が高いと考えることができる。他方、高福祉から恩恵をこうむることができるのは、とりわけ福祉を必要とする人びとである。したがって低所得者や要支援者の方がそうでない人びとよりも〝高福祉高負担〟に対する支持が強いのではないかと考えるのが自然である。しかし調査結果を見てみると、必ずしもこのことが単純に当てはまるわけではないことがわかる。この点を以下で確認していこう。

◯デモグラフィックな要因

まず性別で見ると、女性（五一・七パーセント）より男性（五九・一パーセント）の方が〝高福祉高負担〟を支持している。男性は〝高福祉高負担〟支持者と〝低負担低福祉〟支持者との間で二〇ポイント近い差があるのに対して、女性の場合には両者が拮抗している。保育や介護などケアにかかわるという点で、福祉国家は女性のものであるとしばしば言われる。福祉サービスの従事者も利用者も女性であることが多いからである。しかし日本の場合には、女性より男性の方が福祉国家への支持が強くなっている。

それでは年齢別に見るとどうであろうか。表12-2では、中高年層で〝高福祉高負担〟への支持が強く、若年層で〝低負担低福祉〟への支持が強いという結果が示されている。二〇代では〝低負担低福祉〟への支持が五二パーセントに達しており、反対に〝高福祉高負担〟への支持は四八パーセントにすぎない。全年齢層をつうじて二〇代だけがこの点で例外である。これに対して、五〇代の人びとや七〇代の人びとの間では、〝高福祉高負担〟が〝低負担低福祉〟を一五ポイント近く上回っている。年長者ほど〝高福祉高負担〟を支持する傾向にあるというのは理解しやすい。年齢を重ねるにつれて公的年金の受給が自分自身の身近な問題となってくるからである。年齢が若い人も本来は育児、失業、貧困などの点で社会保障制度と関係がありうるのだが、日本の場合、社会保障の支出が高齢者に集中しているため若い人びとが社会保障制度を身近に感じることは少ない。

◐社会経済的地位による違い

性別・年齢別といったデモグラフィック（人口統計学的）な要因に加えて、社会経済的地位による違いについても見ておこう。

まず学歴別に見た場合である。表12-2によると、高学歴になるほど〝高福祉高負担〟への支持割合が高まっており、大学院卒では八〇パーセント近くに達している。反対に、義務教育終了の場合では、〝低負担低福祉〟（五五・五パーセント）が〝高福祉高負担〟（四四・五パーセント）を大きく上回っている。これはある意味で予想を裏切る結果である。一般に学歴が高いほど社会経済的地位が高くなり、学歴が低いほど社会経済的地位が低くなる。したがって学歴が低い人ほど福祉サービスに対する必要が増え〝高福祉高負担〟への支持が強まるようにも思われるが、実際にはそのような結果になっていない。「高福祉高負担か低負担低福祉か」という問題については、利害よりも理念の方が大きな影響力をもっているのかもしれない。

職業による違いも見られる。〝高福祉高負担〟への支持が強いのは職業別に見ると「専門」（六九・八パーセント）、「管理」（六六・四パーセント）であり、これらの職業では〝低負担低福祉〟への支持がそれぞれ三〇・二パーセント、三三・六パーセントにすぎず、両者は三〇ポイント以上の差である。反対に〝高福祉高負担〟への支持が低いのは「サービス」（四八・四パーセント）、「非熟練」（四四・三パーセント）、「農業」（四六・八パーセント）であり、これらの職業では〝低負担低福祉〟への支持が、その他の職業とは異なり、それぞれ五一・六パーセント、五五・七パーセント、五三・二パーセントと半数を超えているのである。これも予想を裏切る結果ではある。「サービス」「非熟練」といった職業の人びとの方が、「専門」や「管理」といった職業の人びとよりも福祉を必要とする度合いが大きく、したがって〝高福祉高負担〟への支持も強くなりそうであるが、現実のデータはそうなっていないからである。

収入別に見るとどうであろうか。表12-2を見ると、収入の多い人びとほど〝高福祉高負担〟への支持が強く、反対に、収入の少ない人びとほど〝低負担低福祉〟への支持が強いことがわかる。所得再分配によるいちばんの受益者は低所得者であるから、彼ら彼女らこそが〝高福祉高負担〟を強く支持してもよさそうだが、ここでも現実はそうなっていない。世帯の年収が三五〇万円未満の層では〝高福祉高負担〟への支持が四九・一パーセントであるのに対して、一〇〇〇万円以上の層では六一・七パーセントである。同額の負担であれば、高所得層ほどその負担に対する抵抗感が少なくなるからかもしれない。

最後に住宅の所有形態別による違いを見ておこう。持家居住者（五六・六パーセント）と給与住宅（社宅や公務員住宅）居住者（六一・二パーセント）の間で〝高福祉高負担〟への支持が強く、賃貸住宅居住者（五二・〇パーセント）の間で〝低負担低福祉〟への支持が強くなっている。給与住宅の居住者が〝高福祉高負担〟志向であるというのはともかく、賃貸住宅の居住者より持家居住者の方が〝高福祉高負担〟志向であるというのは解釈が容易でない。賃貸住宅の居住者の方が公共的な賃貸住宅の供給を望んでいるとも考えられるからである。とはいえ学歴・職業・収入などにおける結果とは整合的である。

以上をまとめると、デモグラフィックな要因に関しては、女性よりは男性が、若年よりは中高年の方が〝高福祉高負担〟を支持している。また社会経済的地位に関しては、高学歴、専門管理的職業、高収入、持家居住者が、そうでない人びとよりも〝高福祉高負担〟を支持している。前者に関してはともかく、後者の事実はどのように受け止めたらよいか。

社会経済的地位の高い人びとの間で〝高福祉高負担〟に対する支持が強く、社会経済的地位の低い人びとの間で〝低負担低福祉〟に対する支持が強いということは、後者は負担の増加を望んでいないが、前者は必ずしもそうでないということである。また後者もおそらく自分たちの負担が増えるのでなければ、福祉が充実すること自体には反対しないだろう。これは支払い能力に応じて負担するという〝応能負担〟の原則が維持されるのであれば、日本の場合でも〝高福祉高負担〟への合意形成が可能であることを示唆する。

社会政策や福祉国家のあり方をめぐっては、一般に「残余モデル」と「制度モデル」といった考え方がある。前者は、人間の必要は基本的に市場と家族によって充たされるべきであり、福祉の利用は市場や家族が機能しないときに限られるべきであって残余的なものであるという考え方に基づいている。これに対して後者の考え方では、人間の必要の充足にあたっては市場や家族だけでなく社会政策も重要な役割を果たしており、福祉は決して例外的なものではなくて社会の中心的な制度であるという考え方に基づいている。残余モデルにおける福祉サービスの利用者は少数の人びとに限定されるが、制度モデルにおける福祉サービスの利用者は中間階級を含む国民の大多数ということになる。

日本の場合、ミドルクラスが〝高福祉高負担〟を支持している、あるいは反対していないということが上記のデータから明らかとなった。したがって国民の意識のうえでは、アメリカのような残余モデルではなくて、ヨーロッパのような制度モデル、すなわち例外的な人びとだけでなく大多数の国民が社会政策の恩恵をこうむることが可能な仕組みが成立する余地がある。

4 何に対する高福祉高負担か

多数の人びとから〝高福祉高負担〟が求められているとして、それは社会政策のすべての分野で当てはまることなのだろうか。それともある分野については〝高福祉高負担〟が望まれているが、別の分野については〝低負担低福祉〟が望まれているということなのだろうか。最後に、この点について前述のSPSC調査のデータを用いて検討しておこう。

この調査では次のような質問が行われた。

問 ここにあげた一一の分野についておたずねします。これらの分野について政府が使っているお金は、もっと増やすべきだと思いますか、それとも、もっと減らすべきだと思いますか？　なお、「増やすべきだ」というときは、税金が増えるかもしれない、ということにも注意してください。

負担が増えることがあったとしても充実させたい公共政策は何かという質問である。ここで尋ねた一一の分野についてまとめたのが表12‐3である。

表12-3　政府支出を増やすべき公共政策

(%)

	増やすべき	現状維持	減らすべき
環　境	49.3	36.5	6.0
保健・医療	38.0	43.1	12.6
犯罪の取り締まりや予防	51.4	34.6	5.3
教　育	32.6	52.7	6.9
国　防	9.4	38.0	41.1
高齢者の年金	35.0	49.5	7.9
失業手当	21.6	57.1	10.6
育児支援	42.9	41.9	6.9
高齢者介護	59.0	29.6	3.7
住　宅	17.6	56.4	13.4
文化・芸術	14.7	52.8	19.0

この表からいくつかの点に気づく。まず、一一の政策分野のうちで政府支出を「もっと増やすべき」との回答が「いまのままでよい」や「もっと減らすべき」よりも多かった分野は、「環境」(四九・三パーセント)、「犯罪の取り締まりや予防」(五一・四パーセント)、「育児支援」(四二・九パーセント)、「高齢者介護」(五九・〇パーセント)であった。ただし「育児支援」は「いまのままでよい」(四一・九パーセント)と僅差である。社会政策のなかでは高齢者と子どものケアに関するものが〝高福祉高負担〟の対象と考えられていることになる。

これに対して、「いまのままでよい」という回答が最も多かったのは、「保健・医療」(四三・一パーセント)、「教育」(五二・七パーセント)、「高齢者の年金」(四九・五パーセント)、「失業手当」(五七・一パーセント)、「住宅」(五六・四パーセント)、「文化・芸術」(五二・八パーセント)であった。社会政策のなかの多くの分野は現状維持が望まれていることになる。

反対に、「もっと減らすべき」という回答が「いまのままでよい」や「もっと増やすべき」よりも多かった分野は「国防」(四一・一パーセント)だけであり、そこに社会政策の分野は含まれていない。
「もっと減らすべき」が「もっと増やすべき」を上回っているのは「国防」と「文化・芸術」だけであり、社会政策を含むその他の公共政策の分野では「もっと増やすべき」が「もっと減らすべき」を上回っている。これらのうちでも「高齢者介護」（五五ポイント）、「環境」（四三ポイント）、「育児支援」（三六ポイント）、「高齢者の年金」（二七ポイント）、「教育」（二六ポイント）、「保健・医療」（二五ポイント）はその上回り方が大きい。反対に「住宅」（四ポイント）、「失業手当」（一一ポイント）はそれほど差が大きくない。

表12－3から言えることは、負担が増えたとしても公共支出を増額すべきであると考えられているのは、高齢者と子どもに対するケアの領域だということである。その他の社会政策の分野に対しては現状維持の意見が強いが、年金・医療・教育は増額すべきという意見が減額すべきという意見を大きく上回っている。これに対して、失業や住宅については増額を求める意見と減額を求める意見の差は小さい。とはいえ社会政策のなかでは、公共支出をもっと減らすべきだと考えられている分野はないということには注意しておいてよい。要するに国民の意識のなかで、縮小すべきだと考えられている社会政策の分野は一つもないが、優先順位には違いがある。優先順位の最も高い分野は〝高齢者と子どもに対するケア〟と〝環境保護〟であり、年金・医療・教育がこれらに次ぐ。これに対して失業手当や住宅の優先順位は低くなっている。

◯まとめ

最後に本章で明らかとなった点をまとめておこう。

①日本で〝福祉〟はプラスの政治シンボルと考えられているが、他方で、「（潜在的）国民負担率」を抑

制しようという考え方も根強い。

②政府はこれまで「（潜在的）国民負担率」の抑制を国家目標として掲げているが、日本より「（潜在的）国民負担率」の低い国はアメリカであるから、政府はアメリカ型の〝低負担低福祉〟の方向を追求していると言える。

③しかし調査結果で見る限り、いずれの調査でも〝高福祉高負担〟の支持が過半数あり、少なくとも意識のうえで国民は、ヨーロッパ型の〝高福祉高負担〟を志向している。

④性別で見ると男性が、年齢別で見ると高齢者が〝高福祉高負担〟を支持している。

⑤高学歴、高収入、専門管理的職業、持家居住者の間での〝高福祉高負担〟の支持が強い。このように中間階級による〝高福祉高負担〟の支持が高いところから、アメリカ流の福祉モデルではなくて、ヨーロッパ流の福祉モデルが日本でも成立する可能性もある。

⑥社会政策のなかで〝高福祉高負担〟の優先順位が高いのは高齢者と子どもに対するケアであり、年金・医療・教育がこれに次いでおり、失業や住宅の優先順位は低くなっている。ただし優先順位の低い分野でも公共支出を減らすべきだと考えられているわけではない。

（二〇〇八年五月）

注

（1）この調査の詳細については、武川編［二〇〇六］を参照。この調査のデータについては東京大学社会科学研究所のデータアーカイブで一般公開されている。またフォローアップ調査が東京大学社会学研究室によって二〇〇五年に実施された。そこでの知見については、武川・白波瀬編［二〇一二］を参照。なお、本章の執筆後に、さらにデータを更新し、分析方法を多変量解析に変え、大幅に加筆した論文を英語に翻訳して発表したが（Takegawa［2010］）、結論はまったく変わっていないので、旧稿をそのまま掲載することにした。ただし、表中には最新データを追加したところもある。

（2）東京大学社会学研究室が東京都文京区で一九九七年に実施した調査。

（3）東京大学社会学研究室が東京都杉並区で一九九八年に実施した調査。

（4）一九九八年に東京都区部で実施された調査。このデータではDK、NAは欠損値扱いとなっている。

（5）一九九八年に大阪府大阪市で実施された調査。このデータではDK、NAは欠損値扱いとなっている。

（6）二〇〇〇年に福祉社会のあり方に関する研究会が実施した全国調査。SPSC調査。

（7）二〇〇二年に福祉社会のあり方に関する研究会が実施した全国調査。

（8）二〇〇五年に東京大学社会学研究室が実施した全国調査。

（9）二〇一〇年に実施された「社会保障意識調査」（全国調査）の結果（武川・白波瀬編［二〇一二］）。

追記

一九九〇年代後半くらいから、私は、社会政策における給付と負担（費用）に関する意識調査を手がけてきた。最初は、他の研究者が実施している市町村を対象とした調査のなかで〝高福祉高負担〟と〝低負担低福祉〟に関する質問項目を含めてもらうという形をとっていたが、二〇〇〇年には、社会政策全般に関する全国調査を実施することができた。本章は、そこで得られた知見の一部を、上野千鶴子・大熊由紀子・大沢真理・神野直彦・副田義也編『ケア　その思想と実践』（岩波書店、二〇〇八年）のために書いたのが初出である。この調査の後は、注1に記したように、二〇〇五年と二〇一〇年に全国調査を実施したが、いずれも〝高福祉高負担〟の支持が多いことは変わらなかった。それどころか回を重ねるごとに、その支持が増えている（武川・白波瀬編［二〇一二］一章）。

現在、税と社会保障の一体改革のなかで、給付と負担のあり方が政治の争点と化している。国民の意識のうえでは〝高福祉高負担〟の支持が高いにもかかわらず、現実政治がすんなりとその方向へ進んでいかない理由の一つは、〝政治〟と

〝政治の言葉〟に対する〝信頼〟が失われているところにあるだろう（もちろん、それが理由のすべてであるとは思わないが）。とくに二〇〇〇年代後半以降の閉塞的な政治状況が、それを物語っている。ただ、この閉塞状況も、二〇〇五年、〇七年、〇九年、一〇年のそれぞれの時点における選挙の結果として、衆参両院の議席数にいわゆる「ねじれ」が生じたことによるものであるから、有権者の選択の結果だとも言える。この状況は、一方で、日本社会が自縄自縛のスパイラルに陥っているのではないかとの危惧の念を抱かせるに十分であるが、他方で、長期的な視点に立ってみると、二〇〇五年以降の状況は、日本の社会システムがネオリベラリズムと福祉国家との間での試行錯誤の過程のなかにあることを示しているとも考えることもできる（ホワイトカラー・エグゼンプション〔ホワイトカラー労働者を労働基準法の適用から除外すること〕には失敗したが、普遍主義的な家族手当〔所得制限なしの子ども手当〕にも失敗した）。前者（自縄自縛のスパイラル）ではなくて、後者（試行錯誤）だと考えるのは、あまりにも楽観的であろうか。

第13章 社会政策学会の再々出発
――公共政策の刷新

1 社会政策学会の一一〇年

◯明治・大正期の学会

社会政策学会は、国家学会会員の有志によって、一八九七（明治三〇）年に創設された。一八九八年に発行された『国家学会雑誌』一二巻一四一号は、社会政策学会について「同会は明治二十九年四月の創立に係り爾後大抵毎月一回例会を開くを常とす」と伝えており、一八九六年に設立されたとの説もある。しかし一八九六年に発足した社会問題の研究会が、翌年、「社会政策学会」を名乗るようになったことから、一八九七年を学会の正式発足とするのが通説である(1)。いずれの説をとるにしても、社会政策学会が日本の社会科学のなかでは最も歴史の古い学会の一つであることは間違いない。

社会政策学会は、一九〇〇（明治三三）年に「市街鉄道公有」を支持する意見を発表して世間から注目を集めた。また発足後一〇年の一九〇七（明治四〇）年には、第一回大会が工場法をテーマとして東京帝国大学で開催された。以後、関東大震災のあった一九二三（大正一二）年を除いて、一九二四（大正一三）年までの期間、社会政策に関する広範なテーマを取り上げた大会を毎年開催した。当時の大会で扱われたテーマの少なからぬ部分は工場法、労働保険、労働争議、婦人労働、労働組合、賃銀など賃労働に関連する社会問題であったが、必ずしもそれらに限られたわけではなく、関税、移民、市営事業、生計費、小農保護、税制、官業、小工業、中間階級、小作など当時の広範な社会問題が総合的に扱われた。各大会の報告書は「公刊されて広く知識人に刺激を与えた」と言われている（石田［一九八四］五四頁）。

明治・大正期の社会政策学会の栄光に関する証言は多い。たとえば大内兵衛は次のように語っている。当時の社会政策学会は「それが存在していた期間の大部分を通じて、日本の大学で経済学を講じていた人、官吏・実業家で経済学者といわれる人のほとんどすべてを集めていた学会であり、しかも公開講演および研究発表機関として彼らがもったほとんど唯一のものであった」（大内［一九七〇］四三頁）。また「この大会の講壇にたつことは当時の新進学徒の名誉でもあり、学界登龍門でもあった」とすら言われた（住谷［一九五八］二五三頁）。

ところが栄光に包まれたその学会も、大正期の労働運動の勃興のなかで内部分裂を抱え込むようになる（大内［一九七〇］八六―八九頁）。一方の極に労資協調に反対の立場をとる権田保之介、櫛田民蔵、森戸辰男など新人会系の会員がいたが、反対の極には、社会主義者が社会政策学会の会員であることは会則に反すると考える福田徳三のような会員もいて、総会が紛糾することもあった（大内［一九七〇］八七頁）。このため社会政策学会は「ゴタゴタを続け」（大内［一九七〇］九〇頁）、総会は開かれるもののしだいに盛会ではなくなり、ついに一九二四年を最後に年一回の大会は開催されなくなり、休眠状態に入った(2)。その後、社会政策学会の再建が何度か試みられたが、当然幹事となるべく目されていた河合栄治郎がこれに同調しなかったために、その話は立ち消えとなった。大内兵衛によれば、「社会政策学会は中心にその人を得ず、そのうちにつぶれることになった」（大内［一九七〇］九〇頁）。

◗戦後の再出発

戦前最後の大会が開催されてから四半世紀の経過した一九四九年、服部英太郎の大河内一男批判によって社会政策本質論争の火蓋が切られた。服部は、社会政策をもって「経済社会の再生産条件として総労働力に対する社会的配慮」と見なす大河内の所説に対して、それが「社会政策の生産力説」であるとして反駁を加えた（服部［一九六六］）。服部による批判の論点は多岐にわたるが、要するに、社会政策の「全機構的把握」のためには生産力の視点と同時に生産関係（階級関係）の視点が不可欠だが、大河内にはそれが欠けているというものであった。服部に触発された岸本英太郎も、マルクスの窮乏化法則に立脚して同様の批判を行った。彼によれば資本蓄積にともなう相対的過剰人口の存在が労働者階級の窮乏化を生み、そこから労働者の反乱の可能性がたえず生じるが、これを防ぐために実施されるのが社会政策であった（岸本［一九五三］）。この論争は当時の労働組合の運動方針とも関連していたため多くの関心を呼び論争参加者が相次いだが、何と言ってもその最大の成果は、この論争によって社会政策学会の再建の気運が高まってきたことであった。

『社会政策学会年報』第一輯に掲載された内藤則邦の記事は当時の学会再建の背景について、日本学術

会議の創立や日本経済学会連合の結成と並んで社会政策本質論争の存在をあげて、次のように記している。(3)

この社会政策の分野において二十四年春以降、服部英太郎教授の大河内教授批判の論文を出発点とし、社会政策の本質論をめぐる論争が活発に展開され、論争への参加者も次第に増加し、この論争は社会政策学研究者の関心を惹き、この論争を通じて研究者相互の連絡と理解は深まって行った。かくして学会再建の背景はできあがった。

その頃(二十五年一月)本質論争についての研究報告のため上京された京都大学、岸本英太郎助教授と大河内一男教授との懇談からたまたま学会創立の話が出、ここに学会創立が正式に日程にのぼることになった。

そして以下のような「社会政策学会設立趣意書」が起草された。

……翻って嘗ての日本社会政策学会が果した学問的成果と役割とに鑑みるとき、戦後急速に進展しつつある社会政策と勃興しつつある斯学への要請に応えるために、研究体制の整備と研究者相互の連絡協同の必要をいよいよ痛感する次第であります。旧社会政策学会は諸種の事情により、大正末年以降活動を停止致しておるのでありますが、終戦後におけるわが国学界の活発な動きを見るに、学問の分化に伴って学会も分化し、社会科学部門においても既に幾多の専門学会が結成せられておる状態であります。ここにわれわれは社会問題および社会政策の研究を目的とする専門の学会を組織し、新しい社会情勢の下に「社会政策学会」を再建し、斯学の発展に努力し、且つ内外学会との連絡交流を図り、以て新しい日本の建設に寄与せんとするものであります。

さらに一九五〇年七月、創立総会と第一回大会が慶應義塾大学と東京大学で開催された。再建された社会政策学会は戦前の学会の名称と財産と人材を継承した。戦前の学会で活躍した大内兵衛は戦後の学会において顧問の地位に就いた。

◐高度成長期の学会

再建後の社会政策学会は精力的に活動した。一九五〇年に第一回大会を開催して以降、春と秋に年二回の大会を開催するのが慣例となり現在にいたっている。また一九五三年六月に開催された第七回大会では「日本の賃労働における封建性」が共通論題として掲げられ、同年一二月には戦前の学会誌『社会政策論叢』に倣って『社会政策学会年報』が創刊され、『年報』の第二集では第七回大会の共通論題が特集として取り上げられた。創刊当初の『年報』の特集と大会の共通論題との間には必ずしも対応関係がなかったが、しだいに春の大会の共通論題が『年報』に掲載されるという慣行が成立するようになった。一九七九年四月には『社会政策叢書』が創刊され、秋の大会の共通論題が収録されることとなった。これら二つの機関誌は一九九八年まで刊行を続け、後に述べるような学会改革のなかで九九年に年二回刊行の『社会政策学会誌』として統合された。

戦後の社会政策学会は高度成長の前夜に活動を再開し、高度成長のなかでその活動を広げた。高度成長は所得水準の上昇をもたらし労働問題の性格を変えた。労働問題はそれまでのような国家権力による規制の対象から、労使間の自主的な交渉によって解決されるべき問題としての性格を帯びるようになった。このため労働問題を研究するためには、国家の社会政策だけでなく賃労働、労働市場、労使関係、賃金などの実態を正確に把握する必要が生まれた。

高度成長が始まる直前、隅谷三喜男は「〈賃労働〉の理論を社会政策という伝統の枠からはずすことによって賃労働そのものの理論の究明を正面から問題」とすることを主張した（隅谷［一九五四］六七頁）。氏原正治郎は「労働問題の経済学的研究は、経済学の原理論の部分的応用理論にすぎないのであって、社会政策学というような科学の体系が存在するかどうか、疑問だ」と述べ、「社会政策学から労働問題研究をとき放つべきこと」を提唱した（氏原［一九五五］）。彼らの主張は高度成長期における労働問題の変容とともに多くの学会員から説得力をもって受け入れられるようになり、学会のなかでは社会政策学から労働経済への流れができた。

戦後の社会政策学会はその設立趣意書によって「社会問題と社会政策を研究する専門の学会」と規定されていたが、社会政策本質論争によってすでにその社会問題とは労働問題のことであるとの見解が主流を占めるようになっていたから、社会政策についてもその主たる内容が労働政策のことであるとの見解が有力となった。このため戦後のある時期まで、労働問題と労働政策が、社会政策に関する研究や教育の中心的な位置を占めることとなった。

戦前の学会が社会科学に関する総合的な学会であったのと対照的に、戦後の学会は、社会政策（すなわち労働問題と労働政策）に関する専門的な学会としての活動を続けた。しかしそのことによってかえって日本の社会科学のなかで一定の地位を占めることができた。研究面でいうと、社会政策学会は労働に関する専門家集団として、社会科学における諸分野の研究者から一定の敬意を払われた。高等教育についてみても、全国の多くの大学の社会科学系学部で社会政策が一つの専門科目として講じられた。国家公務員の採用試験や司法試験においても試験科目の一つとして扱われた。

2 学会改革とその効果

❍「学会の危機的状況」と改革

高度成長期に明治・大正期とは異なる意味で華々しく活動した社会政策学会であったが、高度成長の終了後、とりわけ一九八〇年代以降、しだいに学会活動が停滞を来すようになった。とくに新入会員の減少と会員構成の高齢化は否めなかった。一九九三年度には一年間の新入会員がわずか一一人というところまで減少した。当時の会員の年齢構成が偏っていたことは表13-1を見ればわかる。二村一夫はこうした当時の状況を「学会の危機的状況」としたうえで、当時の学会の問題を次のように指摘している[(4)]。①共通論題を過度に重視した大会運営が行われた結果、「〈著名会員〉が再三登場する反面、新人が登壇する機会はきわめて限られ」ていた。②「幹事会の構成が特定の研究分野に偏りがちで、幹事の顔ぶれが固定的傾向を見せていた」ため、学会運営が「マンネリ化」し、常設分科会の活動も沈滞していた。③毎年、赤字予算を組んでいた。④「幹事会のなかに〈東西対立〉ともいうべき、歴史的に形成された不和が存在していた」。

こうした問題を解決すべく、一九九四~九六年度の二三期幹事会（代表幹事・二村一夫）の下で本格的な学会改革が始まった。会則が改正され、役員の多選が制限された。また「東西対立」を解消するための財政措置がとられ、専門部会の活性化が図られた。このときに始められた改革路線はその後の幹事会にも引

表 13-1　1994 年現在の社会政策学会会員の年齢・性別構成

	会員数（人）	比率（%）	女性会員数（人）	女性比率（%）
20　代	9	1.0	2	22.2
30　代	110	12.7	16	14.5
40　代	261	30.0	30	11.5
50　代	194	22.3	24	12.4
60　代	197	22.7	24	12.2
70　代	70	8.1	3	4.3
80　代	19	2.2	1	5.3
不　明	9	1.0	1	11.1
合　計	869	100.0	101	11.6

（注）1. 会員数は 1994 年 10 月 3 日現在。春の大会時に入会承認済みで会費未納の 2 人を含む。
2. 年齢は 1994 年末現在。入会申込書『研究者総覧』『大学職員録』などにより調査。
3. 性別は名前からの推定によっているため，若干の増減がありうる。

（出所）社会政策学会のホームページ（《http://www.sssp-online.org/nimura3.html》2012/4/16.）。ただし，女性比率のところは再計算してある。

き継がれ、今日にいたっている。[5] しかしこの学会近代化の路線がただちに効果を生んだわけではなかった。目に見える形での成果が生まれるまでには若干の時日を要した。

一九九七年一一月、社会政策学会第九五回大会が同志社大学で開催された。共通論題は「社会政策学会一〇〇年――百年の歩みと来世紀にむかって」（座長は西村豁通と岩田正美）であった。このとき私は「『転換』期の社会政策学」という報告をする機会を与えられた。大会事務局の私に対する役割期待は「ポスト高度成長期における労働と生活をめぐる新たな問題に対して、それまでの守備範囲を拡大しながら社会政策学が『再編』され始める様相」を示すことにあったが、私はこの役割期待には十分応えることができず、「（ポスト高度成長期においても）社会政策学の再編成のための試みが間歇的に出現したとはいえ、社会政策学が新たな問題に対応する形で十分に再編成されなかった」と述べてしまった（武川［一九九八］七二―七三頁）。こうした私の判断の根拠は、「ポスト高度成長期」における共通論題のテーマが依然として労働中心で組織されていたということと，当時最もよく使われていた社会政策の教科書の構成が「本来の社会政策から社会保障を排除しつつ，『社会政策入門』の叙述を社会保障で終わらねばならない」（岡田［一九八一］）という「矛盾」を相変わらず抱えていたということにあった。

●研究関心の多様化

こうした一九九七年の時点における私の現状認識が誤っていたとは思わないが，あれから一〇年以上経過した今日の時点から振り返ってみると，以上の言明に対しては若干の補足も必要である。というのは，上述のように学会近代化のための改革が始まったのはようやく一九九〇年代半ばのことであり，九七年の時点においてはその効果がまだ十分な形では現れていなかったと思われるからである。しかもその後の社会政策学会が大きく変貌を遂げたことは間違いない。

第一に，会員の研究関心が多様化した。たとえば，一〇〇年記念大会以降，一九九八年の第九六回大会から二〇〇七年の第一一五回大会までの間に二〇の共通論題が組織されたが，そのうち雇用，失業，賃金など労働問題に特化した共通論題は三つだけであり，福祉国家，少子化，格差社会など伝統的な労働政策から外れる共通論題も少なくなかった。その他の多くは「社会政策における福祉と就労」や「社会政策の新しい構想」などのように，社会政策を総合的に扱おうとするものであった（本書第二章，第六章を参照）。これは一〇〇年記念大会以前のポスト高度成長期，すなわち一九七三年から九七年までの共通論題のあり方とは異なる。というのはこの時期の計五〇回の大会では，労働や労働者という語を冠した共通論題は二四回あり，労使関係，雇用，賃金などまで含めて考えると，労働問題に特化した共通論題の数はさらに多かったからである。

こうした共通論題の変化の背景には、会員の研究関心の変化が存在する。会員の研究関心が多様化した結果、現在、社会政策学会のなかには大きく分けて、次の四つの研究潮流が存在するように思われる。

一つめは、従来からの労働研究である。九〇年代前半までの時代に比べると、社会政策学会における労働研究の比重は相対的に低下しているが、決してその研究が衰えたというわけではない。労働市場や労使関係とそれらに対する政策的対応の問題は、社会政策学会のなかで依然として重要な位置を占めている。また最近では、ワークフェアの考え方が影響力をもつようになったことによって、労働研究が従来とは異なった形で再度脚光を浴びるようになっている。

二つめは、従来からの生活研究(6)である。改革前の社会政策学会のなかでも「生活と労働」という二分法が存在しており、労働が主流だった時代においても生活に関する諸研究は社会政策学会のなかで一定の地歩を築いていた。しかしそれらは労働という中心に対する残余的な印象を拭えなかった。ところが生活構造や社会保障などを含む従来からの生活研究の領域が拡大するとともに、子育てや介護など新しい研究領域が出現したことによって、現在の社会政策学会では、生活研究が労働研究に勝るとも劣らない研究潮流となっている。

三つめは、ジェンダー研究である。社会科学の世界におけるフェミニズムの国際的な隆盛の影響を受け、日本の社会科学の世界でもジェンダー研究が台頭した。社会政策学会もその例外ではなく、一九九〇年代に入ってからこの傾向が学会内に浸透した（武川［二〇一一 c］）。一つの転機は一九九二年の第八四回大会の共通論題（「現代の女性労働と社会政策」）であり、このときの様子を、当時の『年報』編集委員長だった高島道枝は『年報』三七集の「はしがき」のなかで、「男性の参加者も多く、総括討論まで多数の会員が残り、現代のフェミニズムが提起している問題への関心の深さが窺えた」と記している。一九九五年には、ジェンダー部会が社会政策学会における最初の専門部会として発足した。

四つめは、国際比較である。従来からの外国研究や比較研究に加えて、九〇年代にエスピン‐アンデルセンの福祉国家レジーム論（Esping-Andersen〔1990〕）が国際的に影響力をもったことによって、日本でも、単なる制度記述や制度比較を超えた社会科学的な意味での比較研究が始まった。また欧米諸国だけでなく東アジア諸国が比較対象として加わることによって、東アジアに焦点を置いた新たな比較研究の潮流も生まれた。

会員構成の変化

こうした研究動向の変化は、従来からの会員の関心の拡大による部分もあるが、従来とは異なる問題意識をもつ多くの会員が新しく入会したことの結果でもある。実際、改革前と改革後では会員構成が大きく変化している。表13‐2は、二〇〇八年二月現在の社会政策学会会員の年齢別性別構成を示したものである。表13‐2と表13‐1を比較することによって、会員の変化を知ることができる。

会員の変化の第一は、会員総数の増加である。この一三年の間に社会政策学会の会員は八六九人から一一八八人へと増えており、約三七パーセントの増加である（二〇一一年五月現在では、一二四二名となっている）。新入会員が年間一一人という十数年前の「危機的状況」はすでに脱したことが明らかである。

変化の第二は、若い会員の増加である。会員の年齢構成別の変化を見ると、二〇代三〇代の会員割合の

表 13－2　2008 年 2 月現在の社会政策学会会員の年齢・性別構成

	会員数（人）	比率（%）	女性会員数（人）	女性比率（%）
20　代	59	5.0	19	32.2
30　代	267	22.5	114	42.7
40　代	230	19.4	79	34.3
50　代	302	25.4	67	22.2
60　代	218	18.4	39	17.9
70　代	77	6.5	14	18.2
80　代	23	1.9	0	0.0
90　代	1	0.1	0	0.0
不　明	11	0.9	3	27.3
合　計	1,188	100.0	335	28.2

（出所）　ワールドプランニング調べ。

上昇が著しい。二〇代会員は一・〇パーセントから五・〇パーセントに増えている。入会資格を修士課程の大学院生にまで広げたことによる影響もあるが、それだけではないだろう。三〇代の会員も一二・七パーセントから二二・五パーセントへと一〇ポイントも増えている。これらの変化は社会政策学会が若い研究者にとって入る価値のある学会になったことを意味している。四〇代以上の会員の全体に占める割合は低下しているが、実数レベルで見ると五〇代以上の会員は増加を続けている（現在の四〇代は、十数年前の四〇代に比べて実数レベルでも減少している。現在の四〇代の会員が相対的に少ないのは彼ら彼女らが入会適齢期のときに、学会が「危機的状況」にあったことと関係しているかもしれない）。以上に見られる会員の年齢構成の変化は、会員の新陳代謝が起こったからというよりは、若い会員が新しく入会したことによるところが大きい。

変化の第三は、会員の女性比率の著しい上昇である。全年齢階層でみると、一一・六パーセントから二八・二パーセントへと一六ポイント増加している。とくに四〇代の会員のところでは三四パーセントに達しており、三〇代の会員のところでは、男女平等の基準としてしばしば言及される四〇パーセントの水準をも超えている。この点に限って言えば、若い会員の間ではジェンダー平等がすでに達成されていると言っても差し支えない。

この表からは知ることができないが、会員構成の変化に関して、以下の点を指摘しうると思う。一つは、経済学以外の領域からの新規参入である。戦後の社会政策学会は設立当初から経済学会連合に加盟しており、社会政策学は経済学の一分野であると考えられる傾向にあった。しかし労働問題は経済学だけの問題ではなく法律学や社会学なども関係していたから、社会政策学会は当初から学際的性格を帯びていた。この傾向が学会改革以後ますます顕著となり、今日の社会政策学会は、法律学者、経済学者、政治学者、社会学者、社会福祉学者、家政学者などを擁する文字どおり学際的な学会となっている。

二つは、大学院生の会員の増加である。一九九〇年代、政府は大学院重点化の方針の下に、大学院定員の拡大を図った。その結果、日本の大学院生の数は飛躍的に増大した。上述の若い会員の増加も学会改革という要因だけでなく、大学院重点化といった国の文教政策によるところも大きい。

三つは、外国人会員の増加である。大学における外国人教員の増加という一般的な傾向は社会政策学会にも影響を及ぼした。しかしそれ以上に顕著な変化は留学生の会員の増加であり、これは学会改革の時期が東アジア諸国からの留学生が増加した時期と重なっていたことによる。九〇年代末ごろから、大会の自由論題でも留学生の報告が増えており、東アジアの社会政策への関心も高まっている（社会政策学会編［二〇〇六］）。

表13－3　社会政策の3段階

Ⅰ	プロト産業化／資本制以前の段階――伝統社会
	・旧救貧法，「血腥い立法」？
	・社会政策による「労働力」の原始蓄積
Ⅱ	産業革命／資本制成立以後の段階――近代社会
	・新救貧法，工場法
	・社会政策における“商品化”の機能
Ⅲ	福祉国家（福祉資本主義）成立以後の段階――反省的近代化？
	・給付政策，規制政策
	・社会政策における“脱商品化”の機能

3　社会政策の三つの段階

以上、社会政策学会の一一〇年の歴史を駆け足で見てきたわけだが、このような社会政策学会の変化が現実に存在する社会政策の変化と無関係なわけがない。社会政策学会の変化の背後には、どのような社会政策そのものの変化が横たわっていたのだろうか。

これまでの社会政策の歴史を振り返ってみたとき、最も重要な転換期として二つを指摘することができるだろう。一つは資本制の成立であり、他の一つは福祉国家の成立である（後者に対してはともかく前者に対しては異論を挟む人は少ないであろう。後者も重要な画期であることは後に再び述べる）。この二つの画期が存在するということを認めるならば、社会政策の歴史は三つの段階に区分されることになる。すなわち、Ⅰ資本制以前の段階、Ⅱ資本制成立以後の段階、Ⅲ福祉国家成立以後の段階である（表13－3参照）。

❍プロト産業化と労働力の原始蓄積

Ⅰの資本制以前の段階は経済史で「プロト産業化」と呼ばれる時期と重なる。この時期に社会政策が存在したか否かは議論の分かれるところである。イギリスの旧救貧法は資本制成立以前の社会政策としてしばしば指摘される。また、いわゆる「血腥《なまぐさ》い立法」の数々が社会政策の一形態として把握されることもある。その代表的な論者は言うまでもなく大河内一男であり、彼は「西ヨーロッパにおいては、資本が自由に『労働力』をその手に把握し、彼らを心理的にも肉体的にも、労働意欲と労働能力を有する、近代的な『商品』にまで仕立て上げるには数世紀を要している」（大河内［一九六三］九三頁）と述べながら、「賃銀労働者は、……近世初頭の数世紀を通じて、……労働力の近代化と陶冶のための近代国家のなみなみならぬ努力とそれの具体化としてのいわゆる『血腥い』立法の数々を通して、創出されたものに外ならなかった」と主張した（大河内［一九六三］九七頁）。彼によれば資本制以前の段階における社会政策は、「資本の原始蓄積」の対極をなす「『労働力』の原始蓄積」の機能を果たしていた（大河内［一九八一］六頁）。ウェーバーを俟つまでもなく、「資本主義の精神」を身につけた労働者が自然発生することはありえない。

◐資本制と商品化

Ⅱの資本制成立以後の段階の社会政策は、新救貧法と工場法が典型だと一般に考えられている。イギリスの新救貧法は一八三四年に成立した。世界初の工場法は一八三三年に同じくイギリスで成立した。これらの社会政策に共通する特徴は、それらがすぐれて労働力の商品化にかかわるものだったということである。

新救貧法に関しては、ポランニは次のように述べている。

彼ら（重商主義者と封建勢力）はおしなべて、労働と土地の商品化——市場経済の前提条件——の理念には反対した。職人ギルドともろもろの封建的特権がフランスで廃止になったのはようやく一七九〇年のことであり、イギリスで職人条例が廃止になったのはやっと一八一三—一四年のことであった。一八世紀の最後の一〇年に至るまでは、この両国も、自由労働市場の確立は議論の種にさえならなかった。
一八三〇年代になってようやく経済的自由主義は十字軍の熱狂のごとく涌きおこり、自由放任は戦闘的な教義となった。企業家階級は救貧法修正を迫っていた。救貧法は、働き次第で所得が決まる産業労働者階級の勃興を妨げていたからである。……一八三二年における中産階級の政治的勝利ののち、修正救貧法案は最も極端なかたちをとって議会を通過し、少しの猶予期間もおかずに施行された。自由放任は非妥協的で荒々しい運動へと変貌してしまった。（Polanyi［1957］94, 186f.）

また工場法をはじめとする産業革命期の社会政策に関して、大河内一男は次のように述べている。

賃銀労働を自由な商品として烙印し、国民の圧倒的な部分の伝来的生活の根拠を最終的に破壊し、商品としての「労働力」の創出を完結せしめたということ、この点こそ産業革命と社会政策との基本的な繋がりだったのである。（大河内［一九六三］一三〇頁）

さらに労働組合についても、彼は、ルヨ・ブレンターノを引きながら、「労働組合の社会的機能は『労働力』なる商品の商品性を貫徹せしめる、という点に存していた」（大河内［一九六三］二二三頁）、あるいは「労働組合の存在によってはじめて、孤立分散した『労働力』の担当者は、自己のはなはだ不利益な商品をようやく価値通りに販売することができるのである」（大河内［一九八二］三二五頁）と解した。

このようにⅡの段階の社会政策は、救貧法であれ労働者保護であれ、これまで労働力の商品化の観点から理解されてきたのである。

◯福祉国家と脱商品化

ところがⅢの福祉国家成立以後の段階になると、社会政策が労働力の商品化を貫徹させるためのものとは単純には言えなくなってくる。福祉国家をここでかりに社会権を制度化し、社会給付や社会規制の規模がそれ以前と比べて著しく増大した国家であると規定するならば、そうした福祉国家は西欧諸国では遅くとも二〇世紀の半ばくらいまでには成立している。これら福祉国家諸国は一九五〇年から七三年における「戦後の黄金時代」（Maddison［1989］）と呼ばれる世界史上未曾有の高成長という好環境のなかで社会支出を急速に拡大させ、社会規制の制度化を図った。こうした社会給付と社会規制の量的拡大は、それまでの社会政策の質の変化をもたらした。社会政策は脱商品化の機能を持ち始めたのである。

資本制の下における労働力が完全に脱商品化されるということはありえない。純粋な商品であるか「擬制商品」であるかは別として、労働市場が成立していて労働力の売買が可能となっているということが、資本制経済が成立するための前提条件である。とはいえ一定水準以上の社会給付や社会規制は、労働と賃金の関係を部分的にではあるにせよ切断する。長時間労働の禁止は、いわば個別資本による労働力の食い潰しを防ぎ、労働市場を円滑に機能させるための措置であったかもしれない。しかし傷病手当金や失業手当をはじめとする社会給付は、それが一定限度を超えると、労働者が労働市場に依存する度合いを著しく弱めることになる（たとえば、アブセンティズム〔無断欠勤の常習化〕）。社会規制の場合も同様である。強力な解雇規制の存在は労働者を労働市場の需給関係からある程度自由にする。すなわち福祉国家による社会給付と社会規制の拡充によって、社会政策は脱商品化の機能をもつことになるのである。もっとも社会政策によってどの程度の脱商品化が達成されるかは経験的に開かれた問題であって、それは各国の政治・経済・社会の状況によって変わってくるから、脱商品化の程度は多様である。

福祉国家の有する脱商品化機能への言及は、すでにクラウス・オッフェの後期資本主義に関する理論のなかで行われている（Offe［1984］）。しかしこの概念を福祉国家研究の中心的な位置にまで引き上げたのはエスピン－アンデルセンの功績である。彼の『福祉資本主義の三つの世界』（Esping-Andersen［1990］）が登場して以来、脱商品化の概念は福祉国家の社会政策を論じるさいの参照基準であり続けた(7)。現在では、この概念に対して批判的な立場をとる人であれ肯定的な立場をとる人であれ、社会政策の比較研究を行おうとする人は、この概念を無視してすますことはできなくなっている。

◯批判と反批判

以上のような社会政策の段階把握に対しては批判もありうる。たとえば、高田一夫は大河内一男の「新しい社会政策」の概念を批判するなかで、次のように述べている。

> 社会政策の根本は一九世紀でも現代でも少しも変わらないのであって、誤った理論化をした大河内氏が、その誤りを現代の社会政策にまで引きずったために、『混迷』が起きているに過ぎない。つまり社会政策はその意味で

は少しも変わっていないのである。（高田［一九九〇］四五頁）

社会政策の本質が社会問題への対応であるという高田の主張は、その抽象性ゆえに反論の余地が乏しい。しかしそこに固執すると、福祉国家の成立の前と後とでは社会問題の質が変わっていて、社会政策もその量的拡充によって質的転換を遂げるにいたったという点を見逃すことになる。

また兵藤釗《つとむ》も私を批判するなかで次のように述べている。

伝統的社会政策論が、社会保障を取り込み得ない構造になっているのではないかという点では、私も武川さんなどと同じ認識に立っているといっていいかと思いますが、しかし、福祉国家の登場、あるいはそれの基軸をなす社会保障の登場をもって、社会政策に関する理論が旋回を遂げなければならないというのは、いいすぎではないかと思います。（兵藤［一九九三］二六頁）

福祉国家の登場が社会政策にとって決定的でないことの論拠として兵藤が指摘しているのは、社会政策にはもともと「労働政策」と「福祉政策」の二つの系列があり、福祉国家の登場によって突然「福祉政策」が登場したわけではない、という点である。兵藤によれば、社会政策を労働力政策であると考えた大河内でさえも「自己の社会政策論のなかに、いわば救貧法を矮小化して密輸入するという格好になっている」（兵藤［一九九三］二六頁）のである。(8) とはいえ社会政策には当初から「労働政策」と「福祉政策」の二つの系列があったとしても、そのことによって福祉国家の成立の前と後とで社会政策の段階が異なるということを否定する理由にはならないだろう。福祉国家の成立が社会政策の歴史にとって決定的だというのは、福祉国家の成立によって「労働政策」に加えて「福祉政策」が登場したということではなくて、「労働政策」と「福祉政策」の双方の性質が変わり、両者の関係が変化を遂げたということのうちにあるからである。

4 社会政策研究の現状と課題

◯適応の遅れと「学会の危機的状況」

以上のような社会政策に関する段階区分のなかで考えるとき、日本の社会政策学会の歴史はどのような位置づけを与えられるのだろうか。

社会政策学会が創設された一八九七年は八幡製鉄所の建設が始まった年であり、日本の産業革命がまさに始まろうとしていたときであった。その意味で日本の社会政策学会の成立は、上述の三つの段階のうちのⅡの時期と重なる。学会設立の当初、社会政策は幅広い領域を含んだものと考えられていたが、Ⅱの段階の現実を反映して、社会政策はしだいに賃労働との関連で概念化されるようになった。

第二次世界大戦後までに、西欧諸国では福祉国家が形成され、社会政策はⅢの段階に入った。これにともなって福祉国家諸国では脱商品化を視野に入れた社会政策の概念化が行われるようになった。ところが近代化の後発国であった日本は、二〇世紀の第三・四半期においてなおⅡの段階にとどまった。こうした現実を反映して、戦後日本では商品化を基軸とする社会政策概念の純化が、社会政策本質論争や「社会政策から労働経済へ」の流れのなかで続いた。

日本が福祉国家の段階に入るのが何時かという点については諸説ある。戦後の民主化や一九六一年の皆保険皆年金の成立や高度経済成長期をもって福祉国家の成立の指標とする考えもあるが（田多［二〇〇七］、玉井［二〇〇六］）、社会支出の規模という点から考えると一九七三年の「福祉元年」が重要な転機である。私自身は一九七三年説を支持しており、高度成長期の日本はプロト福祉国家の時期にあったと考えているが（武川［一九九九ａ］）、いずれの説を採るにしても、二〇世紀の第四・四半期までには、日本の社会政策もⅢの段階に入ったことになる。(9) ところが社会政策学会がこうした変化にただちに適応したわけではなかったことに注意する必要がある。少なくとも一九九〇年代の前半までは、Ⅱの段階のイナーシャ（慣性）が続いたのである。

第二節で述べた学会改革が行われたのは、まさにこのような状況のなかであった。当時叫ばれた「学会の危機的状況」とは、現実の社会政策がⅢの段階に入っていながら社会政策学会の問題設定が依然としてⅡの段階にとどまっている、すなわち社会政策の脱商品化機能が社会政策の研究のなかで理論的に排除されている、といったことの反映であったと考えることができる。しかもこの「学会の危機的状況」は社会政策の研究の進展を阻んだだけでなく現実の社会政策の危機的状況を生んだとも言えるのではないか。学会のⅢの段階への適応の遅れは、日本の現実の社会政策とそれを取り囲む社会制度に対して何をもたらしたか。

私は、上述の一〇〇年記念大会における報告をまとめた論文で以下のように述べたことがある。

社会政策学による agenda setting の結果、日本では、福祉国家の社会政策をめぐる公共圏のなかに社会政策学者がいない、という非常に奇妙な現象が出現するようになった。この社会政策学者の不在を埋めたのが誰であったか、そして、そのことの結果として生じたのが何であったか、ということは知られているとおりである。（武川［一九九九 a］二九五頁）

この点に関する判断はいまも変わっていない。このときは日本の制度における社会政策（研究・研究者）の不在を暗示するにとどめたが、いまこの点を改めて明示化しておきたい。

社会政策の不在

第一は、日本の公共政策とりわけ社会政策の決定過程における社会政策の不在である。

橋本内閣の行財政改革のときに創設された経済財政諮問会議が、二一世紀初頭とりわけ小泉内閣時代の日本において社会政策を含む公共政策全体の方向性を決定するうえで重要な役割を果たしたことは周知のとおりである。経済財政諮問会議は、内閣府設置法によれば「内閣の重要政策に関して行政各部の施策の統一を図るために必要となる企画及び立案並びに総合調整に資するため、内閣総理大臣又は内閣官房長官をその長とし、関係大臣及び学識経験を有する者等の合議により処理することが適当な事務をつかさどらせるための機関」となっており、「経済全般の運営の基本方針、財政運営の基本、予算編成の基本方針その他の経済財政政策に関する重要事項」などを調査審議することを目的としている。実際社会保障や労働市場政策などの社会政策も経済財政政策の一環として、この会議で調査審議され、政府の政策決定に重大な影響を及ぼした。

ところがこの日本の公共政策の司令塔とも言うべき経済財政諮問会議のなかで社会政策は終始一貫して無視され続けた。

一つは、その名称や設置目的からも明らかなように、この会議が日本の公共政策の全体を経済政策や財政政策の視点から律しようとするものであったという点である。このためこの会議ではネオリベラリズムの政策思想が絶大なる影響力をもち、社会民主主義だけでなく、伝統的な保守主義や国家官僚主義でさえも排除された。

二つには、この会議の議員の構成においても社会政策は排除されていた。この会議の議員は関係閣僚と民間有識者から構成されることになっているが、関係閣僚として参加しているのは、首相（議長）と官房長官と経済財政政策担当大臣のほかは、総務相、財務相、経済産業相、日銀総裁であって、厚生労働大臣は含まれていなかったのである。民間議員の方も財界人やネオリベラリズム志向の経済学者から成り立っていて、社会政策の研究者は一人も含まれていない。要するに、日本の社会政策を決定する最も重要な場には社会政策の関係者が皆無だったのである。(10)

この点は近隣諸国における社会政策の重視と対照的であった。たとえば、盧武鉉政権時代の韓国では青瓦台（大統領府）のなかに社会政策主席室が置かれ、社会政策の観点から公共政策の調整を行っていた。また二一世紀になってからの中国でも、社会的不平等を是正して「調和社会」を建設するとの観点から社会政策への関心が高まってきており（社会政策学会編［二〇〇六］一六頁）、たとえば、中国共産党の第一六回中央委員会（二〇〇六年一〇月）では社会政策の研究と教育の推奨が決定されていた。

第二は、各種国家試験における社会政策の不在である。

一九九〇年まで、国家公務員採用試験（I種）のうち「行政区分」の試験内容には、多枝選択式・記述式の双方に「社会政策」という出題分野が存在していた。しかし一九九一年に、多枝選択式のなかの「社会政策」という出題分野が「労働経済・社会保障」に、記述式のなかの「社会政策」という出題分野が「労働経済」に変更された。ところがその「労働経済」も二〇〇三年の変更でついに出題分野から消えた。もっとも二〇〇六年の見直しのなかで、行政区分・法律区分・経済区分の記述式試験のなかに「公共政策」という科目が登場している。しかしこの「公共政策」は、たとえば経済区分の試験のなかでは「経済政策」との対比で出題されているが、従来の「社会政策」との関係は稀薄である。なお人事院のプレスリリースではこの新しい「公共政策」の出題について次のように説明されている。

「公共政策」は、多種多様な政策課題に対応するため、より総合的、学際的、応用的な視点に立って、幅広く政策に関する研究・分析を行う分野です。具体的には、政治学、行政学、経済学等の知識を前提に公共政策を論じる問題を出題する予定です。（人事院のホームページ《http://www.jinji.go.jp/saiyo/shutsudai1_200509.htm》2008/03/21）

こうした採用試験の結果、国家公務員の採用状況に偏りが生じていることは否めない。社会政策を担当する官庁でも社会政策を専門として学んだ官僚の数は乏しい（「福祉」を試験科目として課している「人間科学」の国家公務員試験合格者が厚生労働省で採用されることもない）。また日本の官僚制では博士号取得者が少ないということと相俟って、社会政策の国際的な言語空間から切り離されたところで社会政策が議論されることが少なくない(11)。

第三は、高等教育における社会政策の不在である。

日本の高等教育の歴史のなかでは「社会政策」という科目は伝統的に国公私立大学の経済学部のなかで講じられてきた。とくに国立大学の経済学部では、講座制によって社会政策の存在が守られてきたと言える。これに対して社会学系の教育組織においては（ドイツの社会政策学会で活躍したウェーバーの著作は社会学の古典としての揺るぎない位置づけを与えられていたものの）「社会政策」の存在は薄かったと言える。しかし一橋大学大学院の社会学研究科には長らく「社会問題・社会政策専攻」が置かれていたし（ただし二〇〇〇年に総合社会科学専攻へ拡大・再編された）、法政大学の社会学部にも社会政策科学科が置かれている。これらの点だけ考えれば、高等教育における社会政策の存在は安泰のようにも見える。しかし問題はその先である。

一九九〇年代には「政策」を看板に掲げた学部の設立が相次いだ（慶應義塾大学や中央大学の総合政策学部など）。しかし、これらの新設学部で社会政策が重視されてきたわけではない。また二〇〇二年の学校教育法の改正によって専門職大学院が設置されるようになり、多くの公共政策大学院が発足した。そこで扱われる公共政策のなかには、当然、社会政策が含まれている。しかし各大学院のカリキュラムのなかで、社会政策の総論や各論に関する科目はあまり見当たらない。

このように公共政策を名乗る学部や大学院のなかに社会政策が存在しないという状況が生まれているのである。

◑二度目の「再出発」

学会改革とは、ある意味で、社会政策学会のⅢの段階への適応であったというのがここでの仮説である。学会改革の効果がただちに現れたわけではないことは、すでに指摘したとおりである。しかし二一世紀に入ってからその成果が着実に出てきたこともすでに指摘した。社会政策学会における研究のウィングは、ここ一〇年の間に、研究領域という点でも会員構成という点でも著しく拡大した。

とはいえ社会政策学会はまだ改革の途上にあり、改革が完了したというには程遠い。現在進行中の改革を継続していくことが今後の学会にも期待されていると思われる。いわば二度目の「再出発」が求められている。

第二節において、現在の社会政策学会の研究潮流を①労働、②生活、③ジェンダー、④国際比較の四つに整理したが、今後もこれら四つの潮流をバランスよく発展させていくことが緊要である。とりわけグローバル化による労働の柔軟化のなかで、若年や女性を中心とした雇用の不安定化が生じ、彼ら彼女らの生活が危機に瀕している。日本の場合いまだに定位家族がその緩衝装置となっているが、この緩衝装置が働かなくなったとき――それは時間の問題であろう――、一気にその矛盾が噴出するのは必至である。こうした事態に対して社会政策が無力であってよいはずがない。その意味で伝統的な労働研究の、新しい革袋に入れられた形での再生が求められているのである。学会の研究面における〝労働〟偏重への対案は〝生活〟偏重ではなく、研究におけるワークライフ・バランスの維持であろう。さらに言えば、ワーク・ケア・ライフ・バランスの維持とも言える。(12)九〇年代以降のジェンダー研究の登場によって、いまやケアの問題を抜きにして雇用の問題を語ることができなくなっており、稼得者とケアラーの関係が問われているからである。社会政策においても、ケアを不問に付したまま労働を取り上げることは困難である。他方、二〇世紀末に明らかになったことは、日本が西ヨーロッパ諸国と東アジア諸国との結節点の位置にあるということである。これは人口動態についても、社会支出の変化についても当てはまる事実である（落合・上野編［二〇〇六］、武川［二〇〇七ａ］）。したがってワーク・ケア・ライフ・バランスも従来のような西欧諸国との比較だけでなく、東アジア諸国との比較を視野に入れて行われるべき段階に来ていると思われる。

今日社会政策の研究面での変化は目に見える形で現れるようになった。しかしこうした研究面における変化がまだ教育や実務に反映されておらず、「社会政策における社会政策の不在」ともいうべき現象が生じていることはすでに述べたとおりである。これからは、このような事態を解消するための努力、すなわち研究が制度に反映されるための努力もなされるべきであろう。

（二〇〇八年一〇月）

注

（1）社会政策学会一〇〇年を記念して、一九九七年一一月、第九五回大会が開催された。そのときの共通論題を収録した『社会政策叢書第二一集』のあとがきで、西村豁通は次のように記している。「一八九七年、いまは遠き明治期の旧学会が、その前年発足の『社会問題の研究会』に『社会政策学会』の名を冠し誕生してより、一〇〇年の時を経過した」。なお、戦前の学会と戦後の学会をまったく別物であると考える立場もある（大内［一九七〇］四三頁）。

（2）大内兵衛は「休眠」ではなくて「老衰死」と形容している（大内［一九七〇］八九頁）。

（3）以下の資料は社会政策学会のホームページ（《http://www.sscp.online.org》2012/5/6）で閲覧することができる。

（4）社会政策学会のホームページ（《http://www.sssp-online.org/nimura3.html》2012/4/16）。なお学会改革は二三期幹事

会（代表幹事・二村一夫）のときに本格的に始まるが、そのきっかけは二二期幹事会（代表幹事・加藤佑治）に遡る。

（5） 学会改革の具体的内容について、伊藤セツ（二五期代表幹事）は次の点を指摘している（社会政策学会ホームページ《http://www.sssp-online.org/itosetsu3.html》2012/4/16）。①学会賞の創設、②ニューズレターの創刊、③ホームページ、④役員の選挙方法の改正、⑤事務委託、⑥学会誌の統一、⑦入会資格要件の緩和、⑧学会参加費の徴収、⑨会議費の適正化、⑩国際学会加盟の見直し。

（6） 「生活と労働」という二分法は「労働が人間の生活の一部か否か」という問題を引き起こすため適当だと思われないが、ここでは慣用に従って、この用語法を採用しておく。

（7） 私は脱商品化に加えて脱ジェンダー化も福祉国家研究におけるもう一つの重要な基準であると考えているが（武川［二〇〇七ａ］）、この点に関しては脱商品化のような通説的な地位を確立していないこと、また紙幅の都合から、ここではこの点に関する議論を割愛する。

なお、既述の社会政策学会第九五回大会で私が報告のなかで脱商品化についてふれたところ、そのときの座長は、総括討論の打ち合わせの場で、この概念について興味を示すとともに、その内容についての詳しい説明を求めた。このことは、一九九七年当時の日本では、西村豁通ほどの学会の泰斗にとってさえも、脱商品化は新鮮な響きをもっていた（あまり知られていなかった）ことを意味する。ちなみに、社会学者の高橋徹は一九七〇年代後半の社会学特殊講義（社会問題の社会学）のなかで、オッフェを引きながら、脱商品化について講述していた。

（8） 兵藤によると、「（大河内は）レバーリング・プアをいかにして近代的な賃労働者たらしめるかという、労働政策的な事象にかかわる限りにおいて、救貧法を問題にする」ことになったが、大沢真理のように right to relief という生存権の萌芽を見出す形で救貧法を問題にすることもできる（大沢［一九八六］）。

（9） このように福祉国家への到達段階には、西欧諸国と日本との間で約四半世紀のタイムラグがある。ここで注意すべきは、二〇世紀末になると、日本以外の東アジア諸国もⅢの段階へ突入し始めたということである（武川［二〇〇七ａ］）。その結果、日本の社会政策を東アジアというコンテクストのなかで考えることが可能となり、このことが社会政策学会の研究動向にも反映されるようになっている（社会政策学会編［二〇〇六］）。

(10) もちろん政府の各種審議会において、社会政策学会の会員が委員として参加して政策決定に一定の影響を与えることがまったくないわけではない。しかしそれらは例外的である。またかつて隆盛を誇った労働政策の分野でも事情は同じである。

(11) 私が厚生労働省の研究会に呼ばれて話をしたときに、出席していた審議官から「ワークフェアとは何か」との質問を受けて面食らったことがある。その直前に韓国の官僚OBとの間で、金大中時代の「生産的福祉」はワークフェアと呼べるか否かについて議論したことがあったためなおさらだった。

(12) ワーク・ケア・ライフ・バランスという用語は笹谷春美氏による。

追記

本章は、社会政策学会の『社会政策』の創刊号(二〇〇八年)に掲載するために執筆した。そのため会員以外の読者にとっては退屈な記述もあるかもしれないが、日本の社会政策の現状と将来を考えるうえで必須の情報も含んでいるので、本書に収録することにした(ただし、あまりに学会に特殊な事情については割愛した)。

百年以上の歴史をもつ学会の雑誌の創刊が二〇〇八年というのは、一般の読者には奇異に聞こえるかもしれないが、それは同学会が、伝統的に、単行書の形で研究成果を世に問うてきていて、他の学会がもっているような定期刊行物としての学術雑誌(アカデミック・ジャーナル)を、それまで刊行してこなかったからである(あまりに伝統的だった)。さすがに、学術研究を取り囲む状況がそういうわけにもいかなくなり、この年の創刊となった次第である。

本章が出版されたのは二〇〇八年だが、執筆は〇七年に行っているため、本章のなかでは、主として二〇〇〇年代前半の状況が念頭に置かれている。このため現在の時点から見ると、本章のなかで述べた「社会政策における社会政策学者の不在」については補足すべき点がある。

一つは、ジェンダー政策についてである。男女共同参画社会に関する政策立案や評価に対して、社会政策学者の大沢真理氏が重要な役割を果たしたことはよく知られている。この点についての見落としは、草稿の段階で、相馬直子氏から指摘されて気づいたが、当時は、一九九〇年代末から二〇〇〇年代前半までのネオリベラリズム政権の社会政策の決定において社会政策学者が排除されていたことの方に気を取られていたので、この論点を十分に深めることができなかった。

しかし現在では、ネオリベラリズムとフェミニズムの錯綜した関係については十分注意を払わなければいけないと思っている。日本では、男女雇用機会均等法と労働者派遣法（派遣労働者の保護を目的としていたが労働市場の柔軟化の出発点になった）が同じ一九八五年に成立したことが、この状況を十分に物語っている（武川［二〇一一c］九〇頁以下）。また、宮本太郎氏は「構造改革」（ネオリベラリズム）を進める小泉政権が、「男性雇用志向型レジームの解体をすすめるという点で、ジェンダー平等を推進する立場と緊張をはらんだ伴走関係に立った」と述べている（宮本［二〇一一］二〇九頁）。たしかに二〇〇〇年代前半は、小泉政権がネオリベラリズムの志向を強めた時期であったと同時に、児童虐待防止法（二〇〇〇年制定）、ストーカー規制法（二〇〇〇年制定）、DV防止法（二〇〇一年制定）など、日本でもフェミニストが批判してきた伝統的な公私二元論に風穴が開き始めた時期でもあった（もちろん民法改正がストップし、ジェンダー・バッシングが起きたことも忘れることができないが）。

もう一つは、政権交代前後の動きである。ネオリベラリズム全盛の時代、経済財政諮問会議のなかに社会政策学者は入っていなかったが、ネオリベラリズムの後退が始まった二〇〇〇年代後半に事情がやや変わった。二〇〇八年、首相官邸に設置された安心社会実現会議には宮本太郎氏がメンバーとして参加している。この点については、政権交代の直前に校正の終わった拙著で指摘した（武川［二〇〇九］四二八、四三九頁）。また現在の社会保障と税の一体改革の一連の流れのなかで、二〇一〇年一二月に発表された「社会保障改革に関する有識者検討会報告」の検討会メンバー五名のうち三名（宮本太郎、駒村康平、大沢真理の各氏）は社会政策とも関連の深い研究者であった。一〇年前とは状況がまったく変わっている。

とまれ、日本の社会政策にとって、それほど楽観できる状況が形成されているとまでは言えないだろう。日本の場合、ネオリベラリズムは、ホワイトカラー・エグゼンプションで挫折した。しかし福祉国家も、普遍主義の家族手当を確立することには失敗した（武川［二〇一一e］）。この二つの限界の間に日本の社会政策が収斂していくのか、あるいは、どちらか一方の限界を突き破って事態が進むのか、いずれにしても、しばらくジグザグが続きそうである。

文献一覧

日本語文献

青井和夫［一九七四］「経済計画・社会計画・全体計画」『季刊社会保障研究』九巻三号、三四―四四頁。

青井和夫・直井優編［一九八〇］『福祉と計画の社会学』東京大学出版会。

吾郷眞一［二〇〇一］『ＩＬＯコア条約と貿易――ＷＴＯに労働基準を導入できるか』ＪＩＬＰＴビジョン研シリーズ、教育文化協会。

石田雄［一九八四］『日本の社会科学』東京大学出版会。

稲上毅［一九七三］『現代社会学と歴史意識』木鐸社。

稲上毅［一九七四］「社会体系の計画理論」青井和夫編『理論社会学』（社会学講座１）東京大学出版会、三〇九―三四四頁。

稲上毅・連合総合生活開発研究所編［二〇〇〇］『現代日本のコーポレート・ガバナンス』東洋経済新報社。

岩上真珠［二〇〇七］『ライフコースとジェンダーで読む家族〔改訂版〕』有斐閣。

岩田正美［二〇〇六］「福祉政策の中の就労支援――貧困への福祉対応をめぐって」社会政策学会編『社会政策における福祉と就労』（社会政策学会誌一六号）、二二―三五頁。

岩本美砂子［二〇一一］「リプロダクティヴ・ライツをめぐる政策決定過程の比較」辻村美代子編『かけがえのない個から――人権と家族をめぐる法と制度』（ジェンダー社会科学の可能性１）岩波書店。

上野千鶴子［一九九〇］『家父長制と資本制――マルクス主義フェミニズムの地平』岩波書店。

上村敏之［二〇〇八］「所得税における租税支出の推計――財政の透明性の観点から」『会計検査研究』三八号、一一―一四頁。

氏原正治郎［一九五五］「社会政策から労働問題へ」『経済学全集』栞二号、弘文堂（＝［一九八九］『日本の労使関係と労働政策』東京大学出版会、二四一―二四三頁）。

埋橋孝文［一九九七］『現代福祉国家の国際比較――日本モデルの位置づけと展望』日本評論社。

埋橋孝文［二〇〇六］「福祉と就労をめぐる社会政策の国際的動向――Making Work Pay政策に関する対立構図を中心に」社会政策学会編『社会政策における福祉と就労』（社会政策学会誌一六号）、三―二二頁。

埋橋孝文編［二〇〇七］『ワークフェア――排除から包摂へ？』（新しい社会政策の課題と挑戦2）法律文化社。

右田紀久恵［二〇〇五］『自治型地域福祉の理論』ミネルヴァ書房。

宇野弘蔵［一九五四］『経済政策論（改訂版）』弘文堂。

大内兵衛［一九七〇］『経済学五十年（上）』東京大学出版会。

大河内一男［一九六三］『社会政策（総論）』有斐閣。

大河内一男［一九八一］『社会政策（各論）（三訂版）』有斐閣。

大沢真理［一九八六］『イギリス社会政策史――救貧法と福祉国家』東京大学出版会。

大沢真理［一九九三］『企業中心社会を超えて――現代日本を「ジェンダー」で読む』時事通信社。

大沢真理［二〇〇四a］「『男性稼ぎ主』型から脱却できるか――社会政策のジェンダー主流化」社会政策学会編『新しい社会政策の構想――二〇世紀的前提を問う』（社会政策学会誌一一号）、五二―六六頁。

大沢真理［二〇〇四b］「綻びる日本型セーフティネット」川口清史・大沢真理編『市民がつくるくらしのセーフティネット――信頼と安心のコミュニティをめざして』日本評論社、一一―三四頁。

大沢真理編［二〇〇四］『福祉国家とジェンダー』（叢書現代の経済・社会とジェンダー4）明石書店。

大沢真理［二〇〇六］「空洞化する社会的セーフティネット――社会保障改革の失われた一五年」東京大学社会科学研究所編『「失われた一〇年」を超えてⅡ――「小泉改革」への時代』東京大学出版会、二七九―三〇九頁。

大沢真理［二〇〇七］『現代日本の生活保障システム――座標とゆくえ』岩波書店。

大前朔郎［一九七五］『社会保障とナショナル・ミニマム――イギリスを中心にして』ミネルヴァ書房。

岡田与好［一九八二］「社会政策とは何か」『社会科学研究』三三巻五号、二六一—二七五頁。

小沢修司［二〇〇二］『福祉社会と社会保障改革——ベーシック・インカム構想の新地平』高菅出版。

小沢修司［二〇〇四］「ベーシック・インカム構想と新しい社会政策の可能性」社会政策学会編『新しい社会政策の構想——二〇世紀的前提を問う』（社会政策学会誌一一号）、一八—三二頁。

小沢修司［二〇〇八］「日本におけるベーシック・インカムに至る道」武川正吾編『シティズンシップとベーシック・インカムの可能性』法律文化社、一九四—二一五頁。

落合恵美子［二〇〇四］『二一世紀家族へ——家族の戦後体制の見かた・超えかた（第三版）』有斐閣。

落合恵美子・上野加代子編［二〇〇六］『二一世紀アジア家族』明石書店。

金子勝［一九九九］『セーフティーネットの政治経済学』筑摩書房。

上井喜彦［二〇一一］「社会科学方法論の視角から戦後社会政策学会を回顧する」『社会政策』三巻一号、一—一二頁。

河合隼雄監修［二〇〇〇］『日本のフロンティアは日本の中にある——自立と協治で築く新世紀』講談社。

川本隆史［一九九五］『現代倫理学の冒険——社会理論のネットワーキング』創文社。

川本隆史［二〇〇四］「卓越・正義・租税——社会政策学の《編み直し》のために」社会政策学会編『新しい社会政策の構想——二〇世紀的前提を問う』（社会政策学会誌一一号）、三—一七頁。

菊地英明［二〇〇六］「ヨーロッパにおけるベーシック・インカム構想の展開」『海外社会保障研究』一五七号、四—一五頁。

岸本英太郎［一九五三］『増補・社会政策論の根本問題』日本評論新社。

金淵明編［二〇〇六］『韓国福祉国家性格論争』（韓国社会保障研究会訳）流通経済大学出版会。

木本喜美子［一九九五］『家族・ジェンダー・企業社会——ジェンダー・アプローチの模索』ミネルヴァ書房。

京極高宣・小林良二・高橋紘士・和田敏明編［一九八八］『福祉政策学の構築——三浦文夫氏との対論』全国社会福祉協議会。

経済企画庁国民生活課編［一九七七］『総合社会政策を求めて——福祉社会への論理』大蔵省印刷局。

権丈善一［二〇〇四］『年金改革と積極的社会保障政策――再分配政策の政治経済学Ⅱ』慶應義塾大学出版会。

現代総合研究集団［一九八九］『二一世紀へ向けての年金と保健医療・福祉サービスの研究――社会的最適ミックスを求めて』現代総合研究集団。

厚生労働省［二〇〇二］『年金改革の骨格に関する方向性と論点の概要』厚生労働省。

国民生活審議会総合政策部会企画委員会長期展望小委員会［一九八四］『長期展望小委員会の審議経過と社会計画の考え方について』。

国民生活審議会調査部会［一九七四］『社会指標――よりよい暮らしへの物さし』大蔵省印刷局。

小杉礼子［二〇〇六］「職業生活への移行支援と福祉」社会政策学会編『社会政策における福祉と就労』（社会政策学会誌一六号）、三六―五〇頁。

駒村康平［二〇〇三］『年金はどうなる――家族と雇用が変わる時代』岩波書店。

財務省［二〇一一］『日本の財政関係資料』（《http://www.mof.go.jp/budget/fiscal_condition/related_data/sy014_23.pdf》2011/11/12）

里見賢治・二木立・伊東敬文［一九九六］『公的介護保険に異議あり――もう一つの提案』ミネルヴァ書房。

澤井勝［二〇〇五］「ガバナンスの時代の地域福祉」武川正吾編『地域福祉計画――ガバナンス時代の社会福祉計画』有斐閣、二三七―二五七頁。

下平好博［二〇〇一a］「グローバリゼーション論争と福祉国家」『明星大学社会学研究紀要』二一号、五七―七七頁。

下平好博［二〇〇一b］「マーストリヒト条約後のEC社会政策――ユーロ・コーポラティズムの可能性」『季刊社会保障研究』三〇巻二号、一三八―一五一頁。

社会政策学会編［二〇〇四］『新しい社会政策の構想――二〇世紀的前提を問う』（社会政策学会誌一一号）。

社会政策学会編［二〇〇五］『少子化・家族・社会政策』（社会政策学会誌一四号）。

社会政策学会編［二〇〇六］『東アジアにおける社会政策学の展開』法律文化社。

『社会政策研究』編集委員会［二〇〇五］『NPMと社会政策』（社会政策研究五号）東信堂。

社会保障法学会編［二〇〇一］『講座社会保障法』全六巻、法律文化社。

庄司興吉［一九七七］『現代化と現代社会の理論』東京大学出版会。

庄司興吉編［一九八五］『地域社会計画と住民自治——新しいまちづくりのために』梓出版社。

白井邦彦［二〇〇三］「学会動向　新しい社会政策の構想　二〇世紀的前提を問う——第一〇六回大会を振り返って」『大原社会問題研究所雑誌』五三八—五三九号（二〇〇三年九—一〇月）、七九—九三頁。

新川敏光／ジュリアーノ・ボノーリ［二〇〇四］『年金改革の比較政治学——経路依存性と非難回避』ミネルヴァ書房。

新川敏光［二〇〇五］『日本型福祉レジームの発展と変容』ミネルヴァ書房。

沈潔編［二〇〇六］『地域福祉と福祉NPOの日中比較研究』日本僑報社。

神野直彦・沢井安勇編［二〇〇四］『ソーシャル・ガバナンス——新しい分権・市民社会の構図』東洋経済新報社。

杉岡直人［二〇〇一］「現代の生活と地域福祉概念」田端光美編『地域福祉論』建帛社、一九—四九頁。

住谷悦治［一九五八］『日本経済学史』ミネルヴァ書房。

隅谷三喜男［一九五四］「賃労働の理論について——労働経済学の構想」『経済学論集』二三巻一号、五六—六三頁。

盛山和夫［一九七四］「福祉指標の構築」富永健一編『経済社会学』（社会学講座8）東京大学出版会、三二一—三四四頁。

盛山和夫［二〇〇六］「理論社会学としての公共社会学に向けて」『社会学評論』五七巻一号、九二—一〇八頁。

全国社会福祉協議会［一九七九］『在宅福祉サービスの戦略』全国社会福祉協議会出版部。

全国社会福祉協議会［一九八四］『地域福祉計画——理論と方法』全国社会福祉協議会出版部。

全国社会福祉協議会［二〇〇七］『地域福祉を進める力——育てよう、活かそう「地域の福祉力」』全国社会福祉協議会地域福祉部。

全国社会福祉協議会・社会福祉研究情報センター編［一九八九］『介護費用のあり方——その社会的負担を考える』中央法規出版。

総務省［二〇一一］「労働力調査　時系列データ」（《http://www.stat.go.jp/data/roudou/longtime/03roudou.htm》2011/11/12）。

高田一夫［一九九〇］「社会政策理論は本当に混迷しているか」『戦後社会政策の軌跡』（社会政策叢書第一四集）啓文社、四五―六四頁。

高橋徹［一九七三］「『ラディカル社会学』運動」『思想』五八七号、九六―一一五頁。

高浜市構造改革推進検討委員会［二〇〇五］『高浜市が目指す「持続可能な自立した基礎自治体」』高浜市。

武川正吾［一九九二］『地域社会計画と住民生活』中央大学出版部。

武川正吾［一九九三］「社会保障制度の体系化のために」『季刊社会保障研究』二九巻一号、五―一四頁。

武川正吾［一九九七］「戦後日本における地域社会計画の展開」蓮見音彦・似田貝香門・矢澤澄子編『現代都市と地域形成――転換期とその社会形態』東京大学出版会、一八七―二一五頁。

武川正吾［一九九八］「転換期の社会政策学」『社会政策学会一〇〇年――百年の歩みと来世紀に向かって』（社会政策叢書第二二集）啓文社、七一―一〇六頁。

武川正吾［一九九九ａ］『社会政策のなかの現代――福祉国家と福祉社会』東京大学出版会。

武川正吾［一九九九ｂ］『福祉社会の社会政策――続・福祉国家と市民社会』法律文化社。

武川正吾［二〇〇〇］「福祉国家と福祉社会の協働」『社会政策研究』一号、二九―五〇頁。

武川正吾［二〇〇一］『福祉社会――社会政策とその考え方』有斐閣。

武川正吾［二〇〇二ａ］「生活不満と生活不安――二一世紀初頭の日本人の生活意識」『JILI Forum』一一号、四一―五〇頁。

武川正吾［二〇〇二ｂ］「グローバル化と福祉国家――コスモポリタニズムの社会政策のために」小倉充夫・梶田孝道編『国際社会5　グローバル化と社会変動』東京大学出版会、一二一―一五〇頁。

武川正吾［二〇〇五］「日本の福祉国家レジーム――福祉政治・給付国家・規制国家」武川正吾・キム・ヨンミョン編『韓国の福祉国家・日本の福祉国家』東信堂、一〇八―一二七頁。

武川正吾編［二〇〇五］『地域福祉計画――ガバナンス時代の社会福祉計画』有斐閣。

武川正吾［二〇〇六ａ］『地域福祉の主流化――福祉国家と市民社会 Ⅲ』法律文化社。

武川正吾［二〇〇六b］「福祉資本主義の三つの世界――福祉国家形成要因としての国際環境」野口定久編『福祉国家の形成・再編と社会福祉政策』中央法規出版、一八七―二三七頁。

武川正吾［二〇〇六c］「グローバル化と個人化のなかのソーシャル・ガバナンス」似田貝香門・矢澤澄子・吉原直樹編『越境する都市とガバナンス』法政大学出版局、一一五―一四〇頁。

武川正吾［二〇〇六d］「二〇〇六年～二〇〇八年期幹事会の発足にあたって」『社会政策学会 Newsletter』四七号。

武川正吾編［二〇〇六］『福祉社会の価値意識――社会政策と社会意識の計量分析』東京大学出版会。

武川正吾［二〇〇七a］『連帯と承認――グローバル化と個人化のなかの福祉国家』東京大学出版会。

武川正吾［二〇〇七b］「ローカル・ガバナンスと地域福祉」牧里毎治・野口定久・武川正吾・和気康太編『自治体の地域福祉戦略』学陽書房、一三―三二頁。

武川正吾［二〇〇八］「地域福祉の主流化とローカル・ガバナンス」『地域福祉研究』（日本生命済生会）三六号、五―一五頁。

武川正吾編［二〇〇八］『シティズンシップとベーシック・インカムの可能性』法律文化社。

武川正吾［二〇〇九］『社会政策の社会学――ネオリベラリズムの彼方へ』ミネルヴァ書房。

武川正吾［二〇一〇］「福祉国家の日本レジーム――二〇世紀後半における」直井道子・平岡公一編『福祉』（講座社会学11）東京大学出版会、三七―一〇二頁。

武川正吾［二〇一一a］『福祉社会（新版）――包摂の社会政策』有斐閣。

武川正吾［二〇一一b］「日本における個人化の現象――福祉国家をとおしてみる」ウルリッヒ・ベック／鈴木宗徳／伊藤美登里編『リスク化する日本社会――ウルリッヒ・ベックとの対話』岩波書店、一二七―一三九頁。

武川正吾［二〇一一c］「承認と連帯へ――ジェンダー社会科学と福祉国家」大沢真理編『承認と包摂へ――労働と生活の保障』（ジェンダー社会科学の可能性2）岩波書店、八九―一一〇頁。

武川正吾［二〇一一d］「ベーシック・インカムの理論と実践――日本の社会政策の場合」『大原社会問題研究所雑誌』六三四号、一六―二八頁。

武川正吾［二〇一一e］「子ども手当の所得制限」『週刊社会保障』二六二〇号、四四―四九頁。

武川正吾［二〇一二］「グローバル化と個人化――福祉国家と公共性」盛山和夫・上野千鶴子・武川正吾編『公共社会学2 少子高齢社会の公共性』東京大学出版会。

武川正吾・白波瀬佐和子編［二〇一二］『格差社会の福祉と意識――社会政策と社会意識の計量分析』東京大学出版会。

武智秀之編［二〇〇三］『福祉国家のガヴァナンス』（講座福祉国家のゆくえ3）ミネルヴァ書房。

田多英範［二〇〇七］「日本の福祉国家化と韓国の福祉国家化」『週刊社会保障』二四二三号、四〇―四五頁。

橘木俊詔［一九九八］『日本の経済格差――所得と資産から考える』岩波書店。

橘木俊詔［二〇〇〇］『セーフティ・ネットの経済学』日本経済新聞社。

橘木俊詔［二〇〇二］『安心の経済学――ライフサイクルのリスクにどう対処するか』岩波書店。

橘木俊詔［二〇〇五a］『消費税一五％による年金改革』東洋経済新報社。

橘木俊詔［二〇〇五b］「税制を考える――基礎年金を全額税負担に」『日本経済新聞』一〇月二日。

橘木俊詔編［二〇〇九］『働くことの意味』（叢書働くということ1）ミネルヴァ書房。

田中洋子［二〇〇四］「労働の未来――ドイツからの提言」社会政策学会編『新しい社会政策の構想――二〇世紀的前提を問う』（社会政策学会誌一一号）、三二―五一頁。

田中義久［一九七四］『人間的自然と社会構造――文化社会学序説』勁草書房。

玉井金五［二〇〇六］「日本における社会政策の展開と特質」社会政策学会編『東アジアにおける社会政策学の展開』法律文化社、二五―四〇頁。

田村哲樹［二〇〇六］「就労・福祉・シティズンシップ――福祉改革の時代における市民像」社会政策学会編『社会政策における福祉と就労』（社会政策学会誌一六号）、五一―六五頁。

田村哲樹［二〇〇八］「シティズンシップとベーシック・インカム」武川正吾編『シティズンシップとベーシック・インカムの可能性』法律文化社、八五―一一一頁。

地方制度調査会［二〇〇三］『今後の地方制度のあり方に関する答申』地方制度調査会。

都村敦子［一九七七］「福祉政策の“Harmonization”問題について――児童扶養控除制度と児童手当制度の一元化」『季刊社会保障研究』一三巻一号、四〇―五三頁。

東京都地域福祉推進計画等検討委員会［一九八八］『東京都における地域福祉推進計画の基本的あり方について（中間のまとめ）』東京都福祉局。

栃本一三郎［一九八九］「西ドイツにおける介護費用負担制度の現状及び我が国における介護費用負担制度のあり方について」全国社会福祉協議会・社会福祉研究情報センター編『介護費用のあり方――その社会的負担を考える』中央法規出版、一六四―一九〇頁。

富永健一［一九七一］「社会指標と社会計画」『中央公論』八月号、一八〇―一九六頁。

富永健一［一九七三］「社会体系分析と社会計画」『思想』五八七号、五一―六六頁。

直井優［一九七二］「福祉のための社会計画を提唱する」『経営問題』一一巻四号、一二一―一三二頁。

永田祐［二〇一一］『ローカル・ガバナンスと参加――イギリスにおける市民主体の地域再生』中央法規出版。

中谷巌［二〇〇八］『資本主義はなぜ自壊したのか――「日本」再生への提言』集英社インターナショナル。

中邨章［二〇〇三］『自治体主権のシナリオ――ガバナンス・NPM・市民社会』芦書房。

二木立［二〇〇四］『医療改革――危機から希望へ』勁草書房。

西川藤三［一九八七］「特に費用負担の視点から介護問題を考える」『厚生福祉』（一二月一九日、二三日、二六日）（＝全国社会福祉協議会・社会福祉研究情報センター編［一九八九］『介護費用のあり方――その社会的負担を考える』中央法規出版、二四四―二七二頁）。

似田貝香門［一九七八］「現代社会の社会計画と参加」吉田民人編『社会科学への招待／社会学』日本評論社、二六七―二八七頁。

野口定久［二〇〇八］『地域福祉論――政策・実践・技術の体系』ミネルヴァ書房。

野口定久・外山義・武川正吾編［二〇一一］『居住福祉学』有斐閣。

野口定久・牧里毎治編［二〇〇七］『協働と参加の地域福祉計画――福祉コミュニティの形成に向けて』ミネルヴァ書房。

服部英太郎［一九六六］「社会政策の生産力説への一批判」『服部英太郎著作集Ｖ』未來社、五―七〇頁。

馬場啓之介［一九七五］「福祉社会としての高齢化社会」『季刊社会保障研究』一一巻二号、二二―三二頁。

兵藤釗［一九九三］「社会保障理論の再構築に向けて」『季刊社会保障研究』二九巻一号、一四―三一頁。

平野隆之［二〇〇八］『地域福祉推進の理論と方法』有斐閣。

深澤和子［二〇〇三］『福祉国家とジェンダー・ポリティックス』東信堂。

福武直［一九四九］『社会科学と価値判断』（＝［一九七五］『福武直著作集第一巻』東京大学出版会）。

福武直編集代表［一九八五］『二一世紀高齢社会への対応』全三巻、東京大学出版会。

藤村正之［二〇〇一］「福祉国家・福祉社会論の社会学的文脈――その再検討の構図」三重野卓編『福祉国家の社会学――二一世紀における可能性を探る』東信堂、五―二五頁。

藤森克彦［二〇〇六］「イギリスにおける市民年金構想」『海外社会保障研究』一五七号、一六―二八頁。

古川孝順［一九九七］『社会福祉のパラダイム転換――政策と理論』有斐閣。

本間義人［二〇〇六］『どこへ行く住宅政策――進む市場化、なくなる居住のセーフティネット』東信堂。

牧里毎治［二〇〇三］『地域福祉――住民自治と地域ケア・サービスのシステム化』放送大学教育振興会。

牧里毎治・野口定久・武川正吾・和気康太編［二〇〇七］『自治体の地域福祉戦略』学陽書房。

牧野久美子［二〇〇六］「南アフリカにおけるベーシック・インカム論」『海外社会保障研究』一五七号、三八―四七頁。

三浦文夫・橋本正明・小笠原浩一［一九九九］『社会福祉の新次元――基礎構造改革の理念と進路』中央法規出版。

三重野卓［一九八四］『福祉と社会計画の理論――指標・モデル構築の視点から』白桃書房。

三重野卓［二〇〇〇］「政策評価と指標体系」『山梨大学教育人間科学部紀要』一巻二号、一三三―一四〇頁。

宮本太郎［二〇〇〇］「福祉国家再編の規範的対立軸――ワークフェアとベーシックインカム」『季刊社会保障研究』三八巻二号、一二九―一三七頁。

宮本太郎［二〇〇七］『生活保障――排除しない世界へ』岩波書店。

宮本太郎［二〇一一］「レジーム転換と福祉政治――包摂と承認の政治学」大沢真理編『承認と包摂――労働と生活の保

障』(ジェンダー社会科学の可能性2)岩波書店、一九一―二一四頁。

宮本みち子［二〇〇四］『ポスト青年期と親子戦略――大人になる意味と形の変容』勁草書房。

宮本みち子［二〇〇五］「長期化する移行期の実態と移行政策」社会政策学会編『若者――長期化する移行期と社会政策』(社会政策学会誌一三号)、三―一六頁。

両角道代［二〇〇六］「修正された『ベーシック・インカム』？――スウェーデンにおける『フリーイヤー』の試み」『海外社会保障研究』一五七号、二九―三七頁。

山口二郎・宮本太郎・坪郷實編［二〇〇五］『ポスト福祉国家とソーシャル・ガヴァナンス』ミネルヴァ書房。

山口二郎・山崎幹根・遠藤乾編［二〇〇三］『グローバル化時代の地方ガバナンス』岩波書店。

山崎泰彦［一九九〇］「新介護保障プラン――社会保険システム主体の総合的介護保障制度の提案」『JILI Forum』一号、七二―七九頁。

山田昌弘［二〇〇四］「家族の個人化」『社会学評論』五四巻三号、三四一―三五四頁。

山田昌弘［二〇〇五］『迷走する家族――戦後家族モデルの解体』有斐閣。

山本克也［二〇〇六］「『所得再分配調査』を用いたBasic Incomeの検討」『海外社会保障研究』一五七号、四八―五九頁。

山本隆［二〇〇九］『ローカル・ガバナンス――福祉政策と協治の戦略』ミネルヴァ書房。

山脇直司［二〇〇四a］『公共哲学とは何か』筑摩書房。

山脇直司［二〇〇四b］「公共哲学とは何か」『公共研究』一巻一号、二九―四六頁。

労働政策研究・研修機構［二〇一二］『ユースフル労働統計 労働統計加工指標集 二〇一一』(《http://www.jil.go.jp/kokunai/statistics/kako/documents/useful2011.pdf》2011/11/12)。

鷲田清一［一九九九］「哲学の言葉」『臨床哲学』(創刊号)、六―一一頁。

渡辺昭夫・土山実男編［二〇〇一］『グローバル・ガヴァナンス――政府なき秩序の模索』東京大学出版会。

欧 文 文 献

Atkinson, Anthony Barnes [1995], *Incomes and the Welfare State: Essays on Britain and Europe*, Cambridge; New York: Cambridge University Press.

Beck, Ulrich [1986], *Risikogesellschaft auf dem Weg in eine andere Moderne,* Frankfurt am Main: Suhrkamp.（東廉・伊藤美登里訳『危険社会――新しい近代への道』法政大学出版局，一九九八年）

Beck, Urlich and Elisabeth Beck-Gernsheim [2002], *Individualization: Institutionalized Individualism and Its Social and Political Consequences*, London: Sage Publications.

Bell, Daniel [1973], *The Coming of Post-industrial Society: A Venture in Social Forecasting*, New York: Basic Books.（内田忠夫ほか訳『脱工業社会の到来――社会予測の一つの試み』ダイヤモンド社，一九七五年）

Beveridge, William [1942], *Social Insurance and Allied Services*, London: H.M. Stationery Off.（山田雄三監訳『社会保険および関連サービス――ベヴァリジ報告』至誠堂，一九六九年）

Brubaker, Rogers [1992], *Citizenship and Nationhood in France and Germany*, Cambridge, Mass.: Harvard University Press.

Comte, Auguste [1822], *Plan des travaux scientifiques nécessaires pour réorganiser la société.*（飛沢謙一訳『社会再組織の科学的基礎』岩波書店，一九三七年）

Deacon, Bob [2005], "The Governance and Politics of Global Social Policy," *Social Policy and Society*, Vol.4, No. 4, 437-45.

Dror, Yehezkel [1975], *Design for Policy Sciences*, New York: American Elsevier Publishing Company.（宮川公男訳『政策科学のデザイン』丸善，一九七五年）

Esping-Andersen, Gøsta [1990], *The Three Worlds of Welfare Capitalism*, Cambridge: Polity.（岡沢憲芙・宮本太郎監訳『福祉資本主義の三つの世界――比較福祉国家の理論と動態』ミネルヴァ書房，二〇〇一年）

Esping-Andersen, Gøsta [1999], *Social Foundations of Postindustrial Economies*, Oxford: Oxford University Press.（渡辺雅男・渡辺景子訳『ポスト工業経済の社会的基礎――市場・福祉国家・家族の政治経済学』桜井書店，二〇〇〇年）

Fitzpatrick, Tony [1999], *Freedom and Security: An Introduction to the Basic Income Debate*, Basingstoke, Hants: Macmillan.（武川正吾・菊地英明訳『自由と保障——ベーシック・インカム論争』勁草書房，二〇〇五年）

Flora, Peter (ed.) [1986-], *Growth to Limits: The Western European Welfare States Since World War II*, 5vols. Berlin; New York: Walter de Gruyter.

Fraser, Nancy [1997], *Justice Interruptus: Critical Reflections on the "Postsocialist" Condition*, New York: Routledge.（仲正昌樹監訳『中断された正義——「ポスト社会主義的」条件をめぐる批判的省察』御茶の水書房，二〇〇三年）

Gamble, Andrew [1988], *The Free Economy and the Strong State: The Politics of Thatcherism*, Basingstoke: Macmillan Education.（小笠原欣幸訳『自由経済と強い国家——サッチャリズムの政治学』みすず書房，一九九〇年）

Giddens, Anthony [1972], *Politics and Sociology in the Thought of Max Weber*, London; Basingstoke: Macmillan.

Gouldner, Alvin Ward [1970], *The Coming Crisis of Western Sociology*, New York: Basic Books.（岡田直之ほか訳『社会学の再生を求めて』新曜社，一九七八年）

Holliday, Ian and Paul Wilding [2003], *Welfare Capitalism in East Asia : Social Policy in the Tiger Economies*, Basingstoke: Palgrave Macmillan.（埋橋孝文ほか訳『東アジアの福祉資本主義——教育，保健医療，住宅，社会保障の動き』法律文化社，二〇〇七年）

Jessop, Bob [1994], "The Transition to Post-Fordism and the Schumpeterian Workfare State," Roger Burrows and B. Loader (eds.), *Towards a Post-Fordist Welfare State?*, London: Routledge, 13-37.

Jessop, Bob [2002], *The Future of the Capitalist State*, Cambridge: Polity.（中谷義和監訳『資本主義国家の未来』御茶の水書房，二〇〇五年）

Johnson, Norman [1981], *Voluntary Social Services*, Oxford: Martin Robertson & Company.（田端光美訳『イギリスの民間社会福祉活動——その歴史と現状』全国社会福祉協議会出版部，一九八九年）

Johnson, Norman [1987], *The Welfare State in Transition: The Theory and Practice of Welfare Pluralism*, Brighton: Wheatsheaf.（青木郁夫・山本隆訳『福祉国家のゆくえ——福祉多元主義の諸問題』法律文化社，一九九三年）

Kato, Junko [2003], *Regressive Taxation and the Welfare State: Path Dependence and Policy Diffusion*, Cambridge: Cambridge University Press.

Lerner, Daniel and Harold D. Lasswell (eds.) [1951], *The Policy Sciences: Recent Developments in Scope and Methods*, Stanford: Stanford University Press.

Lockwood, David [1964], "Social Integration and System Integration," George K. Zollschan and Walter Hirsch (eds.), *Explorations in Social Change*, Boston: Houghton Mifflin.

Maddison, Angus [1989], *The World Economy in 20th Century*, Paris: OECD.（金森久雄監訳『20世紀の世界経済』東洋経済新報社、一九九〇年）

Mannheim, Karl [1936], *Ideology and Utopia: An Introduction to the Sociology of Knowledge*.（高橋徹・徳永恂訳「イデオロギーとユートピア」『世界の名著56 マンハイム オルテガ』中央公論社、一九七一年）

Mannheim, Karl [1940], *Man and Society in an Age of Reconstruction*, London: Routledge.（福武直訳『変革期における人間と社会』みすず書房、一九六二年）

Marshall, T. H. [1972], "Value Problems of Welfare-Capitalism," *Journal of Social Policy*, Vol. 1, No. 1, 15-32.

Mishra, Ramesh [1999], *Globalization and the Welfare State*, Cheltenham: Edward Elgar Publishing.

Myrdal, Gunnar [1969], *Objectivity in Social Research*, New York: Pantheon Books.（丸尾直美訳『社会科学と価値判断』竹内書店、一九七一年）

Nisbet, Robert A. [1966], *The Sociological Tradition*, New York: Basic Books.（中久郎監訳『社会学的発想の系譜』アカデミア出版会、一九七五年）

OECD [1981], *The Welfare State in Crisis*, Paris: OECD.

Offe, Claus [1984], *Contradictions of the Welfare State*, London: Hutchinson.

Parsons, Talcott and Neil J. Smelser [1956], *Economy and Society*, London: Routledge & Kegan Paul.（富永健一訳『経済と社会』岩波書店、一九五八—五九年）

Polanyi, Karl [1957], *The Great Transformation: The Political and Economic Origins of Our Time*, Boston: Beacon Press.（吉沢英成ほか訳『大転換――市場社会の形成と崩壊』東洋経済新報社、一九七五年）

Popper, Karl Raimund [1957], *The Poverty of Historicism*, London: Routledge & Kegan Paul.（久野収・市井三郎訳『歴史主義の貧困――社会科学の方法と実践』中央公論社、一九六一年）

Rose, Richard and Rei Shiratori (eds.) [1986], *The Welfare State East and West*, New York: Oxford University Press.（木島賢・川口洋子訳『世界の福祉国家――課題と将来』新評論、一九九〇年）

Ruggie, John Gerard [2003], "Taking Embedded Liberalism Global: the Corporate Connection," David Held and Mathias Koenig-Archibugi, *Taming Globalization: Frontiers of Governance*, Cambridge: Polity.（高嶋正晴訳「埋め込まれた自由主義のグローバル化」中谷義和監訳『グローバル化をどうとらえるか――ガヴァナンスの新地平』法律文化社、二〇〇四年、九一―一二五頁）

Sainsbury, Diane [1994], *Gendering Welfare States*, London: Sage.

Sainsbury, Diane (ed.) [1999], *Gender and Welfare State Regimes*, Oxford: Oxford University Press.

Soskice, David [1999], "Divergent Production Regimes: Coordinated and Uncoordinated Market Economies in the 1980s and 1990s," Herbert Kitschelt, P. Lange, G. Marks and J. D. Stephens (eds.), *Continuity and Change in Contemporary Capitalism*, Cambridge: Cambridge University Press, 101-34.

Strachey, John [1956], *Contemporary Capitalism*, London: Victor Gollancz.（関嘉彦・三宅正也訳『現代の資本主義』東洋経済新報社、一九五八年）

Takegawa, Shogo [2010], "Liberal Preferences and Conservative Policies: The Puzzling Size of Japan's Welfare State," *Social Science Japan Journal*, Vol.13, n.1, 53-67.

Taylor-Gooby, Peter (ed.) [2001], *Welfare States Under Pressure*, London: Sage.

Titmuss, Richard [1963], *Essays on "The Welfare State"*, London: Allen & Unwin.（谷昌恒訳『福祉国家の理想と現実』東京大学出版会、一九六七年）

Webb, Sidney and Beatrice Potter Webb [1920], *A Constitution for the Socialist Commonwealth of Great Britain*, London; New York [etc.]: Longmans and Co.（岡本秀昭訳『大英社会主義社会の構成』木鐸社、一九七九年）

Werner, Götz, W. [2006], *Ein Grund für die Zukunft: Das Grundeinkommen*, Verlag Freies Geistesleben & Urachaus GmbH.（渡辺一男訳『ベーシック・インカム――基本所得のある社会へ』現代書館、二〇〇七年）

Wilson, Elizabeth [1983], "Feminism and Social Policy," Martin Loney, David Boswell and John Clarke (eds.), *Social Policy and Social Welfare*, Milton Keynes: Open University, 33-45.（武川正吾訳「フェミニズムと社会政策」大山博ほか訳『イギリス社会政策論の新潮流――福祉国家の危機を超えて』法律文化社、一九九五年、二一五―二三五頁）

Wolfenden, John [1978], *The Future of Voluntary Organisations: Report of the Wolfenden Committee*, London: Croom Helm.

＊欧文文献からの引用は、訳書のあるものについては原則として訳書のページを示してある。ただし、訳文は筆者が変えてある場合がある。

初出一覧

第一章　「公共政策と社会学」武川正吾・三重野卓編『公共政策の社会学——社会的現実との格闘』東信堂、二〇〇七年、三—四五頁。
第二章　「〔座長報告〕『新しい社会政策の構想』に寄せて——第一〇六回大会の前と後」社会政策学会編『新しい社会政策の構想——二〇世紀的前提を問う』（社会政策学会誌一一号）、法律文化社、二〇〇四年、六七—七七頁。
第三章　「福祉社会のガバナンス」『福祉社会学研究』三号、東信堂、二〇〇六年、四八—六六頁。
第四章　「セーフティネットかナショナルミニマムか」『社会福祉研究』一〇二号、鉄道弘済会、二〇〇八年、三八—四四頁。
第五章　「雇用の流動化と生活保障システムの危機」『家族社会学研究』一七巻二号、二〇〇六年、四〇—五〇頁。
第六章　「福祉と就労」社会政策学会編『社会政策における福祉と就労』（社会政策学会誌一六号）、法律文化社、二〇〇六年、六六—七四頁。
第七章　「高齢者ケア政策の変遷——介護保険と地域福祉」日本老年医学会雑誌編集委員会編『老年医学 update 2006-07』メジカルビュー社、二〇〇六年、七二—七七頁。
第八章　「年金社会学の構想——日本の二〇〇四年年金改革」武川正吾／イ・ヘギョン編『福祉レジームの日韓比較——社会保障・ジェンダー・労働市場』東京大学出版会、二〇〇六年、七三—九六頁。
第九章　「縮小社会における地域福祉と地域社会」『地域社会学会年報第二〇集　縮小社会と地域社会の現在』ハーベスト社、二〇〇八年、九—二二頁。
第一〇章　「地域福祉の主流化とローカル・ガバナンス」『地域福祉研究』三六号、日本生命済生会、二〇〇八年、五—

一五頁。
第一一章　「二一世紀社会政策の構想のために――ベーシック・インカムという思考実験」武川正吾編『シティズンシップとベーシック・インカムの可能性』法律文化社、二〇〇八年、一一―四二頁の一節・七節。「ベーシック・インカム――働くということが当たり前ではない時代の生活保障」橘木俊詔編『働くことの意味』（叢書働くということ1）ミネルヴァ書房、二〇〇九年、一六四―一九五頁の二節―八節。
第一二章　「ケアを支える国民負担意識」上野千鶴子ほか編『ケアを支えるしくみ』（ケア　その思想と実践5）岩波書店、二〇〇八年。
第一三章　「社会政策学会の再々出発」『社会政策』一巻一号、ミネルヴァ書房、二〇〇八年、七―一九頁。

◉事項索引◉

あ　行

アウトカム指標(成果指標)　6
アクティベーション　119-121, 126, 127
失われた10年　107
エンプロイアビリティ　120
応用倫理　41, 42

か　行

介護保険　18, 84, 131, 139, 140, 142, 143
介護保険法　84, 132, 133, 139
家族社会学　190
家族の個人化　94, 105, 107, 240
価値自由　37
価値判断の自由　10, 11
ガバナンス　53, 56, 205-207
家父長制　38, 39, 43, 46, 95-97, 102, 149, 162
福祉資本主義的——　98
完全雇用　46, 101, 164, 246, 256
企業中心社会　102, 162
規制国家　60, 61, 63, 96, 147
基礎年金　155, 238
救貧法　117, 299
給付国家　60, 61, 63, 96, 147
行政評価　4, 6
グッド・ガバナンス　56
グローバル化　44, 48, 71, 78, 81, 85, 94, 95, 103, 106, 107, 206, 246
グローバル・ガバナンス　57, 68, 70
グローバル資本主義　68, 103, 106
グローバル・ソーシャル・ガバナンス　70, 73
ケ　ア　102, 127, 132-134, 310
経済政策　232
経済成長率の低下　181, 182
ケインズ型福祉国民国家(KWNS)　79
ケインズ型福祉(ウェルフェア)国家(KWS)　5, 43, 44, 46, 47, 68
圏域の設定　16, 198
公共性　29, 42
公共政策　2, 3, 18, 28, 188, 232, 306, 308
公共哲学　41, 42
合計特殊出生率　163, 167, 178
工場法　299, 300
公的年金　71, 146, 147, 155, 159
——の空洞化　166
——の正当性　145, 173
公的扶助　117, 233, 242-244
高福祉高負担　268, 270, 272, 281
高齢化社会　19, 132
高齢社会　163
国民皆年金　152, 153
国民国家　46-49, 65, 67, 71, 87
国民負担率　266, 269-272, 280, 281
——の抑制　269
互酬性　254, 255, 259, 260
個人化　95, 104, 106, 113, 246
個人単位の制度　239
国家の規制活動　96

国家目標　96, 147
コーポレート・ガバナンス　56
コミュニティ形成　141, 195, 219
コミュニティワーク　192, 220
雇用の非正規化　81
雇用の流動化　93-95, 107
ゴールドプラン(高齢者保健福祉推進 10 カ年戦略)　137, 138, 142
混合福祉　58

さ　行

再商品化　119, 121, 157
再生産レジーム　98, 102, 104, 106, 112, 113
在宅福祉　215
再分配構造　96
坂口試案　170
サービス経済化　164
残余モデル　277
ジェンダー化　149
ジェンダー研究　294
失業・貧困の罠　246, 247
シティズンシップ　→市民権
資本制　38, 39, 96, 149, 298, 299
市民権(シティズンシップ)　112, 121, 126-128, 241, 242, 245
　形式的——　241
　実質的——　241
　社会的——　245
　政治的——　127
社会運動　25
社会計画　2, 3, 5-8, 28
社会経済的地位　275
社会権　88, 89, 301
社会サービス　236
社会指標　2, 3, 5, 6
社会条項アプローチ　69
社会政策　232, 287, 298, 301-304, 306-309
　——の個人化　113
社会政策学　38, 39, 41, 290, 292, 297
社会政策学会　285-291, 293, 294, 298, 304, 305, 310
社会政策本質論争　287, 288, 290
社会手当(デモグラント)　233, 234, 242, 243
社会的価値　37
社会的排除　34, 121, 126, 128, 245, 246
社会的包摂　112, 113, 124, 128, 245
社会福祉学　188-192
社会福祉関係八法改正　138, 208, 217
社会福祉基礎構造改革　140, 217
社会福祉協議会　194, 215, 218
社会福祉事業法　139, 192, 215, 217
社会福祉法　139, 140, 192, 193, 218, 220
社会保険　233, 242, 243
　——の空洞化　108, 109
社会保障給付費　136
社会民主主義レジーム　63, 120
社会問題　285, 286, 303
　——に対する社会調査　29
　——の認知　22, 26
ジャーナリズム　23
自由主義型市場経済(LME)　101, 103, 112
自由主義レジーム　63, 119, 120
修正積立方式　152
住宅政策　85
就労の相対化　128
縮小社会　177, 180, 187, 199

シュンペーター型ワークフェア国家（SWS）　44, 68
シュンペーター型ワークフェア・ポスト国民的レジーム（SWPR）　79, 80
少子高齢化　66
承　認　148
商品化　149
情報倫理　41
所得代替率　171
所得保障　232, 233
資力調査（ミーンズテスト）　233, 240, 243, 244, 247, 257
人口減少社会　178-183
人口の高齢化　131, 137, 195
人口ボーナス　272
新ゴールドプラン　138
新制度派政治学　146
スティグマ　134, 247
生活研究　294
生活世界　150
生活保護　117, 123, 124, 233
政　策　37
政策科学　1
政策志向　1, 2, 4, 5, 7
——の社会学　9, 28
政策評価　4, 6
生産年齢人口　184, 186
生産レジーム　97, 112
生存権　88, 89
制度モデル　277
生命倫理　41
石油ショック　154
世帯単位の制度　239
セーフティネット　75, 80, 85-89
潜在的国民負担率　266, 270
組織間ガバナンス　57
組織内ガバナンス　56
ソーシャル・ガバナンス　53, 54, 57-61, 63-67, 71-73
ソーシャル・サポート　197
ソーシャル・ダンピング　69, 78
ソーシャルワーク　188, 189
措置から契約へ　140, 192

た　行

第三号被保険者　156, 162, 171, 173
第三の道　44
脱家族化　97
脱工業社会　2
脱ジェンダー化　48, 97, 113, 149, 157
——された社会政策　43
脱商品化　38, 43, 44, 62, 63, 96, 119, 121, 149, 301, 302, 304
男性稼ぎ主モデル　102, 155, 162, 237, 238, 240
地域社会　143
地域社会学　178, 190, 192, 196-199
地域社会計画　3
地域生活移行支援事業　124
地域組織化活動（コミュニティ・オーガニゼーション）　215
地域に基盤を置いた福祉　191
地域福祉　143, 192-195, 198, 211, 213, 214, 218, 220, 224
——の主流化　72, 141, 193, 196, 218, 219
——の推進　140, 193, 216
地域福祉学　178, 196, 197, 199
地域福祉計画　72, 140, 193, 198, 218, 220, 223

地域包括ケア　144
小さな政府(夜警国家)　5
地方分権一括法　208
地方分権改革　195, 207, 209
地方分権推進計画　208
中山間地　141
長期雇用　101, 164
超高齢社会　163
調整型市場経済(CME)　101, 103, 112
積立方式　159, 167
ディスインセンティブ　259, 260
低負担低福祉　268, 272, 281
デモグラント　→社会手当
特定非営利活動促進法　71

な　行

ナショナルミニマム　75-77, 80, 81, 86-89
ニート　121, 125
日本的経営　162
ニューライト　3, 4, 7, 28, 118, 119
認知症　133
ネオリベラリズム　79, 82, 83, 85, 307, 314
ネガティブ・サンクション　148
年金改革　82, 111, 145, 156, 158, 173
年金社会学　145, 146, 151
年金政治学　146
年金の収益率　166

は　行

パブリック・ドメイン(公共領域)　70
ピースミール　9, 227-229, 259
非正規雇用(非典型雇用)　94, 95, 104, 109, 165, 256
非政府組織　65
非典型雇用　122
批判主義　12, 13
標準家族　104, 105
フォーディズム　162
賦課方式　159, 167
福祉ガバナンス　53, 57
福祉家父長制的資本主義　98
「福祉から就労へ」　119
福祉元年　134, 153, 154, 305
福祉国家　4, 60, 62, 75, 96, 99, 147, 149, 298, 301-304
——によるサンクション　148
——の下部構造　98, 107, 150
——の危機　3, 59, 118, 157
——の社会学　96
——の民営化　118
21 世紀型——　48, 49
20 世紀型——　46, 47
福祉国家レジーム　58, 295
福祉サービス　71, 142
——の普遍化　136
福祉資本主義　98, 149
民主的——　98
福祉政治　63, 96, 99, 148
福祉多元主義　58-61, 63, 64, 72, 73
福祉ビジョン　137
福祉レジーム　58, 62, 64, 65, 73, 98, 100
負の所得税　126
フリーライダー　254-257, 259
ふれあい・いきいきサロン　219
フレクシキュリティ　112
プロト産業化　298
分配の正義(公正)　47, 244
ペイ・エクイティ　262

『ベヴァリジ報告』　77
ベーシック・インカム(BI)　44-46, 120, 121, 126-128, 230, 231, 233, 237, 259
保険料固定方式　82, 168-170
ポジティブ・サンクション　148
保守主義レジーム　63, 101
ポスト工業化　63, 164
ポスト高度成長期　292
ポスト青年期　105, 109
捕捉率　247
ホームレス　121, 124
ホームレス自立支援事業　123, 124
ボランティア元年　71
ホワイトカラーエグゼンプション　82

ま　行

マクロ経済スライド方式　83, 111, 168, 169, 171, 172
マルクス経済学　10, 11
「三つの世界」論　62, 96
ミーンズテスト　→資力調査
無差別平等の原理　117
無償のケア労働　127
メディア　23

や　行

ユートピア　9, 227

ら　行

理想主義　8, 9
臨床哲学　40-42
連　帯　148
老人医療費無料化　135
老人保健福祉計画　138, 217
老人保健法　135
労働組合　300
労働経済　290
労働市場　63, 64
労働市場改革　81
労働(市場)の柔軟化・流動化　81, 94, 104, 120, 164
労働における福祉　122, 123, 128
労働の個人化　94
労働ビッグバン　82
労働問題　289, 290, 293, 297
労働力人口　184
　——の減少　182, 184, 186
労働力の再商品化　258
労働力の商品化　38, 149, 299, 301
労働力の脱商品化　258
労働力率　184
　女性の——　185
ローカル化　71
ローカル・ガバナンス　71, 195, 203-205, 207, 209-211, 219, 220, 224
ローカル・ソーシャル・ガバナンス　72, 73

わ　行

若者自立・挑戦プラン　125
ワーキングプア　122, 123
ワーク・ケア・ライフ・バランス　310, 311
ワークフェア　44, 118-124, 126-128, 245, 258, 259, 294
ワークライフ・バランス　310

アルファベット

AFDC(要扶養児童家族扶助)　118
BI　→ベーシック・インカム

EUの「共通社会政策」　69
KWS　→ケインズ型福祉国家
LME　→自由主義型市場経済
NPM　4-7, 28
NPO法　194
SWPR　→シュンペーター型ワークフェア・ポスト国民的レジーム
SWS　→シュンペーター型ワークフェア国家
TANF（貧困家庭一時扶助）　119, 244

◉人名索引◉

あ　行

有吉佐和子　19, 133
岩田正美　121, 123, 124, 126, 128, 292
ウェッブ夫妻(Webb, S. & B.)　75, 89
ウェーバー(Weber, M.)　9, 10, 37, 55, 299, 309
上村敏之　236
ヴェルナー(Werner, G. W.)　246
氏原正治郎　290
埋橋孝文　121-123, 126, 127
宇野弘蔵　10
エスピン-アンデルセン(Esping-Andersen, G.)　62, 63, 96, 97, 295, 302
大内兵衛　286, 287, 289
大河内一男　10, 38, 115, 287, 288, 299, 300, 302, 303
大沢真理　45, 48, 115, 313, 314
大前朔郎　76
奥田道大　197
小沢修司　45, 46, 48, 249-251
オッフェ(Offe, C.)　302

か　行

海部俊樹　269
金子勝　88
河合栄治郎　287
川本隆史　40, 45, 47, 49
カント(Kant, I.)　40
岸本英太郎　287, 288
キャンベル(Campbell, C.)　205
櫛田民蔵　286
クリントン(Clinton, B.)　119, 244
ケインズ(Keynes, J. M.)　119
小泉純一郎　80, 82, 85, 172, 212, 239, 269, 306
小杉礼子　121, 124-126, 128
ゴッフマン(Goffman, E.)　16
駒村康平　314
権田保之介　286
コント(Comte, A.)　8

さ　行

佐江衆一　133
榊原美樹　220
サッチャー(Thatcher, M. H.)　118
ジェソップ(Jessop, B.)　44, 79
ジョンソン(Johnson, N.)　59, 61
ジンメル(Simmel, G.)　11
杉岡直人　213
隅谷三喜男　290
スメルサー(Smelser, N.)　148
ソスキス(Soskice, D.)　97

た　行

高島道枝　295
高田一夫　302, 303
橘木俊詔　88
田中洋子　45, 48

田村哲樹　121, 126-128, 255
栃本一三郎　20

な　行

内藤則邦　287
中谷巌　250, 251
中邨章　205, 206
ニクソン (Nixon, R.)　118
西村豁通　292
二村一夫　291
盧武鉉　131, 307

は　行

ハイマン (Heimann, E.)　38
橋本龍太郎　306
パーソンズ (Parsons, T.)　55, 148
服部英太郎　287, 288
馬場啓之介　18
ピーター (Peter, G.)　205
兵藤釗　303
平野隆之　194, 218
フィッツパトリック (Fitzpatrick, T.)
　248, 251, 255
福田徳三　286
藤村正之　64
古川孝順　217
ブレア (Blair, T.)　119, 125
フレイザー (Fraser, N.)　113
ブレンターノ (Brentano, L.)　300
ヘーゲル (Hegel, G. W. F.)　40
ベル (Bell, D.)　2
ポパー (Popper, K)　227
ポランニ (Polanyi, K.)　299
本間義人　85

ま　行

真山達志　210
マルクス (Marx, K.H.)　106, 147, 287
マンハイム (Mannheim, K.)　2, 227
三浦文夫　217
ミヘルス (Michels, R.)　11
宮本太郎　115, 314
ミュルダール (Myrdal, G)　11
森戸辰男　286

や　行

山田昌弘　105

ら　行

ラギー (Ruggie, J.)　70
ラスウェル (Lasswell, H.)　1
ラーナー (Lerner, D.)　1
リップマン (Lippmann, W.)　41
レーガン (Reagan, R. W.)　118

●著者紹介

武川 正吾（たけがわ しょうご）

1955年，東京都に生まれる。

1979年，東京大学文学部社会学科卒業。

現 在，東京大学大学院人文社会系研究科・文学部教授。

主要著書

『地域社会計画と住民生活』（中央大学出版部，1992），『福祉国家と市民社会』（法律文化社，1992），『福祉社会の社会政策』（法律文化社，1999），『社会政策のなかの現代』（東京大学出版会，1999），『地域福祉の主流化』（法律文化社，2006），『連帯と承認』（東京大学出版会，2007），『社会政策の社会学』（ミネルヴァ書房，2009），『福祉社会（新版）』（有斐閣，2011），『居住福祉学』（共編，有斐閣，2011），『格差社会の福祉と意識』（共編，東京大学出版会，2012），『公共社会学1 リスク・市民社会・公共性』（共編，東京大学出版会，近刊），『公共社会学2 少子高齢社会の公共性』（共編，東京大学出版会，近刊）。

政策《せいさく》志向《しこう》の社会学《しゃかいがく》——福祉《ふくし》国家《こっか》と市民《しみん》社会《しゃかい》

Policy-Oriented Sociology: Welfare State and Civil Society

2012年6月30日 初版第1刷発行

著 者 武 川 正 吾

発行者 江 草 貞 治

発行所 株式会社 有 斐 閣

郵便番号 101-0051
東京都千代田区神田神保町2-17
電話 (03)3264-1315〔編集〕
(03)3265-6811〔営業〕
http://www.yuhikaku.co.jp/

印刷・萩原印刷株式会社／製本・牧製本印刷株式会社

ISBN 978-4-641-17386-6